SÄNDIG · ALBERT CAMUS

BIOGRAFIEN

Brigitte Sändig

ALBERT CAMUS

Eine Einführung in Leben und Werk

1988

Verlag Philipp Reclam jun. Leipzig

Mit 92 Abbildungen

ISBN 3-379-00130-9

© Verlag Philipp Reclam jun. Leipzig 1988

Reclams Universal-Bibliothek Band 1006
2., neu bearbeitete und erweiterte (Abbildungen) Auflage
Umschlaggestaltung: Friederike Pondelik unter Verwendung eines
Camus-Fotos der Agence Bernand, Paris
Lizenz Nr. 363. 340/108/88 · LSV 8056 · Vbg. 19,0
Printed in the German Democratic Republic
Grafischer Großbetrieb Völkerfreundschaft Dresden
Gesetzt aus Garamond-Antiqua
Bestellnummer: 661 121 0
00400

Für Krischan

In einer zweigeteilten Welt

> *Das Leben ist kurz, und es ist eine Sünde, seine
> Zeit zu verlieren.*
>
> *(Albert Camus, Tagebuch)*

Heimat Algerien

Den größten Teil seines Lebens, die entscheidenden Jahre
der Ausbildung und Reife, hat Albert Camus in Algerien
verbracht. Am 7. November 1913 wurde er in der Nähe der
ostalgerischen Hafenstadt Annaba (nach damaliger französischer Benennung Bône) geboren. Dieser Geburtsort war
nicht zufällig, sondern durch den beruflichen und sozialen
Stand des Vaters bestimmt. Lucien Auguste Camus war Angestellter eines großen Weinhandels- und -exportunternehmens und wurde zur Organisation und Überwachung der
Transporte in verschiedene Regionen des Landes geschickt.
So mußte die Familie auch kurz vor der Geburt des zweiten
Sohnes, Albert, ihre Wohnung in Algier verlassen und für
längere Zeit in ein Weinanbaugebiet in der Nähe der tunesischen Grenze ziehen. Der Weinanbau, dem Camus' Vater
Lohn und Brot verdankte, war ein handgreifliches Zeichen
der Verfügungsgewalt Frankreichs über Algerien. Verbot
sich doch der Genuß von Wein den muslimischen Einheimischen nach religiösem Gesetz, entsprachen die riesigen
Weinpflanzungen also ausschließlich dem französischen
Bedarf.
In seiner abhängigen Stellung gehörte Camus' Vater zu der

Schicht besitzloser europäischer Einwanderer, die in Algerien besonders stark war. Denn seit der kolonialen Eroberung im Jahre 1830 war dieses Land ein bevorzugtes Auffangbecken für Ausbruchswillige oder auch für politisch Mißliebige und daher Abzuschiebende. Die Gründe dafür liegen zum einen in dem besonderen juristischen Status Algeriens, der es pro forma zur französischen Provinz – nicht zur Kolonie – erklärte, so daß die Übersiedlung als kein so einschneidender Schritt empfunden wurde, zum anderen ganz schlicht in den für Europäer günstigen, ja verlockenden klimatischen Bedingungen. Die Hoffnung auf koloniale Bereicherung hatte sich für den Großteil dieser Einwanderer jedoch – gerade weil sie so zahlreich waren – nicht erfüllt. Die besitzlos Eingewanderten blieben meist am Fuße der sozialen Hierarchie stehen, die sich in Algerien, abhängig von Vermögensverhältnissen, aber auch von der ethnischen und nationalen Zugehörigkeit, herausgebildet hatte. In Algerien als einer Siedlungskolonie gab es keine so ausgeprägte Kluft zwischen Angehörigen der Kolonialmacht und den kolonial Unterdrückten wie in anderen Kolonien, in denen sich Europäer nur zeitweilig und zum Zwecke schnellster und intensivster Ausbeutung des Landes aufhielten. Zwischen den sozialen Extremen, zwischen den französischen Colons und den algerischen Tagelöhnern, standen vielfältig gegeneinander abgestufte ethnische und soziale Schichten. Die besitzlosen Europäer in Algerien gewannen aus ihrer Abstammung eigentlich nur das eine „Privileg", der „normalen", der in Europa herrschenden Ausbeutung, nicht aber der kolonialen Überausbeutung, dem Dahinvegetieren auf der Hungergrenze, ausgesetzt zu sein. Ein europäischer Arbeiter verdiente in Algerien um 1930 das Vierfache dessen, was einem einheimischen Arbeiter gezahlt wurde[1] – ganz zu schweigen von dem Elend der algerischen Landbevölkerung.

Camus' Vorfahren nun, die bereits zum Zeitpunkt der kolonialen Eroberung in Algerien ansässig geworden waren, hatten sich über Generationen hinweg in der Kolonie nicht zu bereichern vermocht: In der väterlichen Linie finden wir Landarbeiter, Analphabeten; der Vater Camus', der bereits als einjähriges Kind, 1886, vaterlos wurde, kam ins Waisenhaus. Als junger Mann dann ließ er sich nur zu gern in die große Familie seiner zukünftigen Frau, die Familie Sintès, aufnehmen; bei ihnen, die um 1880 von den Balearen nach Algerien gekommen waren, fand Lucien Auguste die Fürsorge und Geborgenheit, die er in seiner Familie entbehrt hatte. 1909 nahm er die dritte Tochter der Sintès, die schwächliche und zurückhaltende Catherine, drei Jahre älter als er selbst, zur Frau. Er lebte nun bei deren Familie in Belcourt, einem rasch anwachsenden Arbeiterviertel im Südosten Algiers.

Schon vorher hatte er als einfacher Soldat des Zuavenregiments, der Fußtruppe der französischen Kolonialstreitkräfte, seinen zweijährigen Militärdienst im französischen Heer abgeleistet. 1907 kämpfte er in Marokko, um das sich Deutschland und Frankreich als kolonialen Einflußbereich stritten. Nach der Heirat sicherte Lucien Auguste seine zivile Existenz durch den Eintritt in das Weinhandelsunternehmen Ricôme. In Ausübung seines Berufs lernte er fließend lesen und schreiben, während seine Frau zeit ihres Lebens Analphabetin blieb.

In Belcourt wird 1910 der erste Sohn, Camus' älterer Bruder Lucien, geboren. Als drei Jahre später der zweite Sohn, Albert, das Licht der Welt erblickt, ist die Familie in Geschäften des Vaters unterwegs. Das Geburtshaus Camus' ist ein Bauernhof im Dorf Saint-Paul, acht Kilometer von Mondovi entfernt, einer kleinen Stadt südlich von Annaba. Camus ist neun Monate alt, als der erste Weltkrieg ausbricht, der Vater eine neuerliche Einberufung erhält und die Mutter mit den Kindern ins sicherere Algier zurückkehrt; tatsächlich ist Annaba zu Kriegsbeginn dem Bombardement deutscher Kreuzer ausgesetzt. Der Vater wird in der ersten Marneschlacht durch Geschützsplitter verwundet und stirbt, nachdem er sich schon auf dem Wege der Besserung glaubte, am 11. Oktober 1914 im Hospital von Saint-Brieuc. In dieser nördlichen bretonischen Stadt liegt er auch begraben. Catherine Camus hat den weiten Weg zum Grab ihres Mannes nie machen können.

Da die Vaterstelle von Anfang an leer war und leer blieb, empfand das Kind das als Selbstverständlichkeit; die wenigen Mitteilungen über das Leben des Vaters aber gruben sich um so tiefer ein. An erster Stelle der Bericht von des Vaters Zuschauerrolle bei einer Hinrichtung: In voller

Das Geburtshaus Camus' (im Vordergrund E. Roblès)

Überzeugung von der Berechtigung dieses Todesurteils hatte der Vater der Exekution zusehen wollen, war aber wortlos nach Hause zurückgekehrt und hatte sich erbrochen. – Die Reaktion des Vaters zeigt das Unvereinbare zwischen amtlichem Urteilsspruch und der daraus folgenden kreatürlichen Vernichtung eines Menschen; um dies deutlich zu machen, wird Camus diese Episode im Laufe seines Lebens immer wieder anführen. Sie liegt auch der

Le père

Camus' Vater

für sein Schaffen so folgenreichen Situation und Gestalt des zum Tode Verurteilten zugrunde.

Mit der Mutter und deren Familie hat Camus bis zum siebzehnten Lebensjahr zusammengelebt. Sie war seine engste und in der frühen Kindheit einzige Bezugsperson. Um so mehr mußte sich die eigenartige und bezeichnende Behinderung, unter der die Mutter litt, auf den Sohn auswirken: Die Nachricht vom Tod ihres Mannes hatte bei Camus' Mutter einen traumatischen Schock verursacht, durch den ihr Sprechvermögen, das nie gut entwickelt war, beeinträchtigt blieb. Zusammen mit einer angeborenen Gehörschwäche bewirkte dies, daß die Mutter zeit ihres Lebens äußerst zurückhaltend, passiv, wortkarg war. Es war ihr nicht gegeben, die Liebe zu ihren Kindern in Gesten und Worten zu äußern. Camus spricht traurig von diesem Leben ohne

9

Albert und sein älterer Bruder

Catherine Sintès, Camus' Mutter in späteren Jahren

Liebe und schildert seine Empfindungen der Mutter gegenüber so: „... zum Weinen elend ist ihm bei diesem tierhaf-
ten Schweigen. Er hat Mitleid mit seiner Mutter – heißt
das, daß er sie liebt? Sie hat ihn nie liebkost, denn sie wüßte
nicht, wie. Lange Minuten bleibt er so in ihren Anblick ver-
sunken ... Sie hört ihn nicht, denn sie ist taub."[2]

Die Rue de Lyon in Algier, wo Camus als Kind wohnte

Doch wußte Camus ja auch, daß die Mutter sich zäh und entsagungsvoll um den Unterhalt der vaterlosen Familie mühen mußte, daß es die tägliche anstrengende Arbeit als Putzfrau war, die sie so erschöpfte und auslaugte. Hier war das erste und wichtigste Bewährungsfeld ihrer Mutterliebe; zu mehr reichte es dann – vermutlich zum Kummer beider – nicht. Auch wenn das Kind den Lebenskampf der Mutter mehr oder weniger als Ausdruck ihrer Liebe begriff, litt es unter dem Mangel an Austausch, Zärtlichkeit und Weichheit. Am Beginn von Camus' Leben, im Zentrum der für ihn wichtigsten menschlichen Beziehung steht eine für ihn unerklärliche „Indifferenz". Zwiespältig ist damit das starke Gefühl für die Mutter, das Camus' erster Tagebucheintragung von 1935 nach *seine ganze Empfindlichkeit ... bildet*[3].

Nahe, fast zu nahe waren sich Mutter und Sohn durch den Tod des Vaters gekommen. Denn indem sich die Mutter, ihrer normalen Lebensstütze beraubt, unter den Schutz und die Herrschaft von Camus' Großmutter begab, fiel sie beinahe in den Kindes-Status zurück. In der Dreizimmerwohnung in Belcourt – ohne Bad und eigene Toilette, ohne Strom und fließendes Wasser – bewohnte sie mit ihren beiden Söhnen ein Zimmer, das zweite stand ihren beiden Brüdern, später nur noch dem einen in der Wohnung verbliebenen zu, und im dritten residierte allein die Großmutter. Der Bruder der Mutter maßte sich später das Recht an, ein bescheidenes Liebesverhältnis der Mutter zu zerstören. – Die Großmutter, der die Mutter die Erziehung der Söhne überantworten mußte, war eine selbstgefällige, rechthaberische Frau, die von den Kindern gebieterisch Liebe forderte und sie – unter dem schwachen Einspruch der Mutter – prügelte. Von ihr ging der Machtanspruch der Erwachsenen aus, den Camus als Kind mit äußerem Gehorsam und innerlicher Auflehnung beantwortete und dem er seine Mutter ebenfalls unterworfen sah. Auch daraus nährte sich sein tiefes Zusammengehörigkeitsgefühl mit ihr. Die Person der Großmutter hingegen, das Demonstrative, ja Unaufrichtige ihrer Konformität und Tüchtigkeit, ließen ihm alle von ihr vertretenen Grundsätze suspekt erscheinen. Hinter ihrer Frömmigkeit zum Beispiel erkannte er Aberglauben, keine Demut und Nächstenliebe. Vielleicht fühlte sich Camus durch diese erste Repräsentantin des Christentums in seinem Leben – sie schickte ihn zum Religionsunterricht und zur Kommunion – untergründig von der christlichen Religion abgeschreckt.

Im Stadtviertel der Armen

Kleine Fabriken und Handwerksbetriebe, vor allem der Böttcherei, ernährten die Bevölkerung des Arbeiterviertels Belcourt, in dem Camus aufwuchs. Einheimische und Europäer lebten hier scheinbar unterschiedslos zusammen – Europäer aus der besitzlosen Schicht freilich, neu zugereiste Franzosen, Spanier, Italiener. – Die Aufteilung Algiers in Stadtviertel entsprach der sozialen und rassischen Hierarchie unter der Bevölkerung: Da war das reiche Europäer- und Regierungsviertel im Zentrum, die gepflegten Häuser auf den Höhen von Algier, das arme Europäerviertel Babel-Oued, die Kasbah, der Stadtteil der Algerier, und eben Belcourt, das dichtbevölkerte, lärmerfüllte Viertel mit seiner gemischten Bevölkerung. Als früher, unauslöschlicher Kindheitseindruck entstand für Camus hier das Bild eines zusammengehörigen, mittellosen und dennoch lebensfrohen Menschenschlags, dem er sich zugehörig fühlte, dessen Not und dessen Daseinsfreude er teilen wollte. Die Welt dieser einfachen, vitalen und sinnlichen Menschen, drastische Vorkommnisse aus ihrem Zusammenleben tauchen in seinen frühen Werken immer wieder unter dem Schlüsselbegriff „le quartier pauvre", das Stadtviertel der Armen, auf.

Und doch war die Lage des europäischen und des algerischen Bevölkerungsteils von Belcourt nicht die gleiche. Zum Beispiel erfaßte das französische Bildungssystem den kleinen Algerienfranzosen Albert Camus mit Selbstverständlichkeit, während von den algerischen Kindern – so eine Angabe von 1930 – lediglich fünf Prozent auch nur eine Grundschulbildung erhielten.[4] Die Schulbildung wurde Camus nicht in seiner Eigenschaft als Kriegswaise – die brachte ihm nur eine kleine jährliche Unterstützung und kostenlose ärztliche Behandlung ein –, sondern als Abkömmling einer europäischen Familie zuteil.

Eine Straße in Belcourt

Camus besuchte also die Ecole primaire, die Grundschule seines Stadtviertels. Für Kinder seiner Herkunft hatte es damit im allgemeinen sein Bewenden; er aber fiel als Zehnjähriger, gerade vor dem möglichen Übergang zum Gymna-

Das Gymnasium, das Camus besuchte

sium, dem aufmerksamen und strengen Lehrer Louis Germain auf. Dieser Lehrer legte es Camus' Familie nahe, den Jungen – mit einem noch zu beschaffenden Stipendium – weiterlernen zu lassen, und bereitete ihn, nachdem auch die Großmutter murrend zugestimmt hatte, auf die Aufnahmeprüfung fürs Gymnasium vor. Camus begründete später diese Hinwendung des Lehrers so: „Er hatte den Krieg von 1914 mitgemacht. Ich war für ihn der Sohn eines unbekannten Kameraden, der in dem gleichen Krieg getötet worden war, den er selbst überlebt hatte."[5] In seiner Kindheit hat Camus in diesem Lehrer vermutlich einen Ersatz für den Vater gesucht. Er ist von ihm geprägt und bleibt ihm immer in Dankbarkeit verbunden: Der Held seines ersten, unveröffentlichten Romanfragments heißt Louis mit Vornamen (da Camus seine Romangestalten oft mit Namen aus seiner nächsten menschlichen Umgebung bedenkt, ist das kein Zufall); und die Nobelpreisrede, die Camus 1957, auf dem Gipfel seines umstrittenen Ruhms, hielt, widmete er, auf das Schüler-Lehrer-Verhältnis anspielend, *Monsieur* Louis Germain.

Die Anstrengungen des Lehrers hatten Erfolg: 1924 bestand sein Zögling die Aufnahmeprüfung am Grand Lycée von Algier. – Da das Gymnasium fast am anderen Ende der Stadt liegt, muß Camus nun mit der Straßenbahn in halbstündiger Fahrt fast ganz Algier durchqueren und erlebt die Fahrt durch die verschiedenen Stadtviertel wie eine Reise durch andere Welten. Er hat nun einen Lebensweg eingeschlagen, der ihn von seinem sozialen Milieu abhebt. Nichts in seiner unmittelbaren Umgebung kann ihn in seinem Bildungsgang bestätigen oder gar fördern: weder die durch schwere körperliche Arbeit verbrauchte Mutter noch die übrige Familie, die seine Entwicklung nur eben duldet, noch die Spielkameraden von Belcourt, die sich bald ums bloße Geldverdienen kümmern müssen, noch die häuslichen Lebensumstände (die überbelegte Wohnung, in der der Junge weder Bücher noch einen Schreibtisch hat).

Das Verhältnis des jungen Camus zu seiner ursprünglichen sozialen Umgebung wird damit sehr schwierig und gebrochen. Viele Jahre später wird er schreiben: „Ich habe diese Scham erst erlebt, als ich aufs Gymnasium geschickt wurde. Bis dahin waren alle wie ich, und die Armut schien mir die

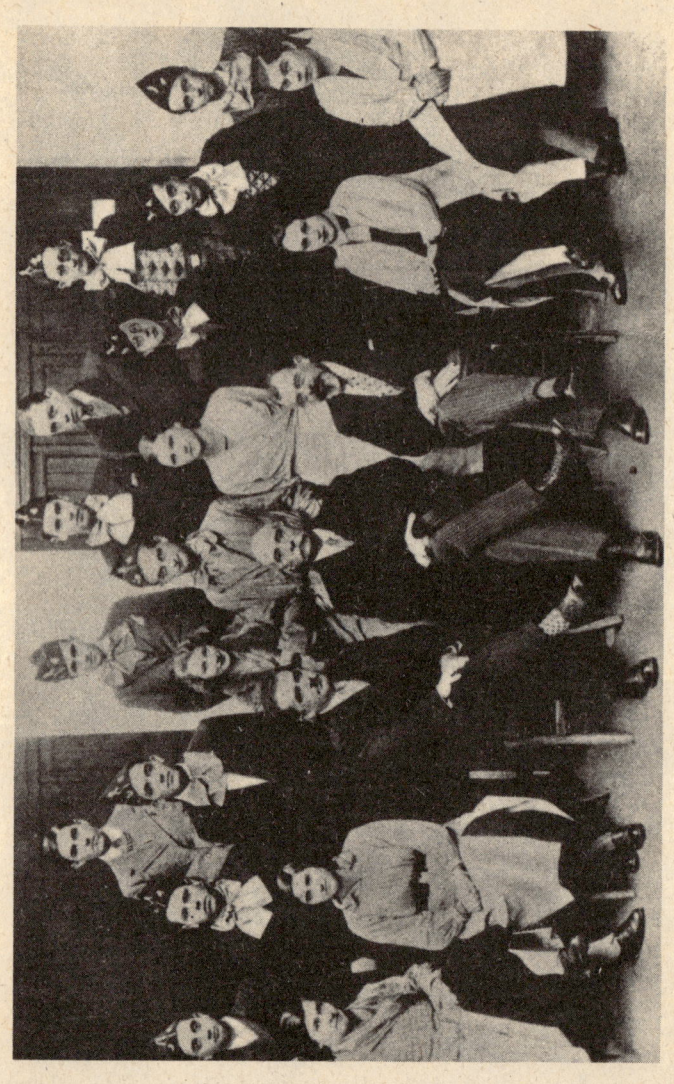

Camus 1922/23 im Gymnasium von Algier (letzte Reihe, zweiter von rechts)

normale Luft dieser Welt zu sein. Im Gymnasium lernte ich den Vergleich kennen."[6] Er hängt an „diesem Leben der Armut", in dem er dem am nächsten gekommen sei, was ihm „als der wahre Sinn des Lebens erscheint"[7], hängt an der Solidarität, der Opferbereitschaft, der schweigenden Liebesbezeigung, die er in seinem sozialen Herkunftsmilieu erfährt. Gleichzeitig aber muß er sich „die falschen Schamgefühle, die kleinen Feigheiten, die unbewußte Achtung, die man der anderen Welt zollt (der Welt des Geldes)"[8], eingestehen. Dieser Widerspruch ist die Spannung, aus der seine frühen Schriften hervorgehen sollen: „Ein schlechtes Gewissen verlangt nach Geständnis. Das Werk ist ein Geständnis, ich muß Zeugnis ablegen."[9] In der Realität hält Camus die Spannung aber nicht immer aus – dazu sind die Verlockungen der „anderen Welt", zumal für einen jungen Menschen, zu groß. Da Camus bemüht ist, die materiellen Lebensumstände der Familie selbst Freunden gegenüber geheimzuhalten, empfängt er nie Besuch zu Haus.

Daß seine Bildungschancen ein Privileg sind, das ihm die Kolonialmacht als kleinen Anteil am großen kolonialen Gewinn zuschanzt, ist Camus nicht in vollem Umfang bewußt. Er nimmt, wenn er sich auf seine entbehrungsreiche Kindheit und Jugend beruft, oft nicht wahr, daß es im kolonialen Algerien materielle Not von ganz unterschiedlicher Art gibt: die für Kolonialverhältnisse gewissermaßen „untypische" der besitzlosen, aber national privilegierten europäischen Ansiedler und die „typische", massenweise, ans Leben gehende der Einheimischen. Und nur die ersteren, die nicht täglich mit dem Hungertod konfrontiert sind und die dem Kolonialsystem bei glücklicher Wendung der Dinge einige Möglichkeiten der Selbstverwirklichung abgewinnen können, vermögen sich überhaupt der verschwenderischen algerischen Sonnenwelt hinzugeben – ein Glückserlebnis, das für Camus die materielle Not aufwiegt: „Die Armut … habe ich nie als Unglück empfunden, denn das Licht breitete seine Schätze über sie aus."[10] Es wirkt wie eine erbitterte Replik des Kolonisierten an die Adresse Camus', wenn der algerische Schriftsteller Mouloud Mammeri in seinem 1965 erschienenen Roman „Opium und Stock" (L'Opium et le bâton) eine seiner Gestalten sagen läßt: „Dich haben sie, wie alle anderen, mit ihren Reklamesprüchen gekriegt! Sie

Camus mit 14 Jahren

sind dir mit dem azurblauen Himmel gekommen, dem sma-
ragdgrünen Meer, der Sonne von Algier, die allen gleichermaßen gehört, in der wir alle uns baden ... ohne Unter-

schied der Rasse und Religion … Sie" [die Kolonialherren
– B. S.] „haben uns von dem Tage an die Natur zerstört, an
dem sie hier eingedrungen sind."[11] Das Privileg, das Camus
die Möglichkeiten geistiger Ausbildung verschafft, schlägt
ihn mit Blindheit für die erste Grundregel des kolonialistischen Systems: daß sich hier zwei antagonistische Fronten,
nämlich die der absoluten Machthaber und die der total
Entrechteten, gegenüberstehen.

Erschütterung

Von diesen Mißverhältnissen weitgehend unberührt, erlebt
der Heranwachsende die Gymnasialjahre als erfüllte, glückliche Zeit, in der es ihm vergönnt ist, seine geistigen und
körperlichen Möglichkeiten nach Kräften zu entfalten. Camus gilt bei seinen Mitschülern als verläßlicher Kamerad
und kluger Kopf, er lernt aus Freude am Erkennen und Begreifen. Er brilliert durchaus nicht in allen Fächern, wohl
aber denen seiner Neigung, den sprachlichen und philosophischen; er lernt fakultativ Englisch und bringt sich selbst
in Besinnung auf den spanischen Ursprung seiner Familie,
auf den er sich übrigens zeitlebens etwas zugute tut, ein
wenig Spanisch bei. Einer stillen Familienübereinkunft
nach sollte er Lehrer werden, ein Berufsziel, auf das man
bei derart begabten Kindern bescheidener Herkunft rasch
verfiel. Denn aufgrund der hohen Studien- und späteren
Einrichtungskosten waren Berufe wie der des Arztes oder
Rechtsanwalts den wohlhabenden Schichten vorbehalten;
das Lehrerstudium hingegen war, weil im Notfall durch Sti-
pendien gestützt, auch diesem und jenem Kind aus armem
Haus möglich. Aus der Lehrerlaufbahn gingen daher traditionell die neuen – und deshalb meist fruchtbaren und folgenreichen – Männer des intellektuellen Lebens in Frankreich hervor.
Trotz Stipendium aber sieht sich Camus vor die Notwendigkeit gestellt, zu den Einkünften seiner Familie beizutragen. Seit seinem vierzehnten Jahr nimmt er Ferienarbeit an,
verdient Geld in einer Eisenwarenhandlung, bei einem
Schiffsmakler, in einem Geschäft für Autoersatzteile. Dies
gebietet ihm allein schon der Gerechtigkeitssinn, muß doch

sein Bruder mittlerweile in der gleichen Weingroßhandlung, in der einst der Vater gearbeitet hatte, sein tägliches Pensum ableisten.

Und als eine harte Schule der Gerechtigkeit hatte Camus eine seiner liebsten Beschäftigungen erfahren, das Fußballspielen in der Juniorenmannschaft der Universität Algier. Noch 1953 wird er den Einfluß des Sports auf sein moralisches Empfinden – womöglich etwas übertrieben – so darstellen: „… was ich schließlich als Sicherstes über Moral und menschliche Verpflichtungen weiß, verdanke ich dem Sport, habe ich bei der RUA" [seiner Mannschaft – B. S.] „gelernt."[12] Nicht nur als Moraltraining, sondern vor allem als Freude an Bewegung und Kampf, an der körperlichen Leistung, wird der Fußball ihm so wichtig; gleichermaßen das Schwimmen, bei dem er in stärkerem Maße noch seine Umgebung genießen kann, dieses von Sonne überflutete, an naturgegebener Schönheit so reiche Land.

Die Symptome einer Lungentuberkulose, die sich Ende 1930 plötzlich zeigen, und die Konsequenzen, zu denen sie zwingen, bedeuten für den jungen Camus einen Einbruch in seine bisher so gesunde, harmonische Entwicklung. Unvermittelt überfällt ihn – mit siebzehn Jahren! – das Gefühl des Alleinseins und der Sterblichkeit. Eine Nacht nur muß Camus in dem Mustapha-Hospital in Belcourt, dem Krankenhaus für die arme, größtenteils einheimische Bevölkerung, zubringen. Aber in dieser schlaflosen Nacht hat er inmitten der Husten- und Speigeräusche und des üblen Geruchs empfunden, wie weit er nun entfernt ist von der Welt der „anderen", die gesund sind und unbeeinträchtigt leben können. Im Gesicht der Ärzte, die ihm einen Pneumothorax anlegen, liest er Zweifel an seinem Überleben; dem setzt er ein entschlossenes „Ich will nicht sterben"[13] entgegen.

In dieser Situation schaltet sich ein finanzstärkeres Mitglied der Familie ein, der Fleischer Acault, ein Onkel mütterlicherseits; da dieser Onkel neben seinem handfesten Metier geistigen Interessen und Ambitionen huldigt, wird es für ihn zur Ehrensache, dem offenbar auserwählten Sprößling der Familie Hilfe angedeihen zu lassen. Der Rekonvaleszent kann bei den kinderlosen Acaults die Pflege der Tante, ein geräumiges Zimmer, üppige Fleischgerichte – und die

Camus im Jahr 1927

Unterweisung in Lebenskunst durch den Onkel genießen. Meister Acault, nach Aussage eines Freundes aus damaliger Zeit „ein Fleischer wie aus einem Film von René Clair"[14], war am Vormittag Geschäftsmann, verbrachte die Nachmittage aber in seiner Bibliothek und vor allem bei Kaffeehausdiskussionen. Dem Neffen empfahl er, gleich ihm Fleischer zu werden, da er so genügend Geld verdienen könne, um ungestört zu schreiben.

Denn es war in dieser Krankenzeit, daß Camus den Entschluß faßte, Schriftsteller zu werden. Sein Dasein hat einen Bruch erfahren, er hat schwere Einsichten gewonnen und will nun mit diesen Einsichten leben; dazu muß er sein Leben neu ordnen. Äußerlich bedeutet das, daß er sich endgültig von seiner Mutter löst und von nun an teils allein, teils bei dem Onkel, teils bei Freunden wohnt. Innerlich ist ihm die Suche nach neuen, erstmals bewußten Wertsetzungen aufgegeben: Der problemlose Naturgenuß ist ihm mit der Gewißheit eines gesunden, verläßlichen Körpers, mit der Gewißheit einer endlosen Zeitspanne vor sich geschwunden; Zeit ist wertvoll geworden, Glück ist wertvoll geworden, über beides muß er nun *nachdenken*. Das drängt ihn zur Philosophie wie zur Literatur hin, zwischen denen er noch unentschieden steht, da sie ihm als einander ausschließende Gebiete erscheinen. Jean Grenier, sein Philosophielehrer und späterer Freund, wird ihm bei der Lösung dieses Konflikts zur Vorbildgestalt.

Ob Camus dies nun philosophisch oder literarisch zum Ausdruck bringt – auf jeden Fall ist die Krankheit ein schweres Verunsicherungserlebnis und der entscheidende Denkanstoß für ihn gewesen. Obgleich sie ihn von nun an am Verfolgen äußerer Lebensziele hindern wird, nimmt er sie bewußt an, akzeptiert er sie; die Krankheit hat ihn über die ständige Bedrohtheit jeder – und besonders einer glücklichen – Existenz belehrt. In sein Tagebuch schreibt er später: „,Wir müssen bis in unsere letzten Stellungen gedrängt werden.' Genau das, nicht mehr und nicht weniger."[15]

Die Lungenkrankheit befiel Camus in der letzten Gymnasialklasse, die er demzufolge wiederholen mußte und dann mit dem Abitur abschloß. Danach schrieb er sich als Student der Philosophie an der Universität von Algier ein. Dabei war ein starker persönlicher Einfluß wirksam geworden: Am Gymnasium und dann auch an der Universität unterrichtete ihn Jean Grenier, ein junger Philosophielehrer aus Frankreich, dessen Lehrmethode, dessen Schriften und Beziehungen zum französischen Geistesleben Camus beeindruckten. Grenier führte seinen Zuhörern im Unterrichtsgespräch den eigenen Denkprozeß vor; in seinen Essays ging er, bei all seinem gründlichen philosophischen Wissen und Denken, von persönlichen Erfahrungen aus und wendete sich Anliegen unserer Zeit zu. Auch hatte Grenier bei dem großen Pariser Verlag Gallimard gearbeitet, veröffentlichte in der renommierten Literaturzeitschrift des Verlags,

Die Universität von Algier um 1930

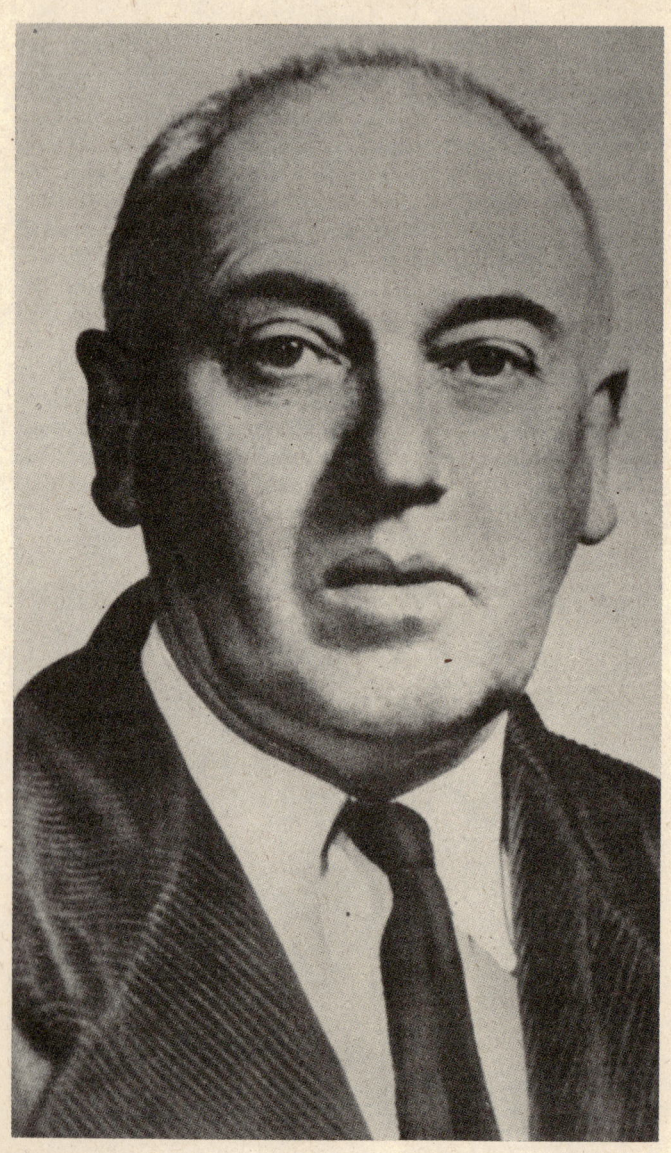

Jean Grenier

„Nouvelle Revue Française", und stellte für die Schüler mit seinem ständigen Vorrat an neuen Büchern und Informationen den lebendigen Kontakt zum französischen Geistesleben dar. Grenier verschaffte Camus die erste Publikationsmöglichkeit in der nordafrikanischen Literaturzeitschrift „Sud", als dort 1932 eine ganze Nummer mit Studentenarbeiten erschien. Er weckte bei seinem Schüler die Aufnahmebereitschaft für die gedankliche Welt Schopenhauers, Kierkegaards und Nietzsches, die Bewunderung für Molière und Pascal, die Liebe zur griechischen Antike. Daher belegte Camus im ersten Universitätjahr Griechisch-Kurse; später wird er über das griechische Denken sagen: „Je älter ich werde, desto mehr staune ich über die Fülle stets wahrer und neuer Dinge, die die Griechen ausgesprochen haben."[16] Von der Intensität und Dauer der persönlichen Beziehungen zwischen Camus und Grenier zeugt der 1981 veröffentlichte Briefwechsel, der den Zeitraum von 1932 bis zu Camus' Tod umfaßt.

1930 freilich kam die Freundschaft zwischen Schüler und Lehrer nur stockend zustande – gehemmt durch den Altersunterschied, das Bildungsgefälle und die soziale Diskrepanz. Wie Grenier in seiner Erinnerungsschrift „Albert Camus. Souvenirs"[17] erzählt, habe er den kranken Schüler zu Hause besucht, der aber sei einsilbig, scheinbar ablehnend gewesen. In einem Brief an Grenier von 1951 kommt Camus auf dieses Grunderlebnis zurück: „... der sehr junge Mann, der Sie in Belcourt so seltsam empfangen hat, war vor allem von Schüchternheit und Dankbarkeit gelähmt, weil Sie zu ihm gekommen waren. Das ist so wahr, daß von diesem Besuch, der Sie so verwirrt hat, die Treue herrührt, die ich Ihnen zwanzig Jahre lang bewahrt habe und die nie aufhören wird."[18]

Eine der sichersten und glaubwürdigsten menschlichen Beziehungen war und blieb für Camus der kameradschaftliche Zusammenhalt von Gleichgesinnten. Ihn erfuhr er auch durch seinen Freundeskreis in Algier, eine Gruppe künstlerisch und intellektuell ambitionierter junger Männer. Zu ihnen gehörte der zukünftige Architekt Jean de Maisonseul, Claude de Fréminville, später Schriftsteller und Journalist, der damals politisch Interessierteste der Gruppe, Max-Pol Fouchet, der sich als Schriftsteller und Kunstkritiker einen

Edmond Charlot um 1937

Namen machen wird, André Belamich, späterer Lorca-Über-
setzer, der beginnende Maler und Bildhauer Louis Bénisti
sowie der zukünftige Verleger von Camus' ersten Schriften,
Edmond Charlot. Sie alle kamen aus europäischen Einwan-
dererkreisen, zum Teil sehr renommierten. In der Erinnerung Max-Pol Fouchets verstand sich die Gruppe in jugendlicher Selbstüberschätzung als einsame intellektuelle Elite
in geistferner Umgebung.[19] Tatsächlich gaben die jungen

Männer in endlosen Diskussionen und bei gemeinsamem Zeitvertreib sich selbst und einander Profil und Format. Lange Nachmittage saßen sie zusammen in den Cafés der Kasbah, des alten arabischen Stadtteils, und berauschten sich an den Rufen des Muezzins zum Gebet; am Wochenende fuhren sie gemeinsam zum Strand und besuchten populäre Tanzlokale, in denen die wohlsituierten Studenten in den Mädchen, wie Max-Pol Fouchet amüsiert berichtet, die „große proletarische Gottheit des Mittelmeers" zu umarmen glaubten.

So sonnten sie sich in dem exotischen Fluidum, das Algerien ihnen bot, seiner unermeßlichen Naturschönheit, den originellen Cafés und Bars, auch in der sozialen Freizügigkeit, die sie als Studenten vorerst noch genossen. Bei all dem aber war das Niveau der geistigen Führungsschicht Frankreichs die diskussionslos akzeptierte Richtmarke, an der sie ihre eigene Entwicklung und den Erfolg ihrer Anstrengungen maßen.

Eine solche Leitgestalt war für den jungen Camus André Gide, vor allem mit seinem Traktat „Uns nährt die Erde" (Les nourritures terrestres). Diesen Hymnus des berühmten älteren Autors auf rauschhaften Naturgenuß in nordafrikanischer Landschaft empfand Camus fürs erste als starke Bestätigung; später aber schreibt er einschränkend: „… wir standen gleichzeitig bewundernd und perplex vor Gides Exaltation. Wirklich, wir hatten es nicht nötig, von den Scheuklappen der Moral befreit zu werden oder die Früchte der Erde zu besingen. Sie hingen in unserer Reichweite, im Licht. Man mußte nur hineinbeißen."[20] Gide hatte in seinen frühen Werken, auf die sich Camus hier bezieht, einem Kraftakt individueller Selbstbefreiung Ausdruck gegeben – aus der muffig-puritanischen Atmosphäre seines großbürgerlichen Elternhauses war er nach Nordafrika ausgebrochen und hatte dort, wie es ihm schien, zu den großen einfachen Freuden des Leibes gefunden, die er nun in hymnischem Jubel besang. Für Gide bedeutete das Nordafrika-Erlebnis den Durchbruch zu scheinbar ganz neuen, anderen Lebensformen – daher seine Exaltation; für Camus war das Dasein in Algerien die natürliche Lebenssituation – daher seine Gelassenheit. Neben der regionalen wird hier auch die unterschiedliche soziale Herkunft beider in der

Die Bucht von Algier

André Gide

verschiedenen psychologischen Prägung wirksam, die sie
Gide und Camus verleiht: Für Gide galt es, einen ganzen
Wust moralischer Vorurteile und sexueller Tabus zu überwinden, mit denen bigotter Protestantismus ihn belastet
hatte, galt es auch, über die soziale Kluft hinwegzukom-
men, die ihn von den unteren Schichten schied – all das
schien ihm in Nordafrika gegeben. Freilich opferte er hier
dem Wunschdenken, und wie immer führt das Wunschden-

ken zu Realitätsschwund und Idealisierung, dem, was Camus kritisch „Exaltation" nennt.

Diese Motive zur Idealisierung Nordafrikas gab es für Camus nicht. Als Kind armer Leute war er durch die Lebensumstände erzogen worden, nie nach hohlen moralischen oder religiösen Sätzen. So gab es für ihn nichts zu überwinden, sondern lediglich die Verhaltensmaßstäbe anzunehmen, die er in seiner nächsten menschlichen Umgebung vorfand. Und die unverkrampften, herzlichen Umgangsformen, die Gide in Nordafrika entdeckte, kannte Camus von Kindesbeinen an. Nichtsdestoweniger ist Gide für den jungen Camus der entscheidende Präzeptor und bleibt für den reifen Schriftsteller die Modellgestalt literarischen Schöpfertums. 1951 schreibt Camus in dem Artikel „Zusammentreffen mit André Gide": „Gide hat … meine Jugend beherrscht … dennoch war er weder im Denken noch im Schreiben mein Leitbild; da habe ich mir andere angenommen. Gide erschien mir vielmehr … als die Modellgestalt des Künstlers … beinahe alles, was er über Kunst gesagt hat, billige ich völlig …"[21] Dieses Bekenntnis Camus' zum Künstlertum Gides fußt auf der Kenntnis seines Gesamtwerks, nicht mehr nur auf der Verbindungslinie, die sich durch das gemeinsame Nordafrika-Motiv ergeben hatte.

Dieses Motiv verband Camus auch mit Henry de Montherlant, einem französischen Autor spanischer Abkunft, der Nordafrika zu seiner Vorzugs- und Wahlheimat gemacht hatte. War der Einfluß Montherlants auf Camus auch geringer als der von Gide – geringer war übrigens auch sein literarisches Renommee –, so entdeckt Camus doch eine ganze Reihe von Berührungspunkten: Montherlants spanische Abkunft, den Stolz und den Noblesse-Anspruch, den dieser daraus ableitet, das Handicap einer körperlichen Behinderung bei hohen Lebens- und Glücksansprüchen, die Qualitäten, mit denen Montherlant das Leben in Nordafrika von europäischen Daseinsformen abhebt: Natürlichkeit, Unmittelbarkeit, keine Behelligung durch leere formale Verpflichtungen, Schönheit von Natur und Menschen und als Fazit all dessen ungleich größere, qualitativ andere Möglichkeiten individueller Verwirklichung. Als Camus 1938 „Hochzeit des Lichts" (Noces) veröffentlichte, Essays, in denen er sein glückhaftes Erleben algerischer

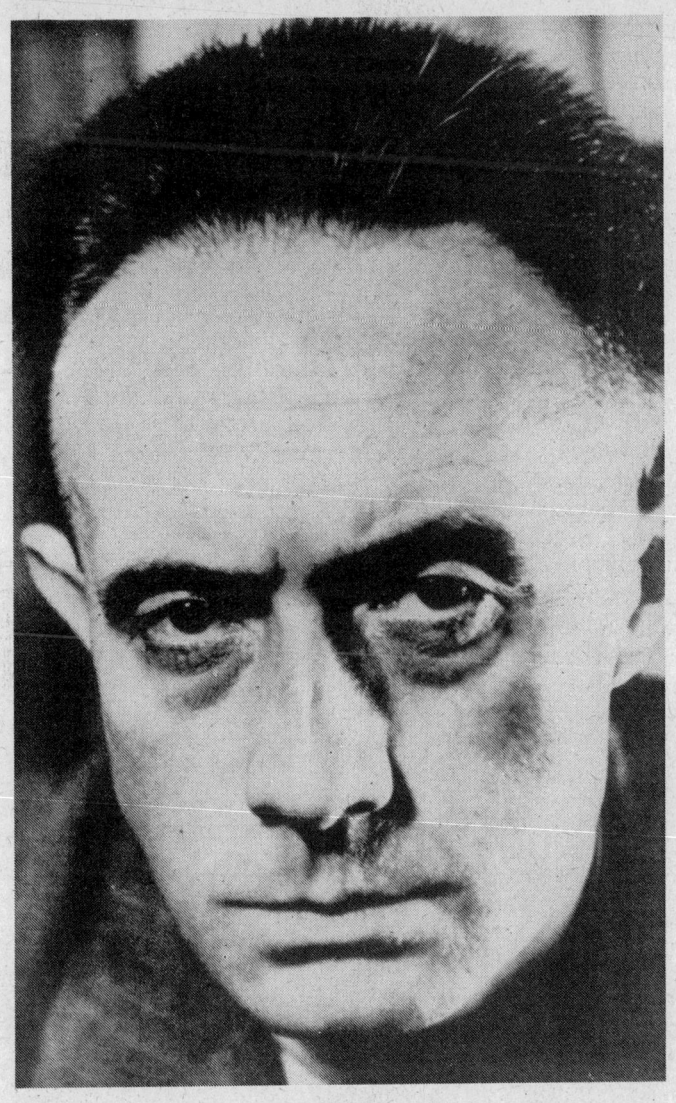

Henry de Montherlant

Natur besang, gratulierte ihm Montherlant und ermutigte ihn damit sehr.

Die Kraft zur Selbstverwirklichung ist ein entscheidendes Kriterium, an dem Camus seine Vorbilder mißt. Hier imponiert ihm ein weiterer französischer Autor besonders: André Malraux. Dieser Schriftsteller, der früh Südostasien bereist – inwieweit allerdings tatsächlich mit den vorgegebenen politisch-revolutionären Intentionen, ist heute strittiger denn je – und im spanischen Bürgerkrieg auf seiten der Republikaner gekämpft hatte, galt seinen Zeitgenossen als Prototyp des Aktionsschriftstellers (so die Bezeichnung für Autoren der damaligen Jahre, die ihre literarische Produktion im wesentlichen aus eigenem Erleben, aus aktiver Beteiligung an spektakulären Ereignissen – und dies in möglichst entlegenen exotischen Regionen – speisten). Camus bewundert Malraux wegen seiner aktivistischen Lebensform, die für ihn eine Antwort auf die Verzweiflung an den Wirkungsmöglichkeiten der Kunst ist: „Der Abenteurer. Hat deutlich das Gefühl, daß in der Kunst nichts mehr zu wollen ist. Nichts Großes oder Neues ist möglich – zumindest in unserer abendländischen Kultur. Es bleibt nur die Tat."[22] Camus trägt sich mit der Absicht, seine Geistesverwandtschaft mit Malraux in einem Essay zu bekunden und zu begründen, eine Absicht, die er nicht verwirklichen wird.

Zum unmittelbaren Schreibanstoß wurde für Camus der Roman des heute kaum noch bekannten Autors André de Richaud „Der Schmerz" (La Douleur). Camus entdeckte in dem Buch des ebenfalls sehr jungen Autors offenkundige Parallelen zu seinem eigenen Leben: Es geht um die Gefühlsverwirrung bei einer verwitweten Frau (deren Mann im ersten Weltkrieg gefallen ist!) und deren beinahe erwachsenem Sohn, als sich die Frau einem – wesentlich jüngeren – Geliebten hingibt. In Richauds Roman endet das mit Katastrophe und Tod; für Camus hat der Mangel an Zärtlichkeit, später auch die Entdeckung, daß die Mutter ein Liebesverhältnis hat, vielleicht einen Zweifel, niemals aber eine Katastrophe bedeutet. Weniger in den Handlungsmomenten und Gefühlsverstrickungen sieht Camus die Parallele; seine Bestätigung, die Ermutigung zum Schreiben findet er darin, mit welcher Intensität hier von der alltäglichen – in seinem Fall anderen, aber ebenfalls entscheidenden – Beziehung zwischen Mutter und Sohn gesprochen wird.

Im letzten Gymnasialjahr, 1931/32, beginnt Camus zu schreiben, zum Teil auch zu veröffentlichen. Zwei in jeder Hinsicht unterschiedliche Arten von Texten entstehen da: zur Veröffentlichung bestimmte Betrachtungen und Kritiken von philosophischem Anstrich, mit selbstsicherem Urteil; daneben – zu Lebzeiten unveröffentlichte – lyrischen Charakters mit dem Titel „Intuitionen", die der Selbstaussage dienen und voller Selbstzweifel sind.[23] Für Camus' Werdegang sind die letzteren bedeutungsvoller – auch wenn sie starke Anleihen bei literarischen Vorbildern wie Baudelaire, Rimbaud, Nietzsche, Gide, Malraux aufweisen und wenn ihnen mit dem Bezug zur Außenwelt auch manchmal die innere Notwendigkeit mangelt. Die Kontrahenten der traktatartigen Schriften sind die widerstreitenden Seelen in Camus' Brust selbst: die des nach rationaler Erfassung der Welt und die des nach intuitivem Aufschwung Strebenden; die des Machtorientierten und die des Gleichgültigen; die des nach Lebenssinn dürstenden, sein Ich analysierenden Denkenden und die des Bewußtlosigkeit und universelle Liebe predigenden Irren. – Grundmotive des späteren Schaffens treten, wenn Camus sie auch hier noch als bloßen Ideenstreit vorführt, in den Losungsworten der Kontrahenten sichtbar zutage.

Lebensproben

Bald sollte es Camus mit greifbareren Schwierigkeiten zu tun bekommen; sie entstanden aus seiner Bindung an ein schönes, extravagantes Mädchen, dessen abfallenden Lebensweg er eine Weile teilte. Er lernt Simone Hié, ein Jahr jünger als er und Tochter einer bekannten Ärztin, als das provokante Idol der studentischen Jugend Algiers kennen. Sie selbst studiert nicht, hat kein Abitur, ist aber rege und auffassungsfreudig genug, um die gerade diskutierten Bücher zu lesen und zu verstehen und die jeweils brisanten Vorlesungen an der Universität zu verfolgen – wo sie sich durch gewagte Kleider und mondänes Auftreten von den

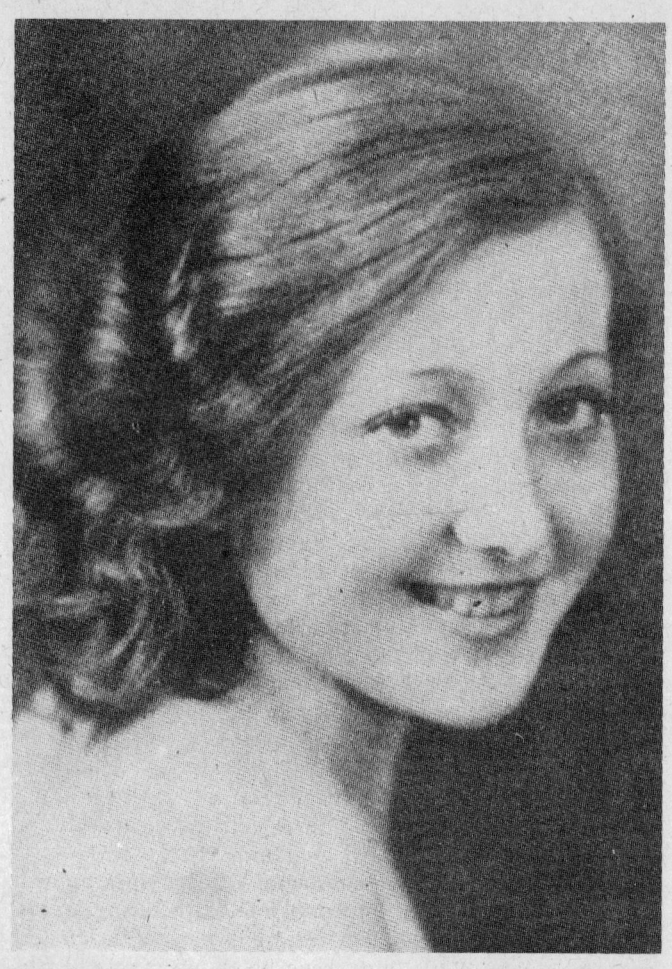

Simone Hié

regulären Studentinnen abhebt. Camus wird 1932 mit ihr
als der Verlobten Max-Pol Fouchets bekannt; bald darauf
bittet er den Freund um eine Aussprache und erklärt ihm
förmlich: „Sie wird nicht mehr kommen. Sie hat gewählt."[24]

Die Freundschaft zwischen Max-Pol Fouchet und Camus ging dadurch in die Brüche.

Auch Onkel Acault war von dieser Wahl nicht angetan. Er schätzte die häusliche Frau, die in der Öffentlichkeit hinter ihrem Mann zurücktritt. Zudem schien ihm der vermutlich lange und kostspielige Aufstieg des Neffen durch ein solch geld- und kräftezehrendes – und, wie man munkelte, drogensüchtiges – Luxusgeschöpf bedroht; auch Eifersucht, Enttäuschung über verlorenen Einfluß mochten im Spiel sein. Jedenfalls stellte er Camus vor die Wahl, von Simone abzulassen oder aus seiner Wohnung zu verschwinden. Solch grobem Druck beugte sich Camus natürlich nicht – er zog im Juli 1933 zu seinem Bruder Lucien. An Grenier schreibt er in dieser Situation: „Denn ich habe nach meinem Herzen und nach meinen Gefühlen gehandelt. Und dieser kleine, auf lachhafte Weise sentimentale Grund ist es, der im Moment meine einzige Kraft ausmacht."[25] – 1934 heiraten die beiden, verwahren sich aber gegen jeden Verdacht bürgerlicher Familiengründung: Die Hochzeitsnacht verbringt man getrennt, man sagt weiterhin „Sie" zueinander, und Simone vermeidet es, Camus beim Vornamen zu nennen (den dieser nicht mag). Die Mutter Simones, die offenbar jeden festen männlichen Halt für ihre Tochter begrüßt, gibt finanzielle Unterstützung: Das junge Paar bezieht ein Haus in einem gepflegten Viertel auf den Höhen der Stadt, das zu mieten sein Einkommen bei weitem übersteigt.

Der junge Camus, kein eben erfahrener Ehepartner – zum Zeitpunkt der Heirat ist er zwanzig Jahre alt –, genießt das ungewohnte Gefühl einer angenehmen Umgebung, eines schönen Mädchens an seiner Seite, des zeitweiligen Zurücktretens materieller Schwierigkeiten. Auch an Simone selbst, ihrer romantischen, kapriziösen, sehr begehrenswerten Person, muß ihm viel gelegen haben. Er bringt ihr gewichtige Liebesbeweise: versucht, nicht zu rauchen, um sie von ihrem unablässigen Rauchen abzuhalten, zieht sich aus seinem Freundeskreis zurück, schreibt zarte poetische Texte für sie. In seiner Glücksaufwallung bemerkt er vorerst nicht (oder will nicht bemerken), daß Simone mehr und mehr dem Rauschgift verfällt und alle Mittel zur Drogenbeschaffung einsetzt. Bald nimmt Simones Mutter die

Die Villa von Simones Mutter, in der die Jungverheirateten 1934 wohnten

beiden wieder in ihrem luxuriösen Haus auf; aber Simone ist schon Dauerpatientin verschiedener Kliniken oder, wenn sie daheim ist, dem Umgang mit anderen entrückt. Ein regelrechtes Zusammenleben ist so nicht mehr möglich. Es kommt zu grundsätzlichen Zerwürfnissen zwischen beiden, und man beschließt eine vorläufige Trennung. Simone fährt auf die Balearen, wo sich Camus einige Zeit später wieder mit ihr treffen wird. Das Wiedersehen ist kein ungetrübtes; Camus erfährt das Reisen hier erstmals – zumal unter diesen Voraussetzungen und mit seinen beschränkten finanziellen Mitteln – als Verunsicherung und Belastungsprobe des Selbstgefühls: „Was den Wert des Reisens ausmacht, ist die Angst. Denn in einem gewissen Augenblick, so fern von unserer Heimat, von unserer Sprache … überfällt uns eine unbestimmte Angst, und wir empfinden unwillkürlich das Verlangen, in den Schutz unserer alten Gewohnheiten zurückzukehren. Das ist das augenfälligste Ergebnis des Reisens. In diesem Moment fiebern wir und sind zugleich durchlässig. Der geringste Stoß erschüttert uns bis auf den Grund unseres Wesens … Deshalb darf man nicht sagen, man reise zu seinem Vergnügen. Es gibt kein Vergnügen des Reisens. Ich möchte eher eine Askese darin sehen."[26]

Noch mißlicher verläuft die Reise nach Mitteleuropa, die Camus im Folgejahr mit einem befreundeten Lehrer und seiner Frau unternimmt (und deren Ereignisse in seinen ersten Essayband, „Licht und Schatten", eingegangen sind). Die drei wollten im wesentlichen mit dem Paddelboot fahren, aber sehr bald stellt sich heraus, daß Camus' kranke Lunge den Dienst versagt; also fährt er meist mit dem Zug voraus. In Salzburg fällt ihm, als er die postlagernden Sendungen abholt, der Brief eines Arztes an Simone in die Hände, den er öffnet; so erfährt er, daß sich seine Frau über Intimbeziehungen Rauschgift verschafft hat. Nach einer heftigen Auseinandersetzung mit Simone eröffnet Camus dem Freund, daß er sich von seiner Frau trennen, die Reise aber in vereinbarter Weise fortsetzen werde. Dieses Zerwürfnis, aber auch politische Meinungsverschiedenheiten lasten auf den Reisenden – vor allem ein Aufenthalt in Berchtesgaden legt sie bloß. Camus ist von der nazistischen Folklore angewidert, der Reisegefährte aber voll Bewunderung für Deutschland. – Dann reist Camus wiederum allein nach Prag voraus und verlebt dort beklommene Tage; die Ankunft der untreuen Ehefrau und des Freundes wird zur Erlösung. Über Dresden, Bautzen, Görlitz, Südpolen und noch einmal die Tschechoslowakei geht es zurück nach Wien, wo Camus schon aufatmet; erst in Italien aber findet er zu dem Gefühl der Leichtigkeit und Freiheit zurück, das ihm die sonnigen, warmen Mittelmeerländer verschaffen.

„Albéric", Selbstkarikatur Camus'

Nach Algier zurückgekehrt, trennen sich die Eheleute
wahrhaftig. Die Scheidung erfolgt allerdings erst 1940, als
sich Camus erneut verheiraten will.
Er hat selbst engen Freunden gegenüber und sein ganzes
Leben hindurch Stillschweigen über dieses private Mißgeschick bewahrt. Noch 1958 lehnt Camus es einem Biogra-
phen gegenüber ab, Details über seine erste Ehe zu liefern,
und äußert dazu nur: „Eine schmerzliche Erfahrung."[27]
Hier mag neben wohltuender Zurückhaltung auch eine be-

sonders in südlichen Ländern dominierende Regel männlichen Verhaltens mitspielen: der Außenwelt gegenüber ein Bild souveräner Unantastbarkeit aufzurichten, von familiären Angelegenheiten im Männerkreis nicht zu sprechen und Frauen überhaupt nur als erotische Wesen gelten zu lassen. Eigentlich war Camus von dieser Verhaltensregel durchdrungen und durch Simones Untreue zusätzlich darin bestärkt worden. Doch war er offen und lebendig genug, diese Regel auf geradezu zukunftsträchtige Art zu durchbrechen und mit zwei, später drei verständnisvollen Freundinnen eine Art Wohngemeinschaft aufzumachen, als sich die Gelegenheit dazu bot. Die beiden Studentinnen aus Oran, mit denen Camus das „Haus vor der Welt" auf den Höhen Algiers bewohnte, waren gute Kameradinnen, und Camus erkannte sie als solche an.[28] Alle genossen sie volle Freiheit, außer in Erfüllung der reihum verteilten Haushaltspflichten, auch führten sie eine gemeinsame Kasse. Doch beschränkte sich dieses Zusammenleben keineswegs nur auf die Regelung materieller Dinge – zwischen den Bewohnern des „Hauses vor der Welt" herrschte eine Atmosphäre echten, rückhaltlosen menschlichen Austauschs,

Jeanne Sicard, Christiane Galindo und Marguerite Dobrenn im „Haus vor der Welt"

die Camus als „sanfte und zurückhaltende Freundschaft der Frauen" wohltat. Von der heiteren, schwebenden Stimmung, in die diese – vorübergehende – Lebensform die Bewohner des „Hauses vor der Welt" versetzte, zeugen die entsprechenden Passagen in Camus' frühem Romanversuch „Der glückliche Tod" (La mort heureuse).

Die materielle Basis der Wohngemeinschaft aber, und besonders die Camus', war prekär. Schon die Mitteleuropareise hatte er als „in Anbetracht meiner Geldmittel recht abenteuerlich" [29] bezeichnet; aus Salzburg – der Gedanke an sein Auskommen läßt Camus also nicht los – hatte er Grenier von verschiedenen anvisierten Möglichkeiten des Geldverdienens geschrieben: eine Bewerbung als Philosophielehrer in Oran, die vage Hoffnung auf eine Anstellung als Journalist, eine Bibliothekarsstelle an der Universität von Algier. Vorher, in der Studienzeit, hatte Camus im Sommer Büroarbeit in der Präfektur von Algier verrichtet und Privatstunden erteilt. Nun tritt er, wiederum mehr der Neigung als dem praktischen Sinn gehorchend, in die Schauspieltruppe von Radio Algier ein. Jeden Monat ist er nun zwei Wochen mit diesem Ensemble unterwegs und verdient dabei pro Tag und Aufführung 80 Francs. 1937 nimmt er eine feste Anstellung als technische Hilfskraft am Meteorologischen Institut der Universität Algier an.

Durch derartigen Zwang sieht sich Camus mit dem Problem der unfreiwilligen, unschöpferischen Arbeit als der Lebensgrundlage der meisten Menschen konfrontiert – ein Thema, das die Aufzeichnungen aus seiner algerischen Zeit durchzieht. Für sich selbst kann er zwar feststellen: „Es ist normal, etwas von seinem Leben wegzugeben, um es nicht ganz zu verlieren. Sechs oder acht Stunden am Tag, um nicht Hungers zu sterben. Und überdies gereicht dem, der auf Vorteil bedacht ist, alles zum Vorteil." [30] Es bleibt Camus aber gegenwärtig, daß er mit diesem beschränkten Einsatz der Kräfte zugunsten von Zielstellungen, die über den nackten Broterwerb hinausgehen, eine soziale Ausnahmeerscheinung ist. Das Gros der Menschen – er weiß dies aus eigener Erfahrung in seiner Familie – wird verschlissen in der „niedrigsten und jämmerlichsten Seinsbedingung …: der des arbeitenden Menschen" [31]. Der arbeiten *muß*, sollte Camus besser sagen, der seine Arbeitskraft *gezwungerma-*

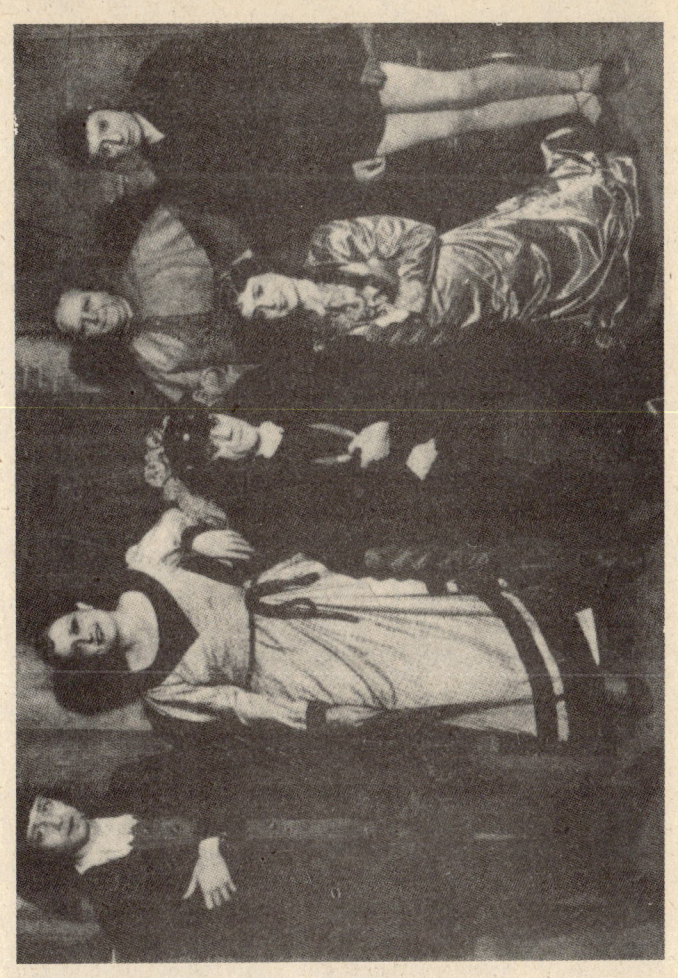

Camus (links) in der Theatergruppe von Radio Algier, nach einer
Aufführung des „Gringoire" von Théodore de Banville

ßen als Mittel für fremde Zwecke herleiht. Zuweilen stellt Camus zwar, von seinem Sonderfall ausgehend, die Sache so dar, als sei es ein Akt der freien Wahl und der Charakterstärke, ob man erniedrigende oder bestätigende, unschöpferische oder kreative Arbeit leistet; doch das Bewußtsein des nackten ökonomischen Zwanges, der hier die Rollen verteilt, kann er bei seiner sozialen Erfahrung nicht ausmerzen: „In meiner Familie: Arbeit 10 Stunden. Schlaf. Sonntag – Montag – Arbeitslosigkeit: der Mann weint. Das große Elend des Menschen besteht darin, daß er über das weinen und nach dem verlangen muß, was ihn demütigt ..."[32]

Dann gab es in Camus' Leben einen wiederum der Krankheit verschuldeten bösen Knick. Drei Jahre lang – das war die für diese Disziplin vorgesehene Studiendauer – hatte er mit Interesse und Erfolg Philosophie studiert, Prüfungen in Psychologie, klassischer Literatur, Geschichte der Philosophie, Logik und allgemeiner Philosophie abgelegt. Die erfolgreich verteidigte Abschlußarbeit hätte Camus zur Teilnahme an der Agrégation berechtigt, eine Prüfung, deren erfolgreiche Absolventen ins höhere Lehramt eintreten können. Camus rechnete mit diesem Verlauf; wegen seiner Lungenkrankheit aber wurde er, obwohl die Abschlußarbeit das Prädikat „gut" erhalten hatte, zur Agrégation nicht zugelassen.

Camus' philosophische Examensschrift, die erst nach seinem Tode veröffentlicht wurde[33] und einen bedeutsamen Einblick in die Entwicklung seiner Ideenwelt gewährt, trägt den Titel „Christliche Metaphysik und Neoplatonismus" (oder ursprünglich vermutlich: „Hellenismus und Christentum, Plotin und Augustinus"). Camus geht ein gewaltiges Thema an, das prägend für die gesamte Kultur- und Geistesentwicklung der christlichen Zivilisation geworden ist: die grundsätzlichen, auch affektiven Unterschiede zwischen antikem und christlichem Weltverständnis und die dennoch entstandenen Beziehungen und gegenseitigen Durchdringungen, wie sie sich besonders in der Philosophie Plotins und des heiligen Augustinus – beide nordafrikanischer Herkunft! – ausdrücken. Um dieses erdrückende Thema halbwegs in den Griff zu bekommen, brauchte Camus eine solide Kenntnis des Neuen Testaments, der Gnosis, des Neoplatonismus und der Schriften der Kirchenväter – Kenntnisse, die ihm heute von berufener Seite bescheinigt werden.[34] Die Hauptthesen Camus' in dieser Schrift sind: Christliches Denken setze auf Gott, antikes auf die Welt als Verwirklichungshoffnung für den Menschen. In diesem Gegensatz stellt sich Camus eindeutig auf die Seite der Griechen. In der Gnosis sieht Camus „einen der ersten Versuche zur griechisch-christlichen Zusammenarbeit"[35]; dann nähmen Plotin wie Augustinus, jeder von seiner Seite aus, eine Vermittlerposition ein. Mit Augustinus habe sich das Christentum, bislang ein affektiver Ansturm gegen die „Trägheit des Herzens", zum philosophischen System geordnet. Als solches bleibe es für lange Zeit „das einzige gemeinsame Hoffen und der einzige wirksame Schild gegen den Unstern der westlichen Welt"[36] So einhellig bejahend hat sich Camus niemals wieder zum Christentum geäußert.

Er fühlte sich diesem Thema zweifellos verbunden, entsprach es doch seinem inneren Zwiespalt zwischen freudiger Weltbejahung und Ängstigung durch den Tod. Der Stil ist etwas ungewöhnlich für eine Examensschrift: Oft weitausholend, mit erzählenden Passagen, dem Selbstbekenntnis nahe. Camus tastet sich über die Gestalten großer Philosophen an sich selbst heran: Plotin bestärkt ihn in seiner Ablehnung blinden Glaubens, Augustinus in seinem Wissen um die Grenzen menschlicher Erkenntnis.

Zugriffe auf die Wirklichkeit

Die politische Atmosphäre im Algerien der dreißiger Jahre war hochexplosiv. 1930 hatte Frankreich das hundertjährige Jubiläum der kolonialen Eroberung mit unverhüllter Freude an Pomp und Selbstdarstellung begangen und damit verschiedene Schichten der algerischen Bevölkerung zusätzlich gegen sich aufgebracht. Denn das Elend der besitzlosen Massen hatte sich in der Weltwirtschaftskrise verschärft; eine Zunahme der – stets an der französischen Wirtschaft orientierten – industriellen Entwicklung ließ den Anteil von Algeriern an der städtischen Bevölkerung und auch die Emigrantenquote anwachsen – all dies machte die besitzlosen Massen wacher, unruhiger, rebellischer. Andererseits wehrte sich die dünne Schicht der begüterten, gebildeten Moslems jetzt stärker gegen die kulturelle Entfremdung durch die dominierende französische Kultur und setzte ihr mit zunehmendem Selbstbewußtsein die eigenen kulturellen Traditionen entgegen.

Keinen dieser drängenden Widersprüche vermochte die Kolonialadministration zu lösen, ja auch nur ins Auge zu fassen. Sie nahm ihre Zuflucht zu der vorerst erfolgreichen Taktik, die aufgebrachten Massen in ihren vielfältigen Meinungsverschiedenheiten aufeinanderzuhetzen – so kam es etwa Mitte der dreißiger Jahre mehrmals zu blutigen Zusammenstößen zwischen Moslems und Juden, oder Vertreter der gebildeten muslimischen Schichten gingen unkritisch auf die Seite der Kolonialmacht über. Dementsprechend vielfältig, ja widersprüchlich waren die Reaktionen auf politische Ereignisse in Europa wie die Machtergreifung Hitlers oder die Entstehung der französischen Volksfront.

Als fernes Beispiel ihres eigenen absoluten Machtanspruchs sahen zum Beispiel die großen französischen Colons in Hitler ihren Mann; aber auch Vertreter der begüterten muslimischen Schichten, ja selbst arme Moslems, denen der arabische Nationalgedanke über alles ging, sympathisierten mit Hitler als dem Rächer an den Franzosen. Die Volksfront fand ihre Anhänger in den politisch wachsten und scharfsichtigsten Vertretern des Proletariats und der Intelligenz. Von den kolonialen Machthabern wurde sie erbittert bekämpft und führte so zu einer Polarisierung der politischen Fronten. Allerdings enttäuschte sie ihre Anhänger in Algerien schwer: Keiner der ohnehin zaghaften Reformvorschläge des Planes von Blum und Violette zur Verbesserung der politischen und sozialen Situation der Einheimischen wurde realisiert. Zu dem Widerhall, den die Volksfront in Algier fand, schreibt Grenier: „Zur Zeit der Volksfront herrschte in Algier eine große Erregung, nicht so sehr unter den Arabern … als vielmehr den mit den Arabern befreundeten Europäern."[37]

Diese politische Bewegtheit ergriff auch Camus: Über einen gemeinsamen Freund nahm er zu einem Führer der antifaschistischen Bewegung Amsterdam-Pleyel in Algier Verbindung auf, der Mitglied der Kommunistischen Partei war. – Die Mitgliedschaft in der Kommunistischen Partei bedeu-

Volksfrontdemonstration in Algier

tete im kolonisierten Algerien eine direkte Verletzung des Herrschaftsprinzips, das die Angehörigen der herrschenden Nation denn doch traditionell miteinander verband. Erst 1930, bei der Hundertjahrfeier, hatte das Kolonialregime nicht ohne Erfolg versucht, die Gloriole der „grande nation" aufzufrischen, die alte Eroberer- und Vorreiterstimmung wiederaufleben zu lassen, auf die sich die – vorgebliche – Interessengemeinschaft zwischen reichen Colons und besitzlosen Siedlern gründete. Tatsächlich hatte es gerade in der ethnisch und sozial reich differenzierten Siedlerschicht in Algerien diese Interessengemeinschaft nie gegeben; diese Tatsache wurde aber durch das Bewußtsein der Existenz eines „gemeinsamen Feindes", des kolonisierten Volkes, das sich hartnäckig und immer wieder gegen die Zwangsherrschaft zur Wehr gesetzt hatte, mehr oder weniger verdrängt. Unter dieser ideologischen Voraussetzung war die Kommunistische Partei, die die Einheimischen in ihrem Kampf gegen totale Rechtlosigkeit und in ihrem Ringen um praktikable Organisationsformen unterstützte, im Europäer-Milieu denkbar unpopulär. In Paris konnte man frei und offen erklären, Kommunist zu sein; in Algier zog man sich damit Haß und Verachtung zu.

Das aber konnte Camus nicht schrecken; er suchte das wirksamste Aktionsfeld für seinen politischen Antrieb und sah es in der Kommunistischen Partei. Dieser Antrieb kommt ihm nach wie vor aus der Besinnung auf seine armselige Kindheit, das beschädigte und entstellte Leben, das er in diesem Umkreis kennengelernt hat. An Grenier, der ihm den Beitritt zur KP nahegelegt hatte, schreibt er: „Mir scheint, daß häufig das Leben, mehr als irgendwelche Ideen, zum Kommunismus hinführt … Mein Wunsch, die Summe des Unglücks und der Bitterkeit, die die Menschen vergiftet, vermindert zu sehen, ist so stark."[38]

Camus war mit Aufbau und Leitung einer Parteigruppe in Belcourt betraut worden. Mit großem Nachdruck verfolgte er seine besondere Aufgabe, die Gewinnung von Mitgliedern für die national-algerische, der KP nahestehende Organisation „Nordafrikanischer Stern", die den Kampf für nationale Unabhängigkeit und eine soziale Revolution aufgenommen hatte. Camus' offenkundige Aufgeschlossenheit für arabische Kultur ließ ihn im Kontakt mit algerischen Intellektuellen besonders erfolgreich sein und brachte ihm viele kameradschaftliche Bindungen. Doch die faschistische Gefahr zwang zu Veränderungen der Parteidirektiven: Da die Nationalisten in Algerien dem deutschen Faschismus gegenüber einen indifferenten oder ambivalenten Standpunkt bezogen, die Kommunisten sich aber ungeteilt und vorbehaltlos dem antifaschistischen Kampf verschrieben, war die Zusammenarbeit mit einer nationalistischen Organisation im Moment nicht opportun und sollte deshalb eingestellt werden. Camus beharrt auf dem Grundsatz, nach dem er angetreten – eine aus seiner Situation verständliche, den politischen Erfordernissen jedoch zuwiderlaufende Haltung –, und wird 1937 nach erregten Debatten aus der Kommunistischen Partei ausgeschlossen. Da er auch über diese Vorgänge strenge Diskretion bewahrt hat, sind die Umstände seines Parteiausschlusses bzw. -austritts umstritten.

Der Eintritt ins politische Leben eröffnete Camus große kulturelle Entfaltungsmöglichkeiten. Denn die Gründung von Kulturhäusern, die in Frankreich mit der Volksfrontbewegung einherging, strahlte auch auf Algier aus; hier waren es Camus und seine Freunde, die das Kulturhaus ins Leben riefen, ein ambitioniertes und vielseitiges Programm entwarfen und ihre bisherigen Anstrengungen seinem Patronat unterstellten. Camus war die Seele der mannigfaltigen Vorträge, Diskussionen, Film- und Theateraufführungen und als kultureller Animator bald stadtbekannt. Er sah in dem Kulturhaus als kulturellem Zentrum die Möglichkeit, „aus Algier die intellektuelle Hauptstadt … zu machen, die in der Mittelmeerwelt darzustellen es das Recht und die Pflicht hat"[39]. Denn wie seine leidenschaftliche Wortnahme auf der Eröffnungskonferenz des Kulturhauses im Februar 1937 zeigt,[40] war er von der Überzeugung durchdrungen, daß eine einheitliche Kultur der Mittelmeerländer existiere bzw. durch gemeinsame Anstrengung geschaffen werden müsse. Diese Vorstellung von kultureller Einheit in einer Region, durch die der Kolonialismus einen radikalen Trennungsstrich zwischen Privilegierten und Rechtlosen gezogen hatte, war auf Sand gebaut; sie sollte Camus später zu weiteren, ins Politische hineinreichenden Fehleinschätzungen veranlassen.

Auch die Theatertruppe „Theater der Arbeit" (Théâtre du travail), der Camus als Gründer und Leiter vorstand, ordnete sich nun in die Tätigkeit des Kulturhauses ein. In puncto Theater war Algier nach Camus' Meinung die „Sahara"[41] – also war seine Initiative gefordert. Erstmals stellte sich Camus' Truppe im Januar 1936 mit Malraux' Novelle „Die Zeit der Verachtung" (Le temps du mépris) dem Publikum vor; der Bearbeitung von Camus hatte Malraux, damals schon ein illustrer Autor, telegrafisch zugestimmt: „Spiel es. A. M."[42] – worüber Camus von der Sache her, aber auch wegen des ehrenvollen „Du" glücklich war. – Die Stückwahl war eine politische Meinungsbekundung: Gezeigt wird ein deutscher Kommunist in Einzelhaft, ausgeliefert dem faschistischen Prinzip der Menschenverachtung, das er durch die Gemeinschaft mit seinen Genossen überwindet. Die Aufführung fand im Saal einer Badeanstalt statt. Die Brandung des Mittelmeers, die große Zuschauerbeteiligung, vor allem aber die Intention des Stückes wirkten dahin, daß sich an diesem Theaterabend die völlige Verbindung zwischen Bühne und Saal herstellte: Von dem

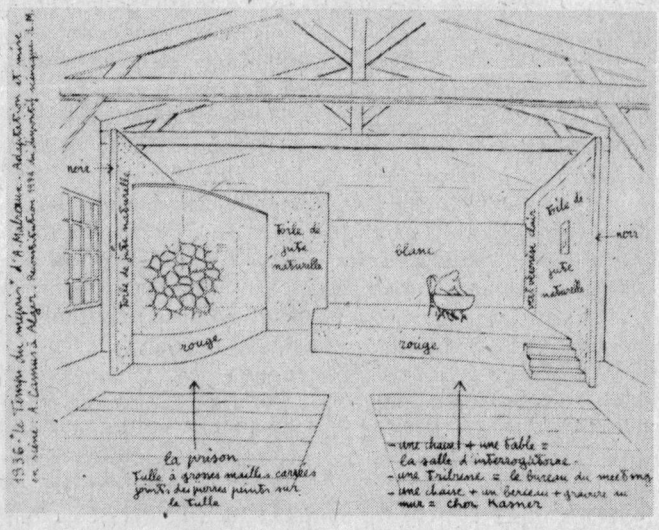

Szenenbild zu „Die Zeit der Verachtung" von Louis Miquel

Hakenkreuz, das die Männer auf die Bühne trugen, fühlte sich jeder einzelne Zuschauer bedroht. Die Absicht der jungen Theaterleute, Angehörige aller sozialen Schichten anzusprechen, hatte sich erfüllt. – Weiterhin spielte das „Theater der Arbeit" Gorkis „Nachtasyl", „Das stumme Mädchen" von Ben Jonson, „Der gefesselte Prometheus" von Aischylos und Puschkins „Don Juan". Bald griff jedoch die politische Reaktion ein: Als erklärte „Kollektivschöpfung" hatten Camus und seine Freunde ein Stück mit authentischem Sujet, der Niederschlagung des asturischen Bergarbeiteraufstands im Jahre 1934, geschrieben: „Revolte in Asturien" (Révolte dans les Asturies). Camus hatte Theater in diesen frühen Jahren zwar stets als politische Meinungsbekundung begriffen – das Stück aber war der weiteste Vorstoß in dieser Richtung. Nach einer für die Truppe langen Vorbereitungszeit von drei Monaten wurde die Aufführung des Stückes vom Bürgermeister von Algier, einem Mann der extremen Rechten, ohne Begründung untersagt. Um das Stück dennoch bekanntzumachen, möglichst auch den finanziellen Verlust etwas zu kompensieren, wurde es als eine der ersten Publikationen in dem jungen Verlag von Camus' Freund und Erstverleger Edmond Charlot gedruckt. Die winzige Auflage von 500 Exemplaren war in zwei Wochen verkauft. Ein Auszug des Stückes mit dem Titel „Spanien 34" wurde dennoch gespielt.

Nach dem Ausschluß aus der Kommunistischen Partei zog sich Camus mit seinem Freundeskreis von der Kulturhausarbeit zurück. Das Theater aber ließ ihn nicht los. Die neue Truppe nannte sich „Théâtre de l'Equipe"; sie spielte vom Herbst 1937 an, hatte sich von den früheren politischen Intentionen entfernt und bekannte sich stärker zum Experimentellen und Innovatorischen. Camus erklärte in ihrer Programmschrift „Für ein junges Theater"[43], daß man „gute Stücke im Geiste der Jugend" spielen wolle; das seien – hier kommt Camus' dramatische Konzeption voll zum Ausdruck – Stücke aus der griechischen Antike, dem spanischen Goldenen Zeitalter und dem gegenwärtigen amerikanischen und französischen Bühnenschaffen, die „Wahrheit und Einfachheit" besäßen, „Heftigkeit in den Gefühlen und Grausamkeit im Handeln". Die neue Equipe orientierte sich an den Grundsätzen des französischen Regisseurs und

Theatertheoretikers Antonin Artaud, der die Schaustellung individuell-psychologischer Vorgänge durch ein „Theater der Aktion" ablösen, in einem „Theater der Grausamkeit" ein Exempel des aktuellen Weltzustands aufrichten wollte. Die zweite Leitgestalt für Camus' Theaterarbeit war der französische Regisseur Jacques Copeau, der die Schauspieler zu einmütiger Ensemblearbeit zusammenführte, um so eine dramatische Kunstleistung von antiker Größe zu erreichen. Das entsprach sowohl der Theaterkonzeption Camus' als auch dem Geist freudiger, selbstloser Zusammenarbeit, der in der gesamten Truppe herrschte. Einige Stücke wurden vom Theater Copeaus, dem „Théâtre du Vieux Colombier", übernommen, so „Das Schiff Tenacity" von Charles Vildrac und eine Bühnenadaption von Dostojewskis „Die Brüder Karamasow" (Camus in der Rolle des Iwan). – Für die hochgesteckten Absichten der Theatertruppe sprechen auch die weiteren Aufführungen: die „Celestina", eine Tragikomödie aus der spanischen Frührenaissance, oder eine Adaption des Traktates von Gide „Die Heimkehr des verlorenen Sohnes". Als letztes Stück wurde im Frühjahr 1939 „Der Held der westlichen Welt" von J. M. Synge gespielt; dann zerstreute der Krieg die enthusiastischen jungen Männer und Frauen.

Frühe Schriften

Der Theaterarbeit hatte sich Camus mit jugendlicher Unbedenklichkeit und Spontanität zugewandt, und er hatte auf diese Weise achtbare Erfolge erzielt; an seiner frühen Meisterschaft als Romancier hingegen, die sich in der Erzählung „Der Fremde" (L'Etranger) anscheinend plötzlich und verblüffend dartat, hatte er lange und auf verschlungenen Wegen gearbeitet.[44] Nach den ersten Versuchen persönlicher Selbstaussage in „Intuitionen" von 1932 verfaßte Camus ein Jahr darauf unter anderem eine Art Prosagedicht mit dem Titel „Das maurische Haus" (La Maison mauresque), das unter manch einem Gesichtspunkt als erste Manifestation seines eigentlichen Werkes, seiner besonderen Schreibweise angesehen werden kann. In vordergründiger Bedeutung ist dies ein Essay über das typisch arabische

Haus, über maurische Baukunst. Die besondere Beschaffenheit des Hauses wird aber zum Anlaß für emotionale Aufschwünge, für Evasionswünsche, für das Heraufbeschwören algerischer Natur und Landschaft, das Schwelgen in Farben, Gerüchen, Stimmungs-Zusammenklängen. Mit suggestivem Lyrismus setzt Camus das Haus als Metapher für ganz Algerien, als Sinnbild seiner widerspruchsbeladenen Heimat. Er läßt allerdings nur die Widersprüche anklingen, die in ihm selbst oder seiner persönlichen Beziehung zu Algerien liegen; die Tatsache zum Beispiel, daß das reale Vorbild des „maurischen Hauses" als ein zur Hundertjahrfeier der Eroberung errichtetes Bauwerk eine Manifestation kolonialer Macht war, spricht er nicht an. – Camus reflektiert wieder den in seiner Person angelegten Widerspruch zwischen Gefühl und Ratio; hinzu kommt jetzt von außen der literarisch später so fündige Gegensatz von Licht und Schatten, der Doppelcharakter der Sonne als Glücksquelle und als Zerstörerin, die Natur überhaupt als mögliche Zuflucht vor der Last des sozialen Lebens. Und eine Besonderheit der späteren großen Werke Camus', die sie so vieldeutig und rätselhaft machen, ist hier schon im Keime enthalten: die mythische Dimension hinter der vordergründigen Konkretheit, Genauigkeit, scheinbaren Banalität. – In dieser Hinsicht mag ein kurzer Prosatext aus dem gleichen Jahr, „Das Krankenhaus im Armenviertel" (L'Hôpital du quartier pauvre), wie eine Annäherung von der anderen Seite erscheinen: Hier hält sich Camus an die lakonische Darstellung des Krankenalltags, an die Banalität der Patientengespräche – aber dahinter steht das Mysterium des Todes.

Diese ersten literarischen Arbeiten wurden von Notizen begleitet, die Camus ab 1935 in ein eigens dafür angelegtes Heft schrieb, eine Gewohnheit, die er bis zu seinem Tode beibehielt.[45] Neben den empfangenen Leseeindrücken brachte er bald eigene literarische Ideen und Pläne zu Papier, Reflexionen auch über Sinn und Ziel der Kunst, des Schreibens, gewisser Lebenshaltungen sowie regelrechte Selbstermahnungen. Beobachtungen an Menschen, Landschaften und Städten, zuweilen auch an der eigenen Person kamen hinzu, jedoch auffallend wenig direkte Selbstaussagen; die sinnlichen Eindrücke, die Konfliktsituationen, die hier – und fast immer in variantenreichen Wiederholun-

Manuskriptseite aus dem ersten Tagebuch Camus'

gen – angesprochen werden, sind auf das im Entstehen begriffene Werk bezogen und oft wörtlich dahinein übernommen worden. Ein Tagebuch im Sinne von Selbstbeobachtung und Selbstanalyse sind Camus' „Hefte" (Cahiers) nicht.

Seiner Frau widmete Camus Ende 1934 zwei sehr unterschiedliche Texte: „Das Buch der Melusine" (Le Livre de Mélusine), ein Märchen in etwas angestrengt fabulierfreudigem Ton; und „Die Stimmen des Armenviertels" (Les Voix du quartier pauvre), ein Bekenntnis zu dem Milieu, den Gestalten und Erlebnissen, die ihn beeindruckt und geprägt haben. Da ist – diese Personen und die mit ihnen verbundenen Stimmungen und Gefühle werden in Camus' Werk immer gegenwärtig bleiben – die verschlossene, ausdrucksunfähige Mutter, da ist ein redseliger alter Mann, den das Alter wie eine Krankheit drückt und isoliert; da ist noch einmal die Mutter mit ihrem Mißgeschick, den Liebhaber nicht treffen zu dürfen; und da ist die kranke alte Frau, die sich vergeblich an die Gesellschaft junger Leute klammert. – Camus stellt diese Situationen schlicht und plastisch dar und gruppiert seine Gedanken über Alter, Einsamkeit, Tod darum; konkrete Umstände werden zwar benannt, aber Stimmungen, Gefühle, Empfindungen machen den eigentlichen Ausdruckswert dieser Texte aus. Womöglich teilen sie sich gerade darum so stark mit, weil Camus sie unvermittelt nebeneinanderstellt, sie auf keine Hauptgestalt bezieht und in keine durchgehende Handlungslinie einbaut.

Dies zu versuchen war Camus gezwungen, als er um 1935 einen ersten – in Fragmenten erhaltenen – Roman zu schreiben unternahm.[46] Camus hat dem Romanversuch noch keinen Titel gegeben; der Hauptgestalt, Louis Raingard, schreibt er die Stimmungen und Erlebnisse zu, die er bisher als die seinen wiedergegeben hatte: seine Ablehnung der herrschsüchtigen Großmutter bis über deren Tod hinaus, die Schrecknisse des Krankenhausaufenthalts, und immer wieder das schwierige Verhältnis des Sohnes zur Mutter – sein Wunsch, ihr von sich zu erzählen, ihr nahezukommen, der sich an ihrer Indifferenz bricht. Recht unvermittelt taucht hier auch erstmals die Gestalt des zum Tode Verurteilten auf. Die wenigen zugänglichen Bruchstücke des Romanversuchs vermitteln einen düsteren Eindruck, sind Zeugnisse eines, wie es wörtlich heißt, „langen schmutzigen und finsteren Lebens". – Camus hat hier bereits vorhandene, disparate Niederschriften in einen zusammenhängenden Text integrieren wollen. Die Kohärenz sollte die Hauptgestalt, im Grunde das Spiegelbild des Autors, stiften; Camus aber war mit sich selbst noch nicht im reinen, war in seiner Bewertung der Jugendzeit im Armenviertel noch schwankend – war es nun eine Zeit der Wärme und Geborgenheit oder ein „schmutziges und finsteres Leben"? Die Suche des Autors nach sich selbst schlägt auf den Helden zurück, läßt ihn keine Konturen annehmen, und der Romanversuch bleibt im Fragmentarischen stecken.

Ein zweiter Romanversuch mit dem Titel „Der glückliche Tod" (La Mort heureuse), den Camus 1938 abschloß, aber nicht veröffentlichte,[47] macht, da er vollendet vorliegt, das Manko noch offenkundiger: Camus hat mit dem Helden Patrice Mersault seine damaligen Lebensrichtlinien illustrieren wollen und dafür einen Handlungsablauf mit einigen Brüchen und Unglaubwürdigkeiten konstruiert, in den er auch wieder das Episodenmaterial aus dem Armenviertel eingebracht hat. Nach Patrice' Überzeugung ist „den Menschen einzig die Aufgabe zugedacht, zu leben und glücklich zu sein".[48] – allerdings ein jeder für sich allein: Glück ist freie Zeit, und die wiederum hat man nicht ohne Geld – also ermordet Patrice kühl und mit Überlegung einen begüterten Invaliden, der ihn vordem in dieser Lebenslehre unterwiesen hatte. (Hier fallen die Analogien zu literarischen Vorbildern des jungen Camus auf: In der Darbietung des Mordvorgangs zum Auftakt von Malraux' „So lebt der Mensch", in Mordmotiv und Argumentation zu Dostojewskis „Schuld und Sühne".) Der schäbige Mord wird zum Akt des Nein-Sagens, zur Revolte erklärt. – Eine Rückblende erhellt die Lebensumstände Mersaults, die denen Camus' gleichen: Er mußte seinen Lebensunterhalt durch Büroarbeit verdienen und litt darunter, dem ökonomischen Zwang Lebenszeit zu opfern. Die Beziehung zu seiner Geliebten krankte offenbar an ähnlichen Schwierigkeiten wie Camus' erste Ehe: rasend verletzter Stolz darüber, daß er nicht alleiniger Besitzer ihrer Schönheit ist, und abrupter Bruch, um sich auch im negativen Gefühl nicht zu stark an sie zu binden. – Nun, nach dem Mord, fängt für den davon völlig unbeeindruckten Mersault das glückliche Leben an:

Er macht eine Europareise, die so kläglich beginnt wie die Camus', ihn dann aber durch sonnige Länder zurück ins gelobte Algier führt, wo er die heitere, schwebende Stimmung im „Haus vor der Welt" genießt; einsames Leben in einem Küstendorf, in dem er den Arzt Bernard kennenlernt – erstes Modell des Arztes Bernard Rieux aus „Die Pest", denn dieser Arzt kennt im Unterschied zu Mersault moralische Werte und richtet sein Leben daran aus. Mersault hatte seit dem Mord an Lungentuberkulose gelitten und erliegt ihr schließlich – was nicht als Vergeltung des Schicksals begriffen werden soll, sondern als Akt der Vollendung, denn: „… Stein zwischen Steinen, ging er in der Freude seines Herzens wieder in die Wahrheit der unbeweglichen Welten ein."[49] Diese Freude an der Auslöschung verblüfft wie manch andere Wendung des Romans – ist doch für einen so lebensbesessenen Menschen, der keinen moralischen Wert anerkennt, der Tod die einzige Grenze und Verneinung. Hier mag Eigensuggestion Camus' mitspielen, die ihm helfen soll, mit der ständigen Todesdrohung fertig zu werden. Auch sonst klafft eine Diskrepanz zwischen den – zuweilen recht kläglichen oder schlimmen, im besseren Fall mittelmäßigen – Handlungen des Helden und den gewichtigen Erklärungen dazu. – Auch dieser Romanversuch kann in Handlungsführung und Aufbau der Hauptgestalt nicht recht überzeugen; einprägsam und fruchtbar für das kommende Werk sind hingegen einzelne Bilder, Schilderungen bestimmter, hinfort immer wiederkehrender Situationen, Camus' Fähigkeit, Stimmungen zu beschreiben und mitzuteilen.

Das Problem der frühen Schriften, die Camus entweder gar nicht so weit ausarbeitete oder, obwohl fertiggestellt, nicht publizieren mochte, war im Grunde sein Standpunkt als Autor: Hielt er sich ganz heraus, zerfielen die Niederschriften ins Episodische; brachte er über die Hauptgestalt eigenes Konfliktmaterial ein, sprengten seine eigenen Spannungen und Unentschiedenheiten Romanhandlung und -figur. Welchen Ausweg aus diesem Dilemma hat Camus nun in seiner ersten Veröffentlichung, einer Sammlung kurzer Prosatexte mit dem Titel „Licht und Schatten" (L'Envers et l'endroit), gefunden? Es gibt einen Ich-Sprecher, aber dieser Sprecher ist nicht mehr die Person Camus mit ihren bio-

graphischen Details; der Ich-Sprecher ist ein Mensch mit
der Erlebniswelt Camus', die er in den großen, verallgemei-
nernden Bezugsrahmen von Licht und Schatten, Sonne und
Elend, Leben und Tod stellt. Das geschieht in einer Misch-
form von Erzählung und Essay, die wir im Deutschen mit
„literarischer Essay" umschreiben können. — Wieder tauchen die bereits bekannten Lebenssituationen auf: die ge-
lähmte alte Frau, die von vergnügungsfrohem jungem Volk
der Einsamkeit überlassen wird; der geschwätzige alte
Mann, dem keiner zuhört; die Nachtwache bei der kranken,
schweigenden Mutter oder die Verlassenheit in dem son-
nenlosen, unwirtlichen Prag; doch auch die Schönheit südli-
cher Landschaften und das frohe Gemeinschaftsgefühl ihrer
Bewohner wird beschworen. Diese konkreten Situationen
bleiben als Bild stehen; auf sie fixiert, läßt der Ich-Sprecher
einen inneren Monolog ablaufen, in dem synästhetische
Wahrnehmungen, Erinnerungen sowie gegenwärtige Empfindungen und Überlegungen zusammenfließen. Daraus erhebt sich das Verlangen nach Liebe im Sinne von Geöffnetsein zur Welt hin („devant le monde" als immer wieder
auftauchende Wendung), nach intensiver Wahrnehmung,
nach vorbehaltloser Bejahung von Licht und Schatten im
Menschenleben. „Der wahre Mut besteht immer noch
darin, die Augen weder vor dem Licht noch vor dem Tod
zu verschließen"[50], schreibt Camus am Schluß bekenntnis-
haft. Die erschütternde Schönheit algerischer Natur und
den Jammer der menschlichen Existenz gleichermaßen und
nebeneinander sinnlich faßbar zu machen, das ist Camus
mit diesen Essays erstmals geglückt.
Etwas später, in einer günstigeren Lebensphase, verfaßte
Camus eine weitere Sammlung solcher literarischen Essays
mit dem Titel „Hochzeit des Lichts" (Noces). Sie sind nicht
mehr von dem Dualismus von Schönheit (in der Natur)
und Not (im sozialen Dasein) bestimmt, sondern ein ein-
helliges Preislied auf algerische Landschaft und Natur, das
Leben in ihr, das Eingehen in sie. Drei der Essays führen
im Titel den Namen einer algerischen Stadt (Tipasa, Djé-
mila, Alger), der vierte heißt „Die Wüste". Dennoch sind es
keine Ortsbeschreibungen, sondern Wiedergabe der von
diesen Orten ausgelösten Emotionen und Überlegungen.
Der Gesamttitel „Hochzeit des Lichts" ist Ausdruck der

freudvollen Vereinigung mit der Natur, wie Camus sie immer wieder beschwört: „Ich aber weiß hier und jetzt, daß ich nie nahe genug an die Dinge der Welt herankommen werde. Nackt muß ich sein und muß dann, mit allen Gerüchen der Erde behaftet, ins Meer tauchen, mich reinigen in seinen Salzwassern und auf meiner Haut die Umarmung von Meer und Erde empfinden, nach der beide so lange schon verlangen."[51] Für die Erfüllung dieses Verlangens bot die algerische Natur und Landschaft, bot der lange, sonnendurchglühte Sommer an den weiten, menschenleeren Stränden, bot das endlose, ruhige, warme Meer die Garantie. Camus hat in dieser naturnahen Daseinsform ein sicheres Glücksgefühl gefunden, das aus den Texten von „Hochzeit des Lichts" spricht. Er bezieht daraus eine große Kraft des sprachlichen Ausdrucks, eine Kraft zu Bildern, die sich in der Reihung oder Wiederholung mitteilen und einprägen.

Dieses Glücksgefühl wurde für Camus zu einem unantastbaren Sicherheitsfundus auf Lebenszeit. Hier fand auch sein Verlangen Befriedigung, die Entstellungen, die Selbstschutzmechanismen, die das gesellschaftliche Dasein ihm aufzwang, von sich abzutun. „Alles hier läßt mich gelten, wie ich bin; ich gebe nichts von mir auf und brauche keine Maske ..."[52] In der Natur findet Camus das, was er als das Wesen des Glücks bezeichnet: „Aber was ist das Glück anderes als jener einfache Einklang eines Geschöpfes mit seiner Existenz?"[53]

Solche Übereinstimmung im Zeichen der Natur birgt aber auch eine Versuchung zur Aufgabe des Ichs, zum Hinübergleiten in Unbewußtheit. Moralische Indifferenz dem eigenen und sogar auch fremdem Leben gegenüber kann, das spürt Camus, aus der großen Unerschütterlichkeit der Natur, aus ihrer Schönheit und Grausamkeit auf den Menschen übergreifen. In „Hochzeit des Lichts" bejaht er diesen Dualismus, ergibt er sich der Indifferenz der Natur. Daraus aber wird er bald aufgeschreckt werden – und das Ringen um ein moralisches Gesetz wird von da an seine beständige Lebensanstrengung sein. Eine weitere Konstante Camusschen Denkens klingt in diesen Essays an, wenn er sein persönliches Glücksempfinden zu einem Vorzug des Mittelmeermenschen, zur möglichen Grundlage einer Kultur jenseits der Entfremdung macht: „Ich habe die verwegene Hoffnung, daß diese Barbaren, die sich am Strand des Meeres tummeln, eines Tages – vielleicht unbewußt – eine Kultur schaffen werden, in der endlich die Größe des Menschen ihren wahren Ausdruck findet."[54] Damit gerät Camus in bedenkliche Nähe eines geistverächterlichen Körperkults; zum anderen beschwört er hier eine „Mittelmeerrasse", aus der die eigentlichen Bewohner des Landes, die Algerier, deren Lebensformen ganz andere sind, ausgeschlossen bleiben.

Aber mit diesen Essays hat Camus ja erst einmal ein ihm eigenes Lebensgefühl ergründen und die unterschiedlichen daraus ableitbaren Möglichkeiten abtasten wollen. Eine Lebenslehre visierte er nicht an. „… mein Herz und mein Fleisch haben hier geschrieben, nicht mein Intellekt"[55], teilte er Jean de Maisonseul mit. Auch war er sich des Vorläufigen und Uneinheitlichen der Essays wohl bewußt. Noch vor ihrem Erscheinen schrieb er an Grenier: „Ich spüre jetzt sehr wohl das Emphatische in diesen Essays. Sie sind zumindest das letzte in dieser Art. Ich werde nicht mehr auf diese Weise schreiben." Und wenig später heißt es: „Ich arbeite jetzt an ganz anderen Sachen, die, glaube ich, mehr Einheit aufweisen."[56]

Kein Gleichgültiger

Den Roman „Der glückliche Tod" mußte Camus nach eigenen Maßstäben als Mißerfolg verbuchen; bevor er sich aufs neue an die Arbeit machte, wollte er von Grenier wissen: „Glauben Sie aufrichtig, daß ich weiterschreiben soll? Ich stelle mir diese Frage mit großer Bangigkeit. … Ich habe nicht viele reine Dinge in meinem Leben. Schreiben ist eines von ihnen. Aber gleichzeitig habe ich genügend Erfahrung, um zu verstehen, daß es besser ist, ein guter Bürger als ein schlechter Intellektueller oder ein mittelmäßiger Schriftsteller zu sein."[57] Die Antwort Greniers ist nicht erhalten, wird aber zweifellos ermutigend gewesen sein.

Aus dem Neuansatz entstand der Roman „Der Fremde", Camus' frühes Meisterwerk. Das Charakteristikum seiner Hauptgestalt war bereits in einer skizzierenden Niederschrift enthalten, die Camus für „Der glückliche Tod" gemacht hatte: „Der junge Bursche, der zu soviel Hoffnungen berechtigte und jetzt in einem Büro arbeitet. Sonst tut er nichts, kommt nach Hause, legt sich hin und wartet rauchend, bis es Zeit ist, zu Abend zu essen, legt sich dann wieder hin und schläft bis zum nächsten Morgen. Sonntags steht er sehr spät auf und stellt sich ans Fenster, um den Regen oder die Sonne, die Vorübergehenden oder das Schweigen zu betrachten. So treibt er es das ganze Jahr hindurch. Er wartet. Er wartet auf das Sterben."[58] Auch sonst tauchen ganze Passagen aus „Der glückliche Tod" in „Der Fremde" wieder auf. Worin liegt nun aber der gravierende Unterschied zwischen den beiden Werken? In einer Rezension zu Sartres „Der Ekel" von 1938 hatte Camus geschrieben: „Und diese geheime Verschmelzung von Erfahrung und Denken, von Leben und Nachdenken über seinen Sinn macht den großen Romancier aus ..."[59] Dieses Konzept hatte Camus auch in dem mißglückten Roman schon zu verwirklichen versucht – der Sprung von den Einzelheiten seiner persönlichen Erlebnisse oder von übernommenen Handlungsdetails zum philosophischen Anspruch war dort zu groß gewesen, hatte unangemessen und bemüht gewirkt. Jetzt aber kommen mit dem weniger autobiographisch angelegten Helden ganz neue Realitätsbereiche, ein zwingender, wenngleich durchaus überraschender Handlungsablauf herein – mit einem Wort: mehr „Leben" –, und damit wird auch des Autors „Nachdenken über seinen Sinn" nachvollziehbarer, faßlicher, manchmal geradezu bezwingend. In dem Moment, da Camus in etwa den Erzählton für „Der Fremde" gefunden hatte, umreißt er selbst treffend diesen Unterschied: „Es besteht ein gewisses Verhältnis zwischen der Gesamterfahrung eines Künstlers, seinem Denken und seinem Leben ... und dem Werk, das diese Erfahrung widerspiegelt. Dieses Verhältnis ist schlecht, wenn das Kunstwerk die gesamte, literarisch verbrämte Erfahrung wiedergibt. Es ist gut, wenn das Kunstwerk ein aus Erfahrung gemeißeltes Stück ist, die Facette eines Diamanten, in dem das innere Feuer sich verdichtet, ohne sich einzuschränken. Im ersten Fall herrscht Überladenheit und Literatur. Im zweiten ein fruchtbares Werk, weil es so viel unausgesprochene Erfahrung enthält, deren Reichtum man errät."[60]

„L'Indifférent", der Gleichgültige, beabsichtigte Camus den Roman zu diesem Zeitpunkt zu nennen. Seine Realitätserfahrungen aber, die dem Roman als großer Zuwachs von „Leben" zugute kommen, konnte er selbst nur bei stärkster Verbundenheit mit der ihn umgebenden Wirklichkeit, weit entfernt von Gleichgültigkeit, machen. Politisches Engagement scheint ihm zur Verteidigung menschlicher Ideale unerläßlich: „Die Politik und das Schicksal der Menschen werden von Männern ohne Ideale noch Größe gemacht. Die Menschen, die eine Größe in sich haben, beschäftigen sich nicht mit Politik. So steht es mit allem. Aber jetzt geht es darum, in sich einen neuen Menschen zu schaffen. Es geht darum, daß die Männer der Tat auch Männer eines Ideals sind"[61], schreibt Camus 1938. Neben literarischer und literaturkritischer Arbeit, so der Gründung einer Zeitschrift mit dem Titel „Rivages" (Strände), oder seiner Tätigkeit als Hauptberater für das Verlagsprogramm seines Freundes Charlot war es vor allem der Beruf des Journalisten, der Camus' Engagement herausforderte.

Die Zeitung „Alger républicain", bei der Camus 1938 als Reporter eintrat, sollte als Organ der Volksfront zum Gegengewicht der reaktionären Presse von Algier werden. Ihr Gründer charakterisierte sie später als „gegen das Münchner Abkommen eingestellt, laizistisch, republikanisch, dem Zugang der Muslims zum politischen Leben aufgeschlossen, Verteidiger des republikanischen Spanien und der Gewerkschaftsbewegung"[62]. Der Chefredakteur Pascal Pia, ein erfahrener Pariser Journalist, stellte Camus nach erster Bekanntschaft bedenkenlos ein und mußte das nicht bereuen; 1970 erinnert er sich: „... Camus erschien mir auf der Stelle als der beste Mitarbeiter, den ich finden konnte. Er sagte nichts Unbedeutendes; indessen war er in seiner schlichten Ausdrucksweise immer klar. Seine Aussagen, zu welchem Gegenstand auch immer, bewiesen gleichzeitig solides Allgemeinwissen wie auch Kenntnisse, die mehr Erfahrung erfordern, als sie Menschen seines Alters im allgemeinen besitzen."[63] Pia forderte absolute Einsatzbereitschaft von seinem jungen Mitarbeiter, betraute ihn aber auch sogleich mit wichtigen Ressorts: Buchbesprechungen, Informationen über kulturelle und künstlerische Ereignisse, über lokale Vorkommnisse und den für Camus' literarisches Schaffen

Camus und Pascal Pia 1940 in Lyon

so folgenreichen Gerichtsberichten. Camus brachte diesen Einsatz mit Freuden, denn zum erstenmal verdiente er hier Geld mit einer Arbeit, die ihn forderte und interessierte. Er arbeitete in den Abend- und Nachtstunden und mußte außerhalb der festgelegten Arbeitszeit bei allen Ereignissen zur Stelle sein, über die es für ihn zu berichten galt. Da er dabei auch seine literarischen Vorhaben energisch vorantrieb, gerieten äußere Bedürfnisse wie Wohnungs-, Kleidungs- und Nahrungsfragen ins Hintertreffen. Aus dem gepflegten jungen Mann war ein ziemlich abgerissener, in Fragen materieller Lebensabsicherung sorgloser Mensch geworden, der all seine Energien in die geistige Existenz investierte und dessen Kräftehaushalt deshalb ständig gefährdet war.

Paßbild Camus' aus seinem Journalistenausweis

Doch was kümmerte Camus äußerer Mangel, wenn er nur glaubte, wirksam für seine Überzeugungen eintreten zu können! Dabei kannte er keinerlei Opportunitätsrücksichten: Zunächst zog er bei jeder Gelegenheit gegen den reaktionären Bürgermeister von Algier zu Felde. Weiterreichende Einsichten in die Mechanismen kolonialer Machtausübung vermittelte ihm die Teilnahme an den Gerichtsverhandlungen zu den Fällen Hodent und El Okbi – beiden der Kolonialadministration unliebsamen Angeklagten wurden schwere Delikte (Getreideunterschlagungen im ersten, ein Mord im zweiten Fall) untergeschoben, und in beiden Fällen brach die tendenziöse Anklage durch Mithilfe Camus' aus Mangel an Beweisen zusammen. Seine Prozeßberichte[64], leidenschaftliche Plädoyers für die Angeklagten, provozierten im kolonialen Algerien Skandal auf Skandal und machten Camus nachdrücklich bekannt.

Ins Prinzipielle, zu grundsätzlichen Angriffen auf das Kolonialsystem, weiteten sich Camus' Beiträge aus, als er die andere Seite, die kolonial Unterdrückten und Ausgebeuteten, in ihrem täglichen Daseinskampf erlebte. Schon in den Prozeßberichten hatte er zur Sprache gebracht, daß algerische Angeklagte und Zeugen gefoltert worden waren. Ihnen gegenüber galt allein das Recht des Stärkeren – und ein zum Tode verurteilter Algerier rief, wie Camus berichtete, nach Verkündigung des Urteils aus: „Es lebe die französische Gerechtigkeit!"[65] Aber auch ohne in die Mühlen der französischen Gerichtsbarkeit geraten zu sein, war das Leben der Kolonisierten qualvoll. Das bewies Camus in der Artikelfolge „Das Elend in der Kabylei" (Misère de la Kabylie)[66], die er nach einer Reise durch dieses Gebiet verfaßte und die im Juni 1939 in der Zeitung erschien. Anlaß dieser Untersuchung war eine akute Hungersnot, die zu Beginn des Jahres 1939 in der Kabylei ausgebrochen war. Was Camus hier in Zahlen und Fakten enthüllt und wozu er durchaus auch seine persönliche Meinung abgibt, ist ein krasses, alarmierendes Beispiel für koloniale Mißwirtschaft: Von den Colons des fruchtbaren Bodens beraubt und in unfruchtbare Gebiete zurückgedrängt, vegetiert die kabylische Bevölkerung unproduktiv und resigniert, an der Grenze des Verhungerns dahin, an dieser Art „Leben" erhalten vor allem durch Lebensmittelzuwendungen von seiten der Kolo-

Kabylische Frau mit Kind

nialadministration. Das koloniale Wirtschaftsprinzip zeigt sich hier im Extrem: Als „Œuvre de charité", als mitleidige Zuwendung wird ein minimaler Bruchteil dessen, was die koloniale Ausbeutung abwirft, den in allen Lebensäußerungen gelähmten Algeriern zugestanden. Camus gibt Beispiele unsäglicher Not und verwahrt sich sogleich gegen die üblichen kolonialistischen Abwiegelungsversuche, sie als bedauerliche Ausnahmeerscheinungen hinzustellen; seine

Reise durch die Kabylei sei ein einziger „Gang durch das Leid und den Hunger eines Volkes"[67] gewesen.

Dieses erschütternde Erleben bleibt nicht ohne persönliche Konsequenzen für Camus: In Erkenntnis dessen, daß Naturschönheit für die Hungernden keine Bedeutung haben kann, fühlt auch er plötzlich „ein Verbot auf der Schönheit der Welt"[68] lasten. Seine Fähigkeit des Mitempfindens, sein Verantwortungsgefühl sprengt die kolonialistische Idyllik, die Naturschönheit als Kompensation für soziale Misere ausgibt. Nachdem Camus das entsetzliche, massenweise Elend in der Kabylei erlebt hat, weiß er, daß es dafür keine andere Abhilfe gibt als grundsätzliche soziale Wandlungen: „Wenn man also die Bewohner der Kabylei dem Hunger entreißen und unsere Pflicht diesem Volk gegenüber erfüllen will, so muß man alle Bedingungen des ökonomischen Lebens in der Kabylei verändern."[69] Macht man mit dieser Forderung Ernst, ist sie ein Angriff auf das koloniale System. Denn nicht irgendein schlechter, falsch gehandhabter Kolonialismus hat dieses veränderungswürdige ökonomische System erzeugt, sondern der Kolonialismus schlechthin. Er also muß beseitigt werden, wenn man „alle Bedingungen des ökonomischen Lebens ... verändern" will. Zu dieser Konsequenz freilich wird sich Camus nie verstehen können; die Festlegungen in seinem Denken, die durch seine Zugehörigkeit zur kolonisierenden Nation gegeben sind, wird er zwar lockern und modifizieren, nie aber durch den Übertritt auf die andere Seite, die der Kolonisierten, endgültig sprengen.

Nichtsdestoweniger wurde das journalistische Auftreten Camus', das die volle Unterstützung des Chefredakteurs Pia genoß, als eine Provokation des Kolonialregimes empfunden. Die Aktionäre der Zeitung rieten ihm daher dringlich zu mehr „Flexibilität", das heißt Anpassung an die Machtverhältnisse, und dies mit dem besorgten Hinweis auf Wohl und Wehe der Zeitung. Deren Situation war freilich wirklich prekär: Der Unentschiedenheit ihrer politischen Tendenz wegen hatte sie von vornherein keinen festen Abnehmerkreis, auch nicht unter dem algerischen Publikum – ihr Absatz blieb mithin ein ständiges Risiko. Der Zusammenbruch der Volksfront, der Vormarsch faschistischer Kräfte tat ein übriges. Mit Ausbruch des Krieges gestaltete sich die

Lage von „Alger républicain" katastrophal: Wichtige Mitarbeiter wurden eingezogen, das Verteilungssystem funktionierte nicht mehr. Pia und Camus versuchten, diesen Mißhelligkeiten zu begegnen, indem sie auf ein Abendblatt mit reduziertem Budget auswichen, das den „Alger républicain" nach und nach ersetzen sollte. Im September 1939 erschien dann dieses Abendblatt von zwei Seiten Umfang, „Le Soir républicain". Camus, zum Chefredakteur avanciert, stand jetzt einer verschworenen Gemeinschaft von nur noch drei journalistischen Mitarbeitern vor, war allgegenwärtig und für jede Arbeit zu haben. Er benutzte eine Vielzahl von Pseudonymen – weniger wohl, um Behelligungen zu entgehen, als um die Leser, vor allem aber die feindlich gesinnten Autoritäten glauben zu machen, „Soir républicain" könne noch immer eine ganze Anzahl von Mitarbeitern beschäftigen. Die Zeitung fand Absatz – warb sie doch mit Slogans wie: „Soir républicain ist keine Zeitung wie die anderen – sie bietet immer etwas Lesbares an."[70] Doch was der Zeitung schließlich das Genick brach, war die Zensur, die zuvor von den „Soir"-Mitarbeitern mit Witz unterlaufen werden konnte. So hatten die Redaktionsmitglieder die zensierten Stellen frei gelassen oder mit beziehungsreichen Klassikerzitaten aufgefüllt und sogar ihrer amüsierten Genugtuung darüber Ausdruck gegeben, als ein übereifriger Zensor gegen den Regierungsbevollmächtigten für Information einschreiten zu müssen geglaubt hatte: „Bisher waren wir mit der Zensur nicht sonderlich zufrieden. Sie war gegen Victor Hugo, Voltaire, Pascal, Huxley eingeschritten. Das war nicht nett … Gestern hat die Zensur ihre unparteiische Einstellung bewiesen. Ohne zu zögern, ist sie gegen Monsieur Jean Giraudoux vorgegangen, gegen das geistige Oberhaupt der Zensur."[71] Diese Plänkeleien mochten eine Weile hingehen, dann zeigte die Kolonialadministration den aufsässigen Journalisten, wer Herr im Hause war: In „freundschaftlichem Einverständnis" mit den Aktionären untersagte der Generalgouverneur das weitere Erscheinen der Zeitung. Die Aktionäre machten den Kollisionskurs von Pia und Camus für diese Entscheidung verantwortlich. Den beiden engagierten Redakteuren wurde von seiten der Militärbehörde in Algier ein offizieller Tadel mit Androhung weiterer Strafmaßnahmen ausgesprochen. Pia geht daraufhin nach Paris. Camus sucht vergeblich eine Anstellung; jedesmal, wenn sich eine Möglichkeit bietet, schaltet sich die Stadtverwaltung ein und macht seine Anstrengungen zunichte.

Der „Gleichgültige"

Doch Camus kann die Eindrücke und Erfahrungen seiner journalistischen Tätigkeit auch auf andere Weise nutzen: Er schreibt nun an der Erzählung „Der Fremde" (L'Etranger), in die seine Erlebnisse, seine Bekanntschaften, seine Freuden und Nachdenklichkeiten eingehen; sie geben dort allerdings nur die Folie für eine weit darüber hinausgreifende Problematik ab, die im Zuge einer Gerichtsverhandlung offenkundig wird. Daß das Gericht – mehr oder weniger absichtsvoll – dem Angeklagten eine andere Persönlichkeit, andere Motivationen, andere Ziele als die tatsächlichen unterschob, hatte Camus in den Verhandlungen, denen er als Reporter beiwohnte, zur Genüge erlebt. Viel Biographisches ist in die Gestalt Meursaults, des „Fremden", des Mörders, Angeklagten und zum Tode Verurteilten, eingeflossen. Camus steht aber außerhalb dieser Figur, beobachtet und gestaltet ihr Geschick mit der Aufmerksamkeit, die der Angeklagte Meursault zu Beginn der Gerichtsverhandlung an einem unbekannten jungen Journalisten wahrnimmt: „Die Journalisten ... machten alle das gleiche gelangweilte, etwas hochnäsige Gesicht. Nur einer, der viel jünger war als die anderen ... hatte seinen Halter auf dem Tisch liegenlassen und sah mich an. In seinem etwas unregelmäßigen Gesicht sah ich nur zwei sehr helle Augen, die mich aufmerksam musterten, ohne etwas Bestimmtes zu verraten. Ich hatte den seltsamen Eindruck, als würde ich von mir selbst gemustert."[72] So steht Camus zu seiner Hauptgestalt: Er *ist* dieser Meursault[73] und gestaltet dessen Dasein doch auch mit aller künstlerischen Bewußtheit von außen, um eine Lebensform mit letzter Konsequenz vorführen zu können: „... der Held des Buches ... spielt das Spiel nicht mit ... er ist der Gesellschaft, in der er lebt, fremd ... er weigert sich zu lügen ... und sogleich fühlt sich die Gesellschaft bedroht ... Man täuscht sich also nicht sehr, wenn man den ‚Fremden' als die Geschichte eines Mannes liest, der bereit ist, ohne jede heroische Geste für die Wahrheit zu sterben."[74] Für diese Geschichte hat Camus die Sprache und die Gestaltungsmittel der ersten Essays mit aller Bewußtheit und Schärfe und unter einer entscheidenden Verschiebung der Proportionen ausgebildet. „Es ist ein sehr streng aufgebautes Buch und sein Ton ... ist gesucht"[75], hat Camus anläßlich des „Fremden" in seinem Tagebuch notiert. In „Licht und Schatten" hatte Camus die Erlebnisse in seinem sozialen Umfeld — die ja fast stets Mangelerfahrungen waren — in kurze, karge Berichtssätze gefaßt; ihnen standen die längeren, großzügigen Passagen gegenüber, in denen er seine Sinneseindrücke von der überströmend, zuweilen vernichtend schönen Mittelmeerwelt vermittelte. Jetzt, im „Fremden", haben sich die Verhältnisse verschoben, und das geht in Gestaltung und Sprache ein.

Meursault lebt die Arbeitswoche hindurch ein alltägliches Leben in einer alltäglichen Umgebung. Was ihm hier begegnet und worauf er notgedrungenermaßen reagieren muß, teilt er in kurzen, nüchternen, strikt voneinander abgesetzten Vollzugssätzen mit: Diese Ausdrucksweise ist die im ersten Teil der Erzählung vorherrschende, wenngleich nicht durchgängige — kann Meursault doch zuzeiten, am Abend und an den Wochenenden, aus dem alltäglichen, von außen bestimmten Lebensvollzug heraustreten und zu sich selbst finden. Camus läßt Meursault, den Ich-Erzähler, also mit einigen Unterbrechungen die anspruchslose, entpersönlichte Sprache sprechen, die in dem sozialen Milieu seiner Kindheit und Jugend gesprochen wurde. — Mit solcher Ausdrucksweise setzt sich Camus eindeutig von der hochkultivierten Sprach- und Psychologisierungskunst vieler spätbürgerlicher Romane ab; das konnte nicht anders sein, da Camus' Schreiben von einer ganz anderen sozialen Grunderfahrung bestimmt ist. Daß sich Camus im ersten Teil des „Fremden" stark der Schreibweise Hemingways nähert — kurze, voneinander losgelöste Sätze, Abbau der psychologisierenden Argumentation —, ist eine partielle Übereinstimmung bei durchaus nicht übereinstimmendem Ziel; denn Camus nutzt, wie Sartre in seiner „Erklärung des ‚Fremden'"[76] darlegt, die „amerikanische Technik" nur für die begrenzte Darstellungsabsicht der Beziehungslosigkeit des

Helden zu seiner sozialen Umwelt. Daneben gibt es für Meursault aber noch einen anderen Lebensraum, wenn der nun auch viel schmaler, wohl auch bescheidener ausfällt als der Camus' in „Licht und Schatten": das Wohlergehen in der Natur, den Genuß körperlicher Glückszustände und den harmlos-freundschaftlichen Umgang mit seinesgleichen. Und hier wird Meursaults Ausdrucksweise eine andere: Er gibt Empfindungen wieder, er stellt Assoziationen her, er tut Zufriedenheit und Freude kund – und dies keineswegs in dürren, linearen Sätzen.

„‚Der Fremde‘ ist kein Buch, das erklärt", schreibt Sartre. „Es ist auch kein Buch, das etwas beweist."[77] Ein Mann, der junge Büroangestellte Meursault, wird in seinem Lebensvollzug gezeigt – und so ziellos dieser Held dahinlebt, so zwingend und folgerichtig hat Camus die Ereignisse entwickelt, mit denen Meursault konfrontiert wird und an denen er sich zu erkennen gibt oder, wie Sartre schreibt: „... in dieser Welt, ... aus der man jede Kausalität so sorgfältig ausgemerzt hat, ist auch der kleinste Vorgang von Gewicht; nicht ein einziger, der nicht dazu beitrüge, den Helden dem Verbrechen und der Todesstrafe entgegenzuführen."[78]

Der Roman beginnt damit, daß Meursault die Nachricht vom Tod seiner Mutter in einem Altersheim erhält. Meursault geht nun alle erforderlichen Schritte – er bittet seinen Chef um Urlaub, fährt in das Altersheim, nimmt Beileidsbekundungen entgegen, hält Nachtwache am Sarg der Mutter, geht mit im Trauerzug. Dies alles aber so sachlich und emotionslos, daß es auch den Leser befremden mag und auf jeden Fall, wie sich später zeigen wird, die Trauergemeinde des Altersheims befremdet. Doch Meursault kann eingeschliffene, ihm von außen auferlegte Verhaltensnormen, wie eben die bei der Beerdigung, nicht pünktlich und erwartungsgemäß mit Gefühl erfüllen; dies ist eine Erfahrung, die jeder schon gemacht hat und über die man sich im allgemeinen mit etwas Täuschung und Selbsttäuschung hinweghilft. Nicht so Meursault, von dem Camus sagt: „... er weigert sich zu lügen. Lügen, das ist nicht nur sagen, was nicht ist. Das ist auch und vor allem mehr sagen, als was ist, und, was das menschliche Herz betrifft, mehr sagen, als man fühlt. Das tun wir alle, jeden Tag, um uns das Leben einfacher zu machen."[79] Meursault ist keineswegs gefühlsunfähig; gerade weil er sich der vorherbestimmten, von außen auferlegten „Gefühlsproduktion" verweigert, ist er in seinem spontanen Empfinden intakt. Er bewahrt seine Mutter, die er übrigens immer zärtlich „maman" nennt, als lebendige Erinnerung, er versteht sie angesichts der Landschaft, in der sie ihre abendlichen Spaziergänge gemacht hat, und als er, am Ausgang des Romans, zum Tode verurteilt ist und ganz zu sich selbst findet, stellt sich die Erinnerung an seine Mutter wieder ein.

Von dem Begräbnis nach Algier zurückgekehrt, genießt Meursault zwölf Stunden Schlaf und geht dann zum Strand. Im Wasser trifft er eine flüchtige Bekannte, die ihn schon früher angezogen hatte und mit der er schwimmt, lacht, zu der er körperliche Nähe gewinnt. Sie verabreden, am Abend einen Film mit Fernandel zu besuchen; als sich Meursault anzieht, bemerkt er, daß das Mädchen von seiner Trauerkleidung überrascht ist. Er verspürt hier wie auch bei anderen Gelegenheiten, daß er das Schicklichkeitsempfinden anderer verletzt, aber er geht mit einem „Es besagte ja auch gar nichts"[80] darüber hinweg. Nach dem Kino kommt das Mädchen, Marie, mit zu Meursault; als er am nächsten Morgen erwacht, ist sie fort, und er verbringt den Sonntag plan- und ambitionslos, aber ohne sich zu langweilen. Denn Meursault setzt sich auf den Balkon, beobachtet lange den Himmel und, wenn Passanten auftauchen, auch die Straße. In seiner Charakterisierung einer „distinguierten" Familie oder der unternehmungslustigen Jugend Algiers zeigt sich viel distanziert-ironischer Sinn für das symptomatische Detail. Diese Beobachtungen gehen auf Camus' Eindrücke vom Leben und Treiben in Belcourt, dem Schauplatz seiner Kindheit und Jugend, zurück; sie erhalten, in den Zusammenhang des Romans eingespannt, allerdings eine ganz andere Bedeutung als die harmloser Beobachtung; denn hier füllt ein Mensch, der keinerlei Sinn, Wert, Zusammenhang in seinem Leben sehen kann, der darum nur im Augenblick lebt, seine Zeit mit Beliebigem aus. An diesem Sonntag – wie übrigens auch an allen Arbeitstagen – lebt Meursault die Absurdität in concreto.

Da sich Meursault jeder Wertung enthält, also auch Kontaktangebote beliebig annimmt, geht er auf das dringliche Freundschaftsersuchen von Raymond Sintès, eines von den

Nachbarn gemiedenen Zuhälters, ein. Mit Sintès kommt Aggressivität in den Handlungsverlauf: Er ist, als er Meursault zu sich einlädt, verletzt, muß sogleich die Vorgeschichte der Schlägerei an Meursault loswerden und schiebt diesem eine Rolle in ihrem weiteren Verlauf zu: Sintès fühlt sich von einer früheren Geliebten und Bediensteten übervorteilt und will ihr einen Brief schreiben, der sie zur Rückkehr bewegen soll, damit er sie dann demütigen, sich an ihr rächen kann. Den delikaten Brief aber soll Meursault abfassen, und der tut es nach bestem Vermögen: „... ich bemühte mich, Raymond zufriedenzustellen, weil ich keinen Grund hatte, ihn nicht zufriedenzustellen.“[81] Als Sintès ihm den Namen der fraglichen Frau nennt, merkt Meursault übrigens, daß es sich um eine Algerierin handelt – in welch schwierigen, von Sintès vermutlich wohlbedachten Rassen- und Sittenkonflikt er sich als Schreiber des Briefes hineinbegibt, kann ihm nicht verborgen bleiben. Zu Sintès' anschließenden Freundschaftsbeteuerungen denkt Meursault sich nur: „Mir war es gleichgültig, ob ich sein Freund war, er aber schien großen Wert darauf zu legen.“[82]

Die Woche hindurch arbeitet Meursault, am Sonnabend geht er mit Marie baden und genießt das unbelastete Zusammensein mit ihr. Am nächsten Morgen aber tun sich Unstimmigkeiten auf: Marie will von Meursault ein Liebesbekenntnis, zu dem er wahrheitsgemäß nicht bereit ist, und im Zimmer von Sintès hebt Geschrei und das Geräusch schwerer Schläge an. Offenbar ist Sintès dabei, seine Rache an dem algerischen Mädchen zu vollziehen. Die Mieter laufen vor Raymonds Tür zusammen, und Marie, sehr erschreckt, bittet Meursault vergeblich, einen Polizisten zu rufen. Ein anderer Mieter holt einen Schutzmann; auf dessen Pochen hin öffnet Sintès die Tür. Der Polizist herrscht ihn an, ohrfeigt ihn sogar; der Zuhälter steckt die Kränkung wutzitternd ein und kehrt seine Aggressivität innerlich gegen das Mädchen. Marie, die nicht mehr essen mag, geht bald weg; dafür taucht ein sehr leutseliger Sintès bei Meursault auf, lädt ihn zu einer Bummeltour ein und kommt dabei darauf zu sprechen, daß Meursault für ihn aussagen soll. Meursault willigt auch hierin ein, da Sintès' Nettigkeit ihm angenehm ist.

In der nächsten Woche erhält Meursault im Büro einen Anruf Raymonds: Beide seien sie ins Wochenendhaus eines Freundes von Raymond eingeladen. Meursault nimmt die Einladung an, und als er auflegen will, kommt Sintès mit seinem eigentlichen Anliegen: Eine Gruppe von Algeriern, unter ihnen der Bruder des beleidigten Mädchens, belauere ihn, und wenn Meursault sie sehe, solle er ihm, Sintès, Bescheid sagen. So zieht Sintès Meursault immer tiefer in seine Geschichte hinein, und der sieht keinen Anlaß zum Widerstand. Dann wird Meursault zu seinem Chef bestellt, der ihm ein verlockendes Angebot macht. Meursault könne die Leitung eines Zweigbüros in Paris übernehmen. Meursault widersetzt sich nicht, zeigt aber auch kein Interesse – leid tut ihm nur, daß er mit seiner Ehrgeizlosigkeit den Chef vergrämt. Denn die Sympathie seiner Mitmenschen braucht er. So willigt er ein, als Marie ihm vorschlägt zu heiraten, obwohl oder gerade weil ihm auch das egal ist. Stärker berührt Meursault ein alter Nachbar, dessen räudiger Hund weggelaufen ist und der nun die Last der Einsamkeit zu tragen hat. Ihm gibt er Erklärungen, ihm lächelt er zu, und als er das Weinen des Alten hinter der Wand hört, denkt er an seine Mutter.

Am Sonntagmorgen brechen Meursault, Marie und Sintès zum Wochenendhaus von Raymonds Freund an den Strand in der Nähe von Algier auf. Meursault fühlt sich nicht gut, die Morgensonne trifft ihn wie ein Schlag; Marie hingegen ist ausgelassen, voller Vorfreude; Sintès zeigt sich zufrieden, denn am Vorabend hatte Meursault für ihn ausgesagt. Doch von der gegenüberliegenden Straßenseite beobachtet sie die bekannte Gruppe von Algeriern „schweigend, aber auf ihre Weise, nicht mehr oder weniger, als wären wir Steine oder tote Bäume"[83]. Das erste Bad und das Zusammensein mit Marie geben Meursault sein Wohlbehagen zurück. Nach dem Frühstück gehen die drei Männer an den Strand, und dort treffen sie auf die Algerier. Sintès und sein Freund schlagen als erste zu, aber einer der Algerier zieht sein Messer und verletzt Sintès. Im Schutz des Messers ziehen sich die Algerier zurück. Am frühen Nachmittag, in der größten Sonnenglut, macht sich Sintès zur Begleichung der Rechnung wieder zum Strand auf. Meursault, der Sintès folgt, hat den Eindruck, daß Sintès genau wisse, wohin er geht. Sie treffen auf die Algerier, die bei ihrem Anblick regungslos im Sande liegenbleiben. Meursault rät Sintès, der schon nach der Revolvertasche greift, die Waffe ihm zu geben und sich mit dem Algerier von Mann zu Mann zu schlagen. In der Unbeweglichkeit der Sonnenglut erscheint es Meursault allerdings schon gleichgültig, ob man schießt oder nicht. Da aber ziehen sich die Algerier zurück, und Sintès ist zufrieden, kampflos die Oberhand gewonnen zu haben. Meursault scheut die Rückkehr ins Haus, die Gespräche mit den erregten Frauen. Voll Mühe bahnt er sich den Weg durch die lastende Hitze – denn nun weiß auch er, wohin er zu gehen hat. Er kehrt zu der Quelle zurück, an der sie eben auf die Algerier gestoßen waren, denn sie verheißt Schatten, Kühle, Ruhe. Dort aber liegt Sintès' Gegner: Beide sind überrascht, einander noch einmal zu erblicken, und beide greifen bei dieser absichtslosen Begegnung spontan zu ihren Waffen. Meursault weiß, daß er jetzt gehen könnte und müßte, macht aber, gedrängt von der Sonnenglut in seinem Rücken, noch einen Schritt nach vorn. Da zieht der Algerier das Messer und läßt es in der Sonne aufblitzen. Der Druck der Hitze, die Endlosigkeit des sonnendurchglühten Strandes, der Schweiß, der Meursault in die Augen rinnt, die Lichtreflexe der Messerklinge, die ihn wie ein Schwert treffen – all das ist unerträglich; Meursault sucht sich auf dem kürzesten Weg aus dieser Lage zu erlösen, indem er sich den Weg freischießt.

Diese Schüsse wirken der Logik der Gestalt nach – ist Meursault doch ein friedfertiger, symphatiebedürftiger Mensch – überraschend und unerklärlich. Einiges zur Erklärung trägt die Tatsache bei, *wo* diese Schüsse fallen: im kolonisierten Algerien. Der Franzose Meursault bewegt sich hier, ohne den unversöhnlichen Gegensatz zwischen Angehörigen der kolonisierenden und der kolonisierten Nation überhaupt wahrzunehmen; Sintès aber zieht diesen Gegensatz sehr wohl ins Kalkül, spielt ihn der Algerierin gegenüber aus und verwickelt Meursault absichtsvoll in seine derart belastete Geschichte. Meursault bekommt seinen Part in der Konfrontation zugewiesen; einmal an dieser Stelle, erfährt er ganz konkret das einander Ausschließende, mit dem sich Algerier und Europäer im kolonisierten Land gegenüberstehen. Seine Gleichgültigkeit und die aggressionsgeladene Atmosphäre tun das übrige – Meursault tötet aus einem so nichtigen Anlaß, wie ihn Frantz Fanon als häufig für das kolonisierte Algerien beschreibt: „Oft stehen Richter und Polizisten fassungslos vor den Motiven des Mordes: eine Geste, eine Anspielung, eine zweideutige Bemerkung, ein Streit um einen Olivenbaum … Gegenüber diesem Mord, und manchmal gegenüber diesem doppelten und dreifachen Mord, ist das Motiv, von dem man die Rechtfertigung und Begründung des Mordes erwartet, von einer hoffnungslosen Banalität."[84] Meursault tötet *in* Gleichgültigkeit, und er tötet *aus* Unverständnis der kolonialen Situation; daß er aber hier einem fremden Prinzip verfallen ist, sich ausschließt aus seinem glücklichen Lebensraum, begreift er im Moment der Schüsse schon: „Ich begriff, daß ich das Gleichgewicht des Tages, das ungewöhnliche Schweigen eines Strandes zerstört hatte, an dem ich glücklich gewesen war."[85]

Der „Fremde"

Im zweiten Teil der Erzählung hat sich die Situation Meursaults gründlich gewandelt. Als Gefangenem und Angeklagtem wird ihm die Rechnung für sein Vorleben, für die da wie auch jetzt noch bezeigte Gleichgültigkeit aufgemacht. „Der Sinn des Buches liegt gerade in der Parallelität der beiden Teile"[86], schreibt Camus in seinem Tagebuch, und Sartre erklärt dazu beredter: „Daher auch sein" [des Romans – B. S.] „geglückter Aufbau: einerseits der alltägliche, amorphe Fluß erlebter Wirklichkeit, andererseits die Rekonstruktion dieser Wirklichkeit durch die menschliche Vernunft und die Rede. Der Leser, der zunächst der reinen Wirklichkeit gegenübergestellt wird, findet sie in ihrer rationalen Übertragung wieder, ohne sie aber wiederzuerkennen."[87] Auch diese „Rekonstruktion der Wirklichkeit" wird aus der Perspektive des Ich-Erzählers Meursault geleistet; so muß es durchaus in Meursaults sprachlichem und geistigem Vermögen stehen, die nun konstruierten Zusammenhänge nachzuvollziehen und wiederzugeben. Doch der Wiedergabe dieser Vorgänge setzt Meursault beständig seine wahrhaftigen schlichten Lebenstatsachen entgegen – so kommt es in seiner Sprache zu ironischen Brechungen.

Gerade dort, wo er sich – ohne offenkundig spöttische Absicht – der Terminologie und der Wertmaßstäbe der Gegenseite bedient, wird das Ironische am stärksten spürbar – weiß doch der Leser zusammen mit Meursault, daß dessen bisheriges Leben, das jetzt zur Beurteilung ansteht, einem ganz anderen Gesetz unterworfen war als dem nun hineingelegten. Doch immer, wenn man sich darauf besinnt, worum es bei dem ironiegetränkten Spiel geht – um Meursaults Hals nämlich –, offenbart sich die schaurige Dimension dieser Ironie, so wie sie gegen Ende des Romans in Meursaults Wiedergabe des Urteilsspruchs manifest wird: „... der Vorsitzende sagte zu mir in seltsamer Form, daß man mir im Namen des französischen Volkes auf öffentlichem Platz den Kopf abschlagen werde."[88]

Meursault bleibt auch in der Haft und während der Verhandlung seinem Lebensprinzip treu, nicht zu lügen, nicht mehr zu sagen, als er tatsächlich fühlt. Hatte ihm das aber früher nur Sympathieeinbußen eingebracht, so wird dies jetzt sein Todesurteil. Schon seinen Anwalt verärgert und entmutigt Meursault mit viel zu verhaltenen Äußerungen etwa der Liebe zu seiner Mutter, und als dieser ihm gefällige Deutungsversionen für sein Verhalten beim Begräbnis anbietet, lehnt Meursault diese mit einem „Nein, das entspricht nicht der Wahrheit"[89] ab. Ein Verhör beim Untersuchungsrichter wird zur regelrechten Glaubensdebatte, bei der Meursault sich ruhig zum Nicht-Glauben bekennt und der Richter ihn daraufhin anschreit: „Wollen Sie, daß mein Leben keinen Sinn hat?"[90] Meursault bringt durch seine bloße Existenz Lebensrechtfertigungen ins Wanken, und das ist es, was ihn zur Vernichtung bestimmt. Er aber, in seinem harmlosen Sympathiebedürfnis, kann die Gefährlichkeit der Gegenseite nicht begreifen. Er atmet schon auf, wenn man ihn nicht schlecht behandelt, konstatiert die Haftbedingungen mit der gleichen Gelassenheit wie derzeit seine Lebensumstände in der Freiheit und fühlt sich „nicht gerade schlecht".

Dann aber beginnt, nach etwa einjähriger Haft, also wiederum im Sommer, der Prozeß. Meursault stellt sich mit sachlichem Interesse auf die Vorgänge ein, doch schon vor Prozeßbeginn ist er befremdet: Von der Geschworenenbank hat er den Eindruck der „Bank einer Straßenbahn, und alle diese namenlosen Fahrgäste musterten den Neuankömmling, um etwas Lächerliches an ihm zu entdecken"[91], und es scheint ihm, „daß man sich hier traf, ansprach und unterhielt wie in einem Klub, wo man sich freut, wieder unter seinesgleichen zu sein"[92]. Er selbst kommt sich wie ein Eindringling vor, als der einzige, der nicht zu dem großen Gesellschaftsspiel gehört, obwohl oder gerade weil er den Vorwand für seine Aufführung liefert. In dieser Rolle hatte Camus die Angeklagten in den Prozessen erlebt, an denen er engagiert teilgenommen hatte; wenngleich der Prozeß wie eine Parodie seiner selbst wirken mochte, konnte der Mensch, der den Anlaß der Inszenierung geliefert hatte, dabei zerbrochen werden.

So werden die Aussagen der Belastungszeugen – sie alle kommen aus dem Altersheim, können also nur zu Meursaults Verhalten beim Begräbnis sprechen – von der Anklage auf einen solchen Mangel an Gefühl bei dem Angeklagten hin pointiert, daß das Publikum erschauert. Meursault, der jetzt erstmals den Abgrund zwischen seinem Empfinden und dem gesellschaftlichen Gefühlskonsens ermißt, möchte „zum erstenmal seit vielen Jahren ganz blöd … weinen …, weil ich fühlte, wie sehr diese Menschen mich verabscheuten"[93]. Wirkungslos oder sogar gegenteilig wirksam sind die Aussagen der Entlastungszeugen. Der Gastwirt, bei dem Meursault gegessen hatte und mit dem er befreundet war, erklärt Meursaults Verbrechen mehrmals als ein „Unglück". Er möchte sichtlich mehr tun, weiß aber nicht, was – und Meursault hat „zum erstenmal in meinem Leben … das Verlangen, einen Mann zu umarmen"[94]. Marie werden allerlei ungünstige Aussagen entlockt, bis sie schluchzend sagt, „das sei es ja gar nicht, sondern etwas ganz anderes, man zwinge sie, das Gegenteil von dem zu sagen, was sie denke."[95] Daraufhin wird Marie aus dem Zeugenstand weggeführt. Raymonds großsprecherisches Auftreten, mit dem er all die Machenschaften, in die er Meursault verwickelt hatte und die diesem jetzt zum Verhängnis werden, als „Zufall" bezeichnet, macht ihn unglaubwürdig und berührt unangenehm, besonders, als der Staatsanwalt seinen Beruf nennt. Sintès fragt man als einzigen, ob er Meursaults Freund gewesen sei; auch Meursault beantwortet diese Frage mit Ja.

Nach all dem ist der Angeklagte klassifiziert: Er habe „mit dem Herzen eines Verbrechers seine Mutter beerdigt …"[96]. Der nächste Prozeßtag bringt die Plädoyers des Staatsanwalts und des Verteidigers und das Urteil. Meursault gerät mit seinem sachlichen Ich-Interesse („Selbst auf einer Anklagebank ist es immer interessant, von sich sprechen zu hören"[97]) in immer stärkeren Kontrast zu den um ihn abrollenden Vorgängen: „In gewisser Weise sah es so aus, als hätte die ganze Angelegenheit nichts mit mir zu tun … Mein Schicksal vollzog sich, ohne daß man sich um meine Meinung kümmerte."[98]

Der Staatsanwalt erbringt in seinem Plädoyer den lückenlosen Beweis des vorsätzlichen Mordes, und dies in doppelter Hinsicht. Zum einen lassen die Tatsachen, Meursaults Anteil an Sintès' Geschichte, dies zwingend erscheinen; zum anderen und vor allem aber disponiere die „Leere des Herzens" den Angeklagten zu diesem wie auch jedem anderen Verbrechen – auch sein Verhalten am Sarge der Mutter sei ein Akt moralischer Tötung gewesen. Meursault habe „nichts mit einer Gesellschaft gemein, deren wesentlichste Grundsätze" er mißachte, ja, er sei „ein Abgrund …, in den die Gesellschaft stürzen kann"[99], und deshalb müsse er beseitigt werden. Die Darlegung des Staatsanwalts ist in sich stimmig – auch Meursault erkennt das an. Doch hat sie absolut nichts mit dem Leben zu tun, das Meursault tatsächlich geführt hat. Und man könnte auch fragen, ob die Kolonialjustiz als ein Teil des gesellschaftlichen Systems, das letzten Endes den Algerier vor Meursaults Revolverlauf geführt hat, zu solcher Beurteilung befugt ist. So spielt bezeichnenderweise das Opfer im Prozeßverlauf eine ganz geringe Rolle; einzig um Meursault geht es der kolonialen Justiz – er muß getroffen und vernichtet werden, da er den entleerten Gefühlskanon der Gesellschaft als entleert zu erkennen gibt. Dies noch einmal erschreckend mit dem einzigen Erklärungsversuch, den er vor Gericht für sein Verbrechen macht: „… die Schuld an allem hätte die Sonne."[100] Daraufhin wird im Saal gelacht – nichts Unangemesseneres läßt sich der Justizmaschinerie und ihren Deutungskünsten gegenüber denken.

In Deutungskünsten versucht sich dann auch Meursaults Anwalt – mit geringerem Erfolg als der Staatsanwalt, da er dessen Schema nur ins Positive übersetzt, diese Version aber nicht so schlüssig aufgeht wie die negative. Meursault empfindet unterdessen die „ganze Nutzlosigkeit dessen, was hier geschah"[101], hängt den Erinnerungen an seine Freuden im abendlichen Algier nach und wünscht sich in seine Zelle zurück. Nach viel neuerlichem protokollarischem Aufwand verkündet man ihm das Todesurteil; auf die Frage, ob er noch etwas sagen wolle, antwortet Meursault mit Nein.

Als Verurteilter in seiner Zelle kreisen Meursaults Gedanken unaufhörlich um die Hinrichtung. Die grausige Disproportion zwischen dem wohlinszenierten Prozeß und dessen allein für ihn gültiger existentieller Konsequenz, der Auslöschung seines Ichs, erfaßt ihn. Hier hat Camus einen Gedanken, der ihn zeit seines Lebens beherrscht und den später eine der Gestalten der „Pest" ausdrücklich formuliert, in concreto vorgeführt: die Unangemessenheit menschlicher Rechtsprechung demgegenüber, was sie im Fall eines Todesurteils bewirkt. Die Episode aus dem Leben von Camus' Vater, als dieser zu einer Hinrichtung gegangen war und den Anblick nicht ertragen hatte, taucht jetzt in Meursaults Erinnerung auf. Sie verdeutlicht die Kluft zwischen abstraktem Rechtsdenken und dem konkreten Elend des Sterbens.

Dreimal schon hatte Meursault den Besuch des Geistlichen in seiner Zelle abgelehnt, denn er hat ihm nichts zu sagen und möchte die kostbare ihm verbleibende Zeit für sich nutzen. Der Geistliche aber überrumpelt ihn, und wieder einmal wird Meursaults gelassener Nicht-Glaube attackiert, da sich der Geistliche damit nicht abfinden kann. Auch er fängt an, Meursault nach seinem Raster zu deuten: Sein Unglaube sei womöglich ein versteckter Glaube, seine Worte seien Ausdruck übergroßer Verzweiflung, und auch er glaube – müsse doch glauben! – an ein anderes Leben. Bei diesen ewigen Vorhaltungen von seiten der anderen, die ihm nichts geboten haben als hohle Worte und die ihm nun gar das Leben nehmen wollen, reißt Meursault schließlich die Geduld. Diesen Moment nennt Camus „die *einzige Stelle* ... wo sie" [die Gestalt Meursaults – B. S.] „von sich selbst spricht und dem Leser etwas von ihrem Geheimnis anvertraut ... auch ein(en) Sammelpunkt ..., eine bevorzugte

Stätte, wo das so zerfahrene Wesen, das ich beschrieb, sich endlich verdichtet …"[102] Meursault also fällt „freudig und zornig" über den Geistlichen her: „Er sehe so sicher aus, nicht wahr? … Er sei nicht einmal seines Lebens gewiß, denn er lebe wie ein Toter. Es sehe so aus, als stünde ich mit leeren Händen da. Aber ich sei meiner sicher, sei aller Dinge sicher, sicherer als er, sicher meines Lebens und meines Todes, der mich erwarte. Ja, nur das hätte ich. Aber ich besäße wenigstens diese Wahrheit, wie sie mich besäße. Ich hätte recht gehabt, hätte noch recht und immer wieder recht. Ich hätte so gelebt und hätte auch anders leben können. Ich hätte das eine getan und das andere nicht. Und weiter?"[103] Meursault ist nun von allem entblößt; aber er kann sich auf ein *eigenes* Leben besinnen – ein reduziertes freilich, denn nur in der Natur, nicht im sozialen Raum war dieses Leben lebbar –, aber ein eigenes immerhin, während der Geistliche, wie alle Repräsentanten der „Ordnungsmächte", ein Vollstrecker starrer, von außen kommender Auflagen ist. „Nichts, gar nichts sei wichtig", fährt Meursault fort, „und ich wisse auch, warum. Und er wisse ebenfalls, warum. Während dieses ganzen absurden Lebens, das ich geführt habe, wehe mich aus der Tiefe meiner Zukunft ein dunkler Atem an … und dieser Atem mache auf seinem Weg alles gleich, was man mir … vorgeschlagen habe. Was schere mich … das Geschick, das man sich aussucht, da ein einziges Geschick mich aussuchen mußte und mit mir Milliarden von Bevorzugten …: Verstand er das? Jeder sei bevorzugt. Es gebe nur Bevorzugte."[104] Gleichsam gereinigt durch diesen Ausbruch, findet Meursault dann, in der Nacht, zu der „zärtliche(n) Gleichgültigkeit der Welt"[105], geht er getröstet und glücklich in sie ein. Erst am Ende seines Lebens, in ausweglosen Lage, spricht Meursault bewußt von der Möglichkeit glücklichen Daseins, die ihm jetzt und immer offenstand: das Leben in seiner Absurdität anzunehmen und in seinen kargen, aber immer und in jeder Lage vorhandenen Glücksmöglichkeiten auszuleben.

Meursaults Existenz ist ein Exempel der Grundsituation, in die Camus den Menschen gestellt sieht: Auf ein undurchschaubares, unbeeinflußbares Leben reagiert Meursault mit der Überzeugung, … daß äußere Zielstellungen und Sinngebungen bedeutungslos sind, nicht die Mühe der Anstrengung lohnen; der bevorstehende Tod aber versöhnt ihn mit seinem vergangenen Leben, mit sich selbst, mit der Schönheit der natürlichen Welt. – Meursault, ein im letzten Moment Erweckter, kann dieser Einsicht keine sichtbar-positive Reaktion mehr folgen lassen. Camus nennt ihn ein „Negativ"[106], mit dem er tabula rasa habe machen wollen.

Das Absurde – für jeden allein

Gleichzeitig und mit gleichem Ziel schreibt Camus den Essay „Der Mythos von Sisyphos" (Le Mythe de Sisyphe); auch hier will er den Menschen am „Nullpunkt", in den Grundgegebenheiten seines Daseins zeigen. Der Wunsch, einen moralphilosophischen Essay dieses Inhalts zu verfassen, keimt bereits 1936/37, in einer Zeit also, da Camus in fast allen Lebensbereichen schwere Schläge einstecken muß. Seine Lungenkrankheit, ohnehin eine ständige Beängstigung, hatte ihn am Ablegen der mündlichen Abschlußprüfung seines Philosophiestudiums gehindert; seine frühe Ehe war in schmerzlicher und für ihn ehrenrühriger Weise gescheitert; die Kommunistische Partei Algeriens hatte er verlassen müssen. Nun sieht er sich in beängstigender Weise bindungslos, allen Verunsicherungen ausgesetzt und überdies von der Sorge um seinen bloßen Lebensunterhalt bedroht. Da soll ihm die philosophische Anstrengung helfen, sich seiner Situation zu bemächtigen. „Das sind Probleme, die man zuerst leben muß"[107], schreibt er erklärend zu den Grundfragen des Essays, und erklärt anderwärts: „Ich bin kein Philosoph … Was mich interessiert, ist, zu wissen, wie man sich verhalten soll. Und genauer, wie man sich verhalten soll, wenn man weder an Gott noch an die Vernunft glaubt."[108] In dieser Zeit schwerster persönlicher Belastungen gebrauchte Camus die philosophische Reflexion als eine Art Lebenshilfe; für ihn war schon viel geleistet, wenn er seine Probleme und die aus ihnen entstehenden Überlegungen als allgemeine, als Sinn- und Grundfrage menschlichen Lebens schlechthin begreifen konnte. Dankbar wandte er sich den großen Vorbildern zu, bei denen er diese Fragen in seinem Sinne gestellt fand: an erster Stelle Nietzsche, bei dem Camus der Wille zu trotzig-freudvoller

Annahme und Überwindung des Lebensleids durch Vernichtung der traditionellen Moral und die Errichtung neuer Werte imponierte; Nietzsche galt dem jungen Camus als einzigartige Vorbildgestalt,[109] eine Abhängigkeit, die sich später, durch das Kriegserlebnis, lockerte, zum Teil löste; so Dostojewski – über die Begegnung mit ihm schreibt Camus zwanzig Jahre später: „Ich habe dieses Werk mit zwanzig Jahren kennengelernt, und die Erschütterung, die es mir beigebracht hat, dauert noch an … Für mich ist Dostojewski vor allem der Schriftsteller, der, weit vor Nietzsche, den heutigen Nihilismus zu erkennen vermochte, ihn definierte, seine monströsen Folgen voraussagte und die Wege zum Heil zu zeigen versuchte"[110]; so Schopenhauer, bei dem Camus die Auffassung vom menschlichen Leben als einer einzigen Leidenskette fand; so Kierkegaard, bei dem Camus besonders die Ablehnung des Systemdenkens, die Hinwendung zum Individualfall imponierte. Den Phänomenologen Husserl und die Existenzphilosophen Heidegger und Jaspers kannte Camus vor allem aus Georges Gurvitchs Überblick „Aktuelle Tendenzen der deutschen Philosophie"[111]; auch auf sie bezog er sich als zugehörig zu der für ihn bestimmenden Familie von Geistern, „durch ihre Sehnsucht miteinander verwandt, wenngleich sie in ihren Methoden und ihren Zielen einander widersprechen", die es sich, wie Camus schreibt, zum Ziel machen, „die königliche Straße der Vernunft zu sperren und die echten Wege zur Wahrheit wiederzufinden"[112].

Hier sieht auch Camus seinen Ort. Dabei will und kann er, wie er im Vorspruch erklärt, keine Philosophie des Absurden liefern, sondern von einem „Sinn für das Absurde" handeln, „wie er in unserem Jahrhundert weit verbreitet ist"[113]. In dem ersten berühmten Satz des Essays bezeichnet Camus den Selbstmord als einziges wirklich ernsthaftes philosophisches Problem. Denn „Freiwilliges Sterben hat zur Voraussetzung, daß man … das Fehlen jedes tieferen Grundes zum Leben, die Sinnlosigkeit dieser täglichen Betätigung, die Nutzlosigkeit des Leidens" erkannt hat.[114] Die von Camus aufgezählten Gefühlsmomente, in denen die Sinnlosigkeit hervortritt, den Menschen geradezu befällt, sind etwa solche, wenn sich der Mensch plötzlich seinem eigenen Leben, seinen Handlungen gegenüber fremd vorkommt, wenn ihn die Unsinnigkeit des täglichen gleichförmigen Tagesablaufs erfaßt, wenn ihn die grandiose Natur verneint und vernichtet, wenn ihm seine menschliche Umwelt unbegreiflich fremd, von mechanischen Gesetzen bewegt erscheint, wenn endlich er im Tod die Vergeblichkeit all seiner Anstrengungen erfährt. Dies alles aber, so bemerkt Camus in einer Fußnote, ist noch keineswegs das Absurde selbst, sondern eine Aufzählung der Empfindungen, die Absurdität spürbar und begreiflich machen. Camus stellt ihnen das normale menschliche Verlangen nach „Geborgenheit", nach „Klarheit", „die Sehnsucht nach Einheit", nach „wahrer Erkenntnis" gegenüber. Dabei bleibt es aber immer noch Gegenstand des Essays, diesen „Zusammenhang zwischen dem Absurden und dem Selbstmord" zu untersuchen, herauszufinden, „in welchem Maße der Selbstmord" [an anderer Stelle wird in gleicher Funktion die Hoffnung eingesetzt – B. S.] „für das Absurde eine Lösung ist"[115]. Und ebendiese Frage verneint Camus mit aller Entschiedenheit, mit der Kraft eines Lebens- und Glaubensbekenntnisses. Gerade aus dem Gegeneinander der absurden Lebensvoraussetzungen und des menschlichen Verlangens nach Erkenntnis, Einheit und Sinn entstehe das eigentliche Absurde als einzige Bindung zwischen Mensch und Welt. Das Absurde verschmelze die beiden Seiten miteinander, „wie nur der Haß die Geschöpfe aneinanderketten kann"[116]. So werde das Absurde zum exaltierenden Lebensinhalt: „Ist die Absurdität erst einmal erkannt, dann wird sie zur Leidenschaft, zur herzzerreißendsten aller Leidenschaften."[117]

Damit ist der Anfang der Umwertung vernichtender Lebensvoraussetzungen in einen Grund zum Leben vollzogen, aber noch werden diese Gründe mit „Haß" oder „herzzerreißender Leidenschaft" eher pejorativ benannt. Doch eigentlich braucht Camus gar keine Gründe; das Leben ist für ihn ein absoluter, nicht mehr zu befragender Wert. Er hat stärkste Belastungen aushalten müssen, er bringt sie nun auf seinen Begriff und verallgemeinert sie, und er erklärt, mit ihnen aushalten zu wollen: „Es geht darum, in diesem Zustande des Absurden zu leben."[118]

Diese Bejahung des Lebens um des Lebens willen trennt Camus von den existentialistischen Philosophen, die er zum damaligen Zeitpunkt kannte und von denen er sich in dem Abschnitt „Der philosophische Selbstmord" mit Vehemenz absetzt. „Das Denken eines Menschen ist vor allem seine Sehnsucht"[119] – steht am Ende dieses Abschnitts. Camus will leben, und deshalb verweigert er den Philosophen, mit denen er sich hier auseinandersetzt, die Gefolgschaft zu einer übergeordneten Instanz oder in totale Verzweiflung. Es mag recht unbescheiden wirken, wenn sich der knapp dreißigjährige Autor Denker wie Jaspers, den russischen Religionsphilosophen Schestow, Kierkegaard und Husserl (in dieser willkürlichen Reihenfolge hat Camus sie behandelt) regelrecht zur kritischen Abfertigung vorknöpft – aber Camus muß sich zur geistigen und psychischen Selbsterhaltung gegen sie behaupten und ist dazu aus seinem – hier möchte man fast sagen: sicheren – Abstand zur europäischen Geisteswelt in der Lage; weil nicht von Ehrfurcht gelähmt.

Camus wirft ihnen en bloc das Ausweichen in eine Hoffnung religiöser Art vor, die sie gerade aus der niederschmetternden Conditio humana gewönnen. Diese Hoffnung stelle sich bei jedem dieser Philosophen anders dar, zeige sich zuweilen sogar im Negativbild; Camus aber macht sich anheischig, sie überall aufzufinden. Jaspers erwähnt Camus als bis zur Karikatur getriebenes typisches Beispiel dieser Haltung, denn berechtigungslos vollzöge dieser, nachdem er die menschlichen Lebensbedingungen ganz im Sinne Camus' dargestellt habe, den Sprung ins Transzendente und vergöttliche damit das Absurde. Schestow nenne Gott selbst als Inbegriff des Absurden. Auch Kierkegaard halte die ungelöste Spannung des Absurden nicht aus, verlege es in die andere Welt und gründe darauf seine Hoffnung zu genesen. Was Husserl und die phänomenologische Schule anlangt, so scheinen sie der Forderung des Absurden auf den ersten Blick zu genügen; hinter ihrer scheinbaren Bescheidenheit tue sich aber doch wieder der universelle Anspruch eines „zügellosen Intellektualismus" auf. All diese Denkergebnisse bezeichnet Camus als Ausweichmanöver wie den Selbstmord, so daß er über sie das Verdikt „philosophischer Selbstmord" fällt.

Soweit Camus' Generalattacke gegen Köpfe, denen er womöglich nicht gewachsen ist. Wir brauchen hier aber gar nicht die intellektuelle Gewichtigkeit der Parteien gegeneinander abzuwägen, da es Camus nicht um weit vorgetriebene Denkleistungen zu tun ist, sondern um das Feststellen und Behaupten eines Status, von dem aus er ihm gemäße Verhaltensformen entwickeln kann.

Denn leben wollte Camus, trotz aller Belastungen, mit allen Belastungen, und dies nach der Krisenzeit 1936/37 mehr denn je. In dem Abschnitt „Die absurde Freiheit", den er bis September 1940 abschloß, kommt das drängend und begeistert zum Ausdruck. Gerade weil das Leben sinnfrei ist, sei es ein Eigenwert und müsse als solcher so intensiv wie möglich genutzt werden. Da es keine dem Leben übergeordneten Werte gebe, sei der absurde Mensch bedingungslos frei – mit dieser seiner Freiheitsmotivation bringt sich Camus stark in die Nähe des Freiheitsbegriffs von Jean-Paul Sartre, mit dem er im Publikumsverständnis denn auch hartnäckig zusammengespannt worden ist. Und die größte Freiheit gewinnt der Mensch aus dem ständigen Bewußtsein seiner Sterblichkeit – dies eine Erfahrung, die sich der knapp Dreißigjährige mit aller Bitterkeit erworben hatte. Das Bewußtsein, von heute auf morgen sterben zu können, befreie von allen Vorurteilen, allen einengenden Plänen, allen Außenbeeinflussungen, und setze den Menschen zu wahrhaft intensivem Leben frei. Der in diesem Sinne Freieste sei der zum Tode Verurteilte – Meursault in der Todeszelle, nach seiner Auseinandersetzung mit dem Priester, ist eine Illustration dessen. Nach dem Hinschwinden aller Werturteile werde das Leben selbst zur einzigen, verzehrenden Leidenschaft. „So leite ich vom Absurden drei Schlußfolgerungen ab: meine Auflehnung, meine Freiheit und meine Leidenschaft."[120] Das ist Camus' Credo, das er in Lebenspraxis überführen will.

Im Essay demonstriert Camus Leben im Absurden an einigen Beispielgestalten: an Don Juan, dem Schauspieler, dem Eroberer, dem Künstler und schließlich an Sisyphos. An jeder dieser Gestalten führt er eigentlich das gleiche vor: den Drang zum intensiven Leben – wenn diese Intensität auch mit unterschiedlichen Mitteln erreicht wird. Einmal schreibt Camus von „einer einzigen Wahrheit … Aber eine einzige Wahrheit – wenn sie evident ist – genügt, um ein Dasein zu führen."[121] Bei den Beispielgestalten geht es Camus um die Illustration dieser einzigen Wahrheit – darum wird mit jedem Absatz, mit jeder neu eingeführten Figur der Kreis neu eröffnet und schließt sich mit sehr ähnlichen Verhaltensaufforderungen. Camus wiederholt, verstärkt und modifiziert seine Aussagen in den Wiederholungen und führt mit jedem neuen Beispiel immer drängender zu seiner „einzigen Wahrheit" hin. Dabei sollen die Beispiele gerade nicht als Modell verstanden werden, sondern nur als notwendigerweise begrenzte – und für Camus halt doch besonders naheliegende – Ausführungen der tausend Möglichkeiten absurden Lebens, das man in jeder Lebenslage, jedem Beruf verwirklichen könne.

Als eine dieser Beispielgestalten dient ihm Don Juan; ein regelrechtes „Don Juan"-Drama zu schreiben war übrigens ein lebenslanger unausgeführter Plan Camus'. Hier nun wird klar, wie Camus Don Juan versteht: als einen, der Tiefe und Dauer in der Liebe bewußt abgeschrieben hat und in der sich ständig wiederholenden Unvollkommenheit das ihm gemäße Glück findet. „Was Don Juan in Tätigkeit versetzt, ist eine Ethik der Quantität – im Gegensatz zum Heiligen, der zur Qualität neigt."[122] Die mögliche Bestrafung schrecke Don Juan nicht, denn er habe die „Spielregeln angenommen"; viel wahrscheinlicher aber sei, daß die legendäre Strafe ausgeblieben sei und daß Don Juan „die furchtbare Bitterkeit derer fühlen sollte, die recht hatten"[123].

Das spielerische Annehmen verschiedener Lebensmöglichkeiten, um sich entweder darin zu verlieren oder zu vervielfältigen, macht den Schauspieler zu einem weiteren Beispiel absurden Lebens. Er herrsche allein im Reich des Vergänglichen und habe aus der Sterblichkeit des Menschen den überzeugendsten Schluß gezogen, indem er in kürzester Zeit, in ständiger Aufeinanderfolge die von ihm verkörperten Gestalten leben und sterben lasse. Camus spricht hier spürbar eigene Theatererfahrungen an – stellenweise wechselt er sogar zur Ich-Aussage über.

Für die Gestalt des Eroberers hat offensichtlich André Malraux mit seiner Auffassung der Conditio humana Pate gestanden. Der Eroberer wähle, da er Ewiges weder anstreben will noch kann, seine Zeit und das Handeln in ihr als seine Möglichkeit absurden Lebens. Der Eroberer wisse stets, daß das Handeln an sich nutzlos sei, daß es ihn aber den Menschen nahebringe und damit „den einzigen Werten … den … menschlichen Beziehungen … Gespannte Gesichter, bedrohte Brüderlichkeit, eine ebenso starke wie schamhafte Freundschaft der Männer untereinander …"[124] Das ist das Vokabular Malraux' aus dessen Revolutionsromanen; Camus, dessen Absurditätsauffassung den Mitmenschen bisher kaum in Betracht kommen ließ, hat es seinen Thesen recht gewaltsam eingepaßt. Bei der Gestalt des Eroberers wird der Eindruck am stärksten, daß Camus seine Theorie und deren Beispielgestalten ziemlich willkürlich zusammenführt und die Kluft mit beschwörenden Worten zu überbrücken sucht.

Daß der Essay vor allem aus dem Willen zur Selbstfindung und Selbstverteidigung hervorgegangen ist, wird an dem Abschnitt zum absurden Kunstwerk besonders deutlich. Camus verteidigt hier *seine* Kunstauffassung und *seine* Kunstpraxis. Das künstlerische Schaffen und dessen Resultat sei der höchste Ausdruck absurden Lebens: „Von allen Schulen der Geduld und der Klarheit ist das Schaffen die wirksamste. Es ist zudem das erschütternde Zeugnis für die einzige Würde des Menschen: die eigensinnige Auflehnung gegen seine Lage, die Ausdauer in einer für unfruchtbar erachteten Anstrengung."[125] Im Wissen um die Vergeblichkeit dieser Anstrengung zu schaffen – das eben sei die einzigartige Leistung des absurden Künstlers: „‚Für nichts' arbeiten und schaffen, … – das ist die schwierige Weisheit, zu der das absurde Denken bevollmächtigt. Diese beiden Aufgaben gleichzeitig nebeneinander durchführen, einerseits leugnen, andererseits erhöhen – das ist der Weg, der sich dem absurden Künstler öffnet. Er muß dem Leeren seine Farben geben."[126] Und in dieser Anstrengung gebe es zwischen den Disziplinen keine Grenzen, womit Camus seine Praxis einer gemeinsamen Ausrichtung von künstlerischem und philosophischem Bemühen verficht. Auch sei das Werk eines Künstlers keine Aufeinanderfolge verschiedener Zeugnisse, sondern zentriere sich um einen Grundgedanken, für den die einzelnen Werke die vielfältigen, sich verändernden und vertiefenden Ausdrucksformen seien.

Zwei Autoren, die auf Camus' gesamtes künftiges Werk wirken werden, erscheinen ihm darin als beispielhaft: Herman Melville und Franz Kafka. Auch wenn Camus vorerst nur Kafka namentlich erwähnt, ist doch seine Kenntnis beider Autoren und ihr Einfluß auf diese Überlegungen belegt. Beider Werk erscheint Camus als unablässiges Kreisen um eine mythische Grundkonstellation, und für beide beschreibt er – jetzt oder später – ein ähnliches Verfahren, dem Mythos Sprache zu verleihen: Melville wie Kafka haben die Fähigkeit, hinter der konkreten Beschreibung, hinter dem simplen Detail einen großen, erschreckenden oder auch erlösenden Bedeutungshintergrund aufzureißen. Das gelinge ihnen durch Symbole, Worte, die zwei Welten in sich bergen, zwei Welten von ganz unterschiedlicher Dimension, die doch in einer geheimen Beziehung zueinander stehen. (Diese – aus der persönlichen Nähe heraus sehr hellsichtigen – Überlegungen zu Kafkas Werk stehen in einem Anhang-Kapitel zu „Der Mythos von Sisyphos", das erst in die Ausgabe von 1948 aufgenommen wurde; zum Zeitpunkt der Erstveröffentlichung, 1942, war das Kapitel über den jüdischen Schriftsteller der deutschen Zensur zum Opfer gefallen.)

Den vollen Umschwung zum Bejahenden, zur Behauptung absurden Glücks vollzieht Camus in den letzten vier mit „Der Mythos von Sisyphos" überschriebenen Seiten des Essays. Erst in der abschließenden Arbeitsphase, zwischen September 1940 und Februar 1941, hat Camus diesen Titel auf den gesamten Essay übertragen, den er vormals „Das Absurde" oder „Abhandlung über das Absurde" nennen wollte. Es kommt ihm also darauf an, dem Absurden gegenüber die Glücksbehauptung zu verstärken; und er verwendet nun das Wort „Mythos" an zentraler Stelle. – Sisyphos, der mythische Rebell gegen die Götter, gegen das auferlegte Gesetz, wird von Camus bei seinem vergeblichen Ringen mit dem Stein beobachtet. Und der wichtigste Moment scheint Camus der zu sein, da Sisyphos in die Ebene hinabsteigt, um seine Last erneut auf sich zu nehmen. In dieser Pause, die Nachdenken und Begreifen gestattet, nehme Sisyphos das auferlegte Geschick als sein eigenes an und mache sich damit zu dessen Herrn. Das sei kein Akt der Ergebung, sondern ein Moment tiefer, triumphierender Freude. Mit dem Satz „Wir müssen uns Sisyphos als einen glücklichen Menschen vorstellen"[127] schließt der Essay.
Eine mythische Gestalt also wird zum Ausdruck von Ca-

mus' Glücksbedürfnis und zum Beispiel seines Glücksverständnisses. Damit flieht Camus nicht ins Irrationale, sondern setzt ein Zeichen dafür, daß blanker Intellektualismus dem Bedürfnis nach Einheit, Harmonie, Schönheit und Sinn, wie er es so unabweislich in sich fühlt, nicht genügen kann. Camus ringt, wenn auch zuweilen mit Abruptheiten und ungesicherten Schlüssen, um die Ganzheit des Menschen, um die Einheit von Denken und Fühlen, um die Gleichberechtigung von Logos und Mythos. Denn er selbst hat Stärke und Intaktheit seiner Person sowohl aus der Glückserfahrung seiner algerischen Jugendzeit als aus der intellektuellen Entwicklung gewonnen.

Der glückliche Naturbezug mit all seinen Denk- und Gefühlskonsequenzen ist wohl der springende Punkt, an dem sich Camus' Denken von dem der Existenzphilosophen und später der französichen Existentialisten atheistischer wie christlicher Richtung scheidet. Den pessimistischen Denkansatz teilt er mit ihnen, wie er das in einer Rezension zu Sartres „Der Ekel" erklärt. „Die Absurdität des Lebens festzustellen … ist eine Wahrheit, von der beinahe alle großen Geister ausgegangen sind." Dann aber fährt er fort: „Nicht diese Entdeckung ist interessant für mich, sondern die Konsequenzen und Verhaltensregeln, die man daraus gewinnt."[128] Und seine persönliche Verhaltensregel, die er als Gegenposition zu der der Existentialisten aufbaut und verteidigt, ist das Aushalten der Spannung zwischen verzweiflungsvoller Conditio humana und dennoch gegebenen Glücksmöglichkeiten, das ihn sowohl vor dem Sprung in die Hoffnung als auch dem Fall in die Verzweiflung bewahrt. Diese Glückserfahrung ist aber eine ganz persönliche, rein sinnliche, die er in die philosophische Diskussion nicht einbringen kann.

Als gegen Ende des zweiten Weltkriegs existentialistisches Denken in Frankreich unversehens starke Resonanz fand, bemächtigte sich das Publikumsinteresse auch des „Mythos von Sisyphos", nahm an ihm aber vor allem den im Schwange befindlichen existentialistischen Ansatz wahr, nicht Camus' abweichende Haltungsvorschläge. So wurde Camus aufgrund des „Mythos" zum Absurdisten wie zum Existentialisten gestempelt – eine Etikettierung, gegen die er sich unermüdlich zur Wehr setzte. Die Bitterkeit seiner ersten Bücher sei überwunden, schreibt er 1944 in sein Tagebuch, er aber werde hartnäckig nach Vergangenem beurteilt: „Ich habe zehn Jahre gebraucht, um zu erobern, was mir unendlich kostbar scheint: ein Herz ohne Bitterkeit. Und wie es häufig geschieht, habe ich die einmal überwundene Bitterkeit in ein oder zwei Bücher eingeschlossen. Deshalb wird man mich in alle Ewigkeit nach jener Bitterkeit beurteilen, die mir nichts mehr bedeutet."[129] 1945, in der besten Zeit seiner Freundschaft mit Sartre, erklärt er dann mit heiterer Gelassenheit: „Nein, ich bin kein Existentialist. Sartre und ich, wir wundern uns immer, unsere Namen zusammen zu sehen. Wir beabsichtigen sogar, eines Tages eine kleine Annonce aufzugeben, wo die Unterzeichneten erklären, nichts miteinander gemein zu haben, und sich weigern, für die Schulden aufzukommen, die ein jeder von ihnen gemacht haben mag … Sartre und ich, wir haben alle unsere Bücher, ohne Ausnahme, veröffentlicht, bevor wir uns kannten. Als wir uns kennengelernt haben, geschah das, um unsere Unterschiede festzustellen."[130] Zu seiner Unterscheidung von den Existentialisten verweist Camus wiederum darauf, daß diese denn doch auf eine absolute Größe setzten und sich so der letzten Durchhalteleistung entzögen, um schließlich, nach seinen weiteren Plänen befragt, scherzhaft zu antworten: „Vielleicht müßte ich mich auch entschließen, den Existentialismus zu studieren …"[131]

Nach Camus' persönlicher Absicht war das Entwerfen von Verhaltensweisen, eines „Lebensstils", Hauptziel des Essays. Nicht damit aber traf er damals in erster Linie das Publikumsinteresse, sondern mit seiner Definition der menschlichen Lebensvoraussetzungen, die er nach existentialistischer Art vorgenommen und für die er eingängige Schlagworte und Bilder gefunden hatte. Nicht ganz zu Unrecht schlug das Publikum Camus also hartnäckig den französischen Existentialisten – die ja ohnehin keine einheitliche Schule bilden – zu; Camus selbst hielt das Trennende für grundsätzlicher, als es tatsächlich war.

In Frankreich, im Exil

*Seinem (Nordafrikas) Himmel fern, fühle ich mich
immer ein wenig im Exil.*

(Albert Camus,
Aus einem Interview)

Die Trennung

„Der Krieg ist ausgebrochen. Wo ist der Krieg? Wo können
wir, abgesehen von den Nachrichten, die wir glauben, von
den Anschlägen, die wir lesen sollen, die Zeichen dieses absurden Ereignisses wahrnehmen? Nicht in dem blauen
Himmel über dem blauen Meer, nicht im Zirpen der Zika-
den noch in den Zypressen auf den Hügeln. Und auch nicht
im jugendlichen Branden des Lichts in den Straßen von Algier … Man möchte sein Antlitz erkennen, aber es läßt sich
nicht fassen.“[1] Das notiert Camus im September 1939, nach
Ausbruch des zweiten Weltkrieges. Er empfindet den Krieg
vorerst weniger als eine Bedrohung von außen denn als
Aufbrechen der eigenen inneren Widersprüche, als Ausset-
zen, vielleicht endgültiges Aufhören des glücklichen Zu-
stands, mit sich selbst eins sein zu können. „… man entdeckt, daß man weiß, wo er“ [der Krieg B. S.] „ist, daß man
ihn in sich trägt … Er ist da, wirklich da, und wir suchten
ihn im blauen Himmel und in der Gleichgültigkeit der
Welt. Er ist in dieser fürchterlichen Einsamkeit des Kämpfenden und des Nicht-Kämpfenden, in dieser demütigen-
den Verzweiflung, die allen gemeinsam ist, und in jener Erniedrigung, die man in täglich zunehmendem Maße in den
Gesichtern aufsteigen sieht. Die Herrschaft der Tiere ist an-
gebrochen.“[2]
Der Krieg bestätigt und verstärkt Camus' Überzeugung von
der Absurdität der Welt. Aber er drängt ihn auch – gerade
ihn bei seiner Nähe zum Tode – zu aktiver Gegenhaltung
in Gemeinsamkeit mit allen Gleichgesinnten. „Deshalb ist
es nicht erlaubt, außerhalb dieses Krieges zu stehen, so nie-
derträchtig er auch sein mag. Dies gilt natürlich und in erster Linie für mich – der ich mein Leben aufs Spiel setzen
kann, indem ich ohne jegliche Furcht auf den Tod setze.

Und es gilt für all die Namenlosen und Schicksalsergebenen, die jenem unentschuldbaren Gemetzel entgegengehen – und mit denen ich mich brüderlich tief verbunden fühle."[3] Für September 1939 hatte Camus seine langersehnte Griechenlandreise geplant und auch schon alle Vorbereitungen getroffen. Statt dessen meldet er sich nun am 3. September als Freiwilliger, wird aber seines Gesundheitszustands wegen diesmal und dann noch ein weiteres Mal zurückgewiesen. Das ist demütigend und verletzend, aber es soll seine Kraft zu selbständigem Urteilen und Handeln nicht beeinträchtigen: „Und wenn man mich nicht haben will, muß ich mich auch mit der Stellung des verschmähten Zivilisten abfinden ... In beiden Fällen stehe ich mitten im Krieg und habe das Recht, über ihn zu urteilen. Über ihn zu urteilen und zu handeln."[4]

Im März 1940 ging Camus nach Paris – mußte gehen, da er in Algerien keine Arbeit finden konnte, Pascal Pia ihm aber eine Anstellung als Redaktionssekretär bei dem Pariser Blatt „Paris-Soir" vermittelt hatte. Bald darauf, im Mai, marschierten die Deutschen in Paris ein und machten dem „komischen Krieg", Frankreichs halbherziger Abwehr des faschistischen Deutschland, ein Ende. Etwa mit Camus' Übergang aus Nordafrika nach Europa wurde also aus dem nicht recht faßbaren, gesichtslosen Krieg ein sehr realer; damit wird Europa, im engeren Sinne Frankreich, für Camus zum Synonym für Unfrieden, Wirrnis, Hektik und Blutvergießen, von dem sich sein Herkunftsland als Verheißung ruhigen Glücks abhebt.

Mit der Arbeit bei „Paris-Soir" hatte Camus sein materielles Auskommen, nicht aber ein forderndes und förderndes journalistisches Betätigungsfeld wie einst bei „Alger républicain" gefunden. Dem Inhaber der Zeitung, der auch Journale wie „Paris-Match" (damals „Match") und „Marie-Claire" herausgab, war es im wesentlichen nicht um seriöse politische Information, sondern um effektvollen Journalismus zu tun. Diese durch den Erfolg sanktionierte Linie der Zeitung konnte Camus in keiner Weise beeinflussen, zumal er als Redaktionssekretär keine eigentlich journalistische Arbeit zu leisten hatte. Lakonisch teilt er Grenier mit: „Ich mache hier den Umbruch und schreibe nicht eine Zeile. Das ist das Beste, was ich erhoffen konnte."[5] Der Geist der

Zeitung erscheint Camus bezeichnend für Pariser Denkungsart: „Beim *Paris-Soir* das ganze Herz von Paris spüren und seinen abscheulichen Midinettengeist. Mimis Mansarde ist zum Wolkenkratzer geworden, aber das Herz hat sich nicht verändert. Es ist verdorben. Die Rührseligkeit, das Malerische, die Selbstgefälligkeit, alle diese schmierigen Schlupfwinkel, in denen der Mensch sich in einer für den Menschen so harten Stadt verteidigt"[6], schreibt er kurz nach seinem Eintritt bei der Zeitung in sein Notizbuch. Camus bezieht ein bescheidenes Zimmer in Montmartre, dem für Künstler so traditionsreichen Bezirk im Norden von Paris – in unmittelbarer Nähe seiner Wohnstätte hatten Modigliani, Picasso, auch der Dichter Max Jacob gearbeitet. Bald wechselt Camus in eine etwas komfortablere Wohnung in der Nähe der Kirche Saint-Germain-des-Près über, aber die „furchtbare Einsamkeit", von der er in seinem Tagebuch schreibt, bleibt. Zu schroff, zu hart mußte der Abfall an persönlicher Bedeutsamkeit, den die Übersiedlung nach Paris mit sich brachte, Camus treffen: In Algier hatte er im Zentrum der wachen oppositionellen Intelligenz gestanden, hatte er seinen Meinungen in einem gleichgesinnten Freundeskreis auf vielfältige Weise Ausdruck verleihen können – in Paris war er in die Anonymität zurückgefallen, war er auf einen unerquicklichen Broterwerb angewiesen und entbehrte er schmerzlich aufrichtige, herzliche Freundschaftsbeziehungen. Ein wenig fand er das Fluidum freundschaftlicher Gemeinsamkeit bei den Setzern und Korrektoren der Zeitung, bei denen er sich gern und ausgiebig aufhielt und die seinen kameradschaftlichen Umgangston in der Erinnerung zu würdigen wissen.[7]

In dieser prekären psychologischen Situation wird die schriftstellerische Arbeit zur wesentlichen Selbstbestätigung für Camus. Dies erkennend, schreibt er in sein Notizbuch: „Wie kommt es, daß die Fähigkeit, ein Jahr allein in einem ärmlichen Zimmer in Paris zu wohnen, den Menschen mehr lehrt als hundert literarische Salons und vierzig Jahre Erfahrung im ‚Pariser Leben'? Es ist etwas Hartes, Entsetzliches, zuweilen Peinigendes, und stets dem Wahnsinn so nahe. Aber in dieser Nachbarschaft muß das Wesen eines Menschen sich stählen und stärken – oder zugrunde gehen. Wenn es aber zugrunde geht, dann weil es nicht

Siegesparade der deutschen Okkupanten auf den Champs-Elysées im Juni 1940

stark genug war, um zu leben."[8] Nun, die „hundert literarischen Salons" waren Camus, wie sich später zeigen wird, so
gleichgültig auch wieder nicht. Aber er macht aus der Not
der Einsamkeit nicht nur in Worten eine Tugend, sondern
gewinnt ihr entscheidende Leistungen ab: Im Mai 1940 beendet er die Erzählung „Der Fremde", er arbeitet intensiv

an „Der Mythos von Sisyphos" und geht mit dem Projekt eines „Don Juan"-Dramas um, das ihn zeitlebens bewegen wird, ohne je in der geplanten Form ausgeführt zu werden. Doch die Leistung allein, ohne die dazugehörige Publizität, verschafft ihm noch nicht den Zugang zu den literarischen Größen von Paris: Als Pia eine Bekanntschaft mit André Malraux vermittelt, nimmt letzterer kaum Notiz von dem unbekannten jungen Autor. Das freilich wird sich ändern.

Der Angriff der faschistischen Truppen führte, da die französische Regierung wenig zur Abwehr der drohenden Aggression unternommen hatte, zum raschen und vollständigen Zusammenbruch Frankreichs. Nach der Evakuierung von Paris setzte sich Marschall Pétain an die Spitze der Regierung und unterzeichnete das Waffenstillstandsabkom-

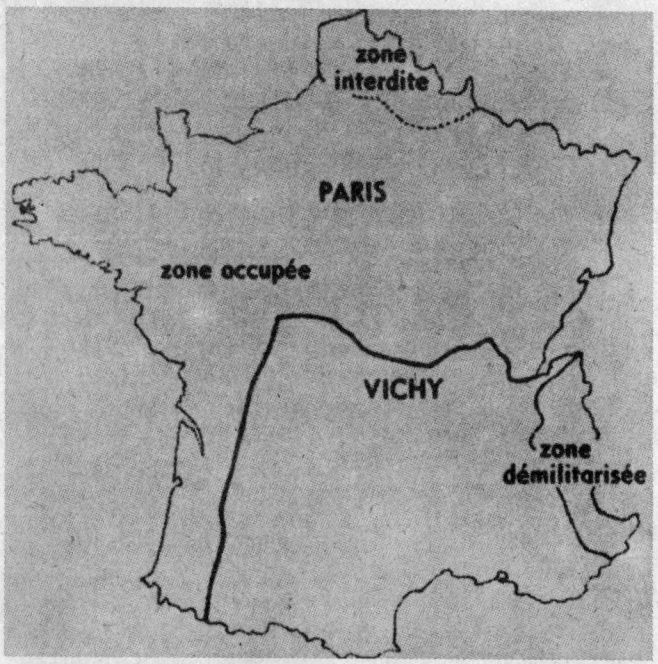

Frankreich 1940

96

men, nach dem zwei Drittel Frankreichs unter die Besetzung durch deutsche Truppen fielen und sich in der nicht besetzten südlichen Zone eine Kollaborationsregierung unter Pétain konstituierte. Auch „Paris-Soir" übersiedelte in die Südzone, nach der in der Nähe von Vichy gelegenen Stadt Clermont-Ferrand – Camus führte in seinem schmalen Gepäck das Manuskript des „Fremden" mit. Die deutschen Besatzer in Paris bemühten sich nun, einen profaschistischen „Paris-Soir" herauszubringen, eine Aufgabe, die sich auch die in Clermont-Ferrand weiter erscheinende Zeitung, obgleich versteckter, zu eigen gemacht hatte. So wird Camus' Stellung bei dieser Zeitung immer schwieriger: Er rechnet ständig mit seiner Entlassung, wenn nicht mit seiner Verhaftung, und jeder Handschlag, den er im Dienst tut, geht ihm gegen den Strich. Die Zeitung wird weiter umquartiert, diesmal nach Lyon, und Camus möchte am liebsten nach Algerien zurückkehren.

Unterdessen wird endlich seine Scheidung von Simone Hié ausgesprochen, so daß sich Camus wieder verheiraten kann. Seit Jahren schon war er mit Francine Faure befreundet, einer Studentin aus guter Oraner Familie, für die die Bindung der Tochter an einen kränklichen jungen Mann ohne feste Anstellung, aber mit genialischen Ansprüchen, zudem noch verheiratet, zunächst unvorstellbar war. Francine aber führte unbeirrt ihr Mathematikstudium zu Ende, blieb bei ihren Absichten, und im Dezember 1940 heirateten sie und Camus in Lyon ohne allen Aufwand. Kurz darauf, gegen Jahresende, steht der junge Ehemann ohne Arbeit da, weil der Personalstand der Zeitung ein weiteres Mal reduziert werden muß und die Entlassung zuerst die kinderlosen Mitarbeiter trifft. Camus und seine Frau fahren nach Oran, wo sie während der nächsten anderthalb Jahre bei Francines Familie wohnen können. Camus reizt der Händlergeist, die kaufmännische Betriebsamkeit, die Oran seiner Meinung nach so ungut von Algier unterscheiden, der Stadt, die er aus glücklicher Erinnerung als Stätte geistiger und kultureller Blüte empfindet. Er hegt wieder allerlei Theaterprojekte, die ihn an Algier binden könnten, aber leider kein Geld einbringen. Da er dieses Geschäft nicht allein seiner Frau überlassen möchte, die unterdessen Unterricht erteilt, nimmt er Lehrerstellen an, die sich mit der Judengesetzge-

Francine und Albert Camus

bung eröffnen: Ein Gesetz bestimmte, daß auf sieben Schüler nur noch ein jüdischer kommen dürfe – damit leerten sich bei dem starken jüdischen Bevölkerungsanteil in Oran die Schulklassen und wurden an privaten Institutionen neu gebildet. Die Tätigkeit in der Résistance, die Camus im allgemeinen schon für diesen Zeitraum zugeschrieben wird, scheint damals zumindest noch keine organisierte gewesen zu sein. Camus war zu gelegentlichen Hilfeleistungen stets bereit; auch machte ihn sein Freundeskreis, besonders die Verbindung zu Pascal Pia, den Behörden verdächtig – er mußte sich schon in Oran einem ersten, noch folgenlosen Verhör unterziehen. In fester, ständiger Verbindung zur Réstistance stand er jedoch in dieser Zeit mit großer Wahrscheinlichkeit noch nicht.

Im Februar 1941, zu Beginn seiner Oraner Zeit, schloß Camus die Arbeit an „Der Mythos von Sisyphos" ab.

Ein Jahr später erlitt er einen weiteren schweren Tuberkuloseanfall, bei dem sich herausstellte, daß auch die andere, bisher gesunde Lunge erkrankt war. Nun mußten ernstlich Maßnahmen getroffen werden: Das feuchte nordafrikanische Klima war zu meiden und ein Sanatoriumsaufenthalt in Frankreich, in Höhenluft, zu suchen. Glücklicherweise verfügte Francines Familie über eine traditionelle Ferienunterkunft in Südfrankreich, die diesem Zweck und auch den finanziellen Ressourcen des jungen Paares entsprach: die Pension von Francines Tante, Madame Oettly, in Le Panelier, einem kleinen, beinahe 1000 m hoch gelegenen Touristikflecken südlich von Saint-Etienne. Die Beschaffung eines Passierscheins war schon sehr schwierig geworden und zog sich über Monate hin. Im August 1942 fuhr das Ehepaar Camus endlich nach Le Panelier, und Francine blieb bis Mitte Oktober bei ihrem Mann. Dann kehrte sie nach Algier zurück, wo sie Wohnung und Arbeit für beide suchen wollte.

Zwar erkannte Camus den günstigen Einfluß des Klimas auf seine Gesundheit an, zwar fand er in Le Panelier viel Ruhe zum Arbeiten und machte hier die folgenreiche Bekanntschaft des Schriftstellers Francis Ponge – die ungünstigen Eindrücke aber überwogen. In der Industriestadt Saint-Etienne, in die Camus aller zwei Wochen zur medizinischen Behandlung fahren mußte, sieht er das elende Leben der städtischen Arbeiter: „Saint-Etienne und seine Vororte. Ein solches Schauspiel spricht der Zivilisation das Urteil, die es entstehen ließ. Eine Welt, in der kein Raum mehr vorhanden ist für das Sein, die Freude, die tätige Muße, ist eine Welt, die untergehen muß"[9], notiert er in seinem Tagebuch. Doch auch mit dem Gebirge konnte er sich nicht recht befreunden; wohl beschreibt er hier und da angenehme Naturerscheinungen, aber dann wieder nennt er die Natur banal, fühlt sich von den Bergen eingeschlossen, empfindet den Sommer als fade und fürchtet sich vor dem rauhen Winter. „Das Klima, das mir verordnet wird, ist niemals das, das ich liebe"[10], schreibt er schon im September an Grenier und kündigt bald darauf an, daß er Ende November nach Algerien zurückkehren wolle.

Le Panelier, 1947

Da landen am 9. November die Alliierten in Nordafrika, und die faschistischen Truppen besetzen nun auch die Südzone. „*Wie Ratten*"[11] schreibt Camus am 11. November voll Erbitterung in sein Tagebuch. Nun ist er gefangen, abgeschnitten von dem Land und den Menschen, an denen er hängt, auch ohne jede finanzielle Absicherung: Was ihm bisher von Charlot aus Algier zukam, muß nun ausbleiben, und unter der deutschen Besatzung wird er vermutlich nichts veröffentlichen können. In diesem Punkt hilft ihm Pia: Er veranlaßt, daß der Verlag Gallimard Camus pro forma als Lektor einstellt – dabei eher auf künftige Werke hoffend –, und ihm fürs erste ein ausreichendes monatliches Gehalt zahlt.

Dieses finanzielle Arrangement, von Camus kaum gebilligt, zementiert die Tatsache, daß er auf unbestimmte Zeit im ungeliebten Land festsitzt. „Ich habe bald genug von dem verhangenen Himmel und von dcn Wegen voller Schnee. Niemals habe ich so viel an das Licht und die Wärme gedacht. Das ist wirklich das Exil"[12], schreibt Camus Anfang 1943 an Grenier. Hinzu kommt das Bangen um seine Frau, um seine Mutter, denn nun wird auch Algier Zielscheibe deutscher Bombardements. Jetzt ist der Krieg immer- und allgegenwärtige, äußere und innere Realität geworden.

Erster Ruhm

Im Juni 1942, im besetzten Paris, erscheint „Der Fremde" in einer Auflage von 4400 und im Oktober „Der Mythos von Sisyphos" in einer Auflage von 2750 Exemplaren. Der entscheidende Anteil an Camus' Durchbruch auf dem Pariser Buchmarkt kam Pascal Pia zu, der die Übersendung der Manuskripte von Oran nach Paris betrieben hatte und sie dann auch an die maßgeblichen Leute weiterleitete. So schickte Pia das Manuskript des „Fremden" an André Malraux in dessen Villa an der Côte d'Azur; nach Darstellung einer Freundin von Malraux' derzeitiger Lebensgefährtin habe Malraux daraufhin einen sehr angeregten Tag verbracht: „Eines Morgens bringt der Postbote ein Manuskript. ‚Der Fremde', von Camus, dem jungen Mann, der in Algier ‚Die Zeit der Verachtung' aufgeführt hatte. André liest es in einem Zuge. Als er wiederkommt, fragt er lebhaft, eilig: ‚Wer geht zur Post?' Das Manuskript schickt er mit der Bemerkung ‚Wichtig' an Raymond Gallimard und ein sehr herzliches Telegramm an den Autor. Den ganzen Tag über bleibt er in dieser Hochstimmung, dieser Wachheit, mit der er den winzigsten Details etwas abgewinnt. Das Gespräch fällt ab und schnellt wieder empor … André überlegt, hebt in seiner professoralen und gleichzeitig schelmischen Art den Finger: ,Das ist Phosphor.'"[13] Der Lektoratsrat des Verlags Gallimard, repräsentiert vor allem durch Jean Paulhan, spricht sich einhellig für die Publikation aus, und so erscheint „Der Fremde" in dem renommiertesten französischen Verlagshaus. Daß sich Camus damit von seinem Freund und Erstverleger Charlot trennte, geschah in beidseitiger Übereinkunft; Charlots kleiner Verlag war einem solchen Unternehmen nicht gewachsen, zumal Camus der Vorstellung anhing, die „drei Absurden" – „Der Fremde", „Der Mythos von Sisyphos" und das Drama „Caligula" – in einem Band oder zumindest kurz hintereinander herauszubringen. Dieser Vorstellung versagt sich auch der Verlag Gallimard, der sich schon durch die einsetzende Papierknappheit zu ungewöhnlich niedrigen Auflagen gezwungen sieht. Auch glaubte Gaston Gallimard, der tatkräftige und geschmackssichere Inhaber und Leiter des Verlags, zwar sehr an den Romancier Camus und schätzte den „Fremden" hoch; von „Der Mythos von Sisyphos" aber war er weniger angetan und gab ihn nur halbherzig, in wesentlich niedrigerer Auflage, heraus.

Wie klein immer die Auflage – wichtig für Camus' literarisches Renommee war vor allem der Umstand, als unbekannter Autor bei Gallimard, dem der „Nouvelle Revue Française" angeschlossenen Verlagsunternehmen, angenommen und publiziert worden zu sein. Denn „NRF" und „Gallimard", zwei untrennbare Qualitätssiglen, bestimmten die literarische Szene im Frankreich der ersten Jahrhunderthälfte durch Information, durch Auswahl, durch Wertsetzungen, vor allem auch durch eine imponierende Galerie literarischer Persönlichkeiten an ihrer Spitze. Die Zeitschrift „Nouvelle Revue Française" war 1909 von André Gide und Jean Schlumberger gegründet worden und hatte sich seither, besonders in der langen Periode ihrer Führung durch Jean Paulhan, das Prädikat einer „regelrechten Roman-Akademie" erworben.[14] Noch vor dem ersten Weltkrieg wurde der Zeitschrift ein kleines Verlagsunternehmen angegliedert, dem der unternehmende junge Gaston Gallimard vorstand, mithin der Begründer der mächtigen Gallimardschen Verlagsdynastie. Über Jahre war die geistige und kulturelle

Disposition ihrer Gründer – eine hochentwickelte, sensible, mit dem bürgerlichen Denkhorizont verbundene Geistigkeit – für Zeitschrift und Verlag maßgeblich. Ein literarisches Phänomen wie Célines „Reise ans Ende der Nacht" (Voyage au bout de la nuit), ein wütender Angriff des Asozialen auf alles Kleinbürgerliche in seiner schäbigen Mittelmäßigkeit, blieb in diesem Klima eine Einzelerscheinung, ein Sonderfall, den man aufgrund seiner sprachlichen Kraft wohl goutierte, nicht aber als entgegengesetzte Erfahrung wirklich annahm.

Um einer solchen festgefügten Phalanx vereinseitigter Geistigkeit eine unmittelbare, andere Wirklichkeitserfahrung entgegenzusetzen, brauchte es neben Kraft auch Unbekümmertheit, ja Naivität. Diese Eigenschaften erwuchsen Camus im wesentlichen aus seiner algerischen Herkunft, der großen, bleibenden Sicherheit, die das Naturerleben ihm verliehen hatte, und aus der dort nicht so strikten sozialen Differenzierung, dem leichteren Zugang zu Bildung und eigenen intellektuellen und künstlerischen Ausdrucksmöglichkeiten. Wäre Camus in Frankreich groß geworden, wäre sein Weg zur literarischen Spitze ein anderer, vermutlich ein längerer gewesen.

Allerdings war der Erfolg, 1942 im NRF-Verlag verlegt worden zu sein, ein zweischneidiger: Waren doch die deutschen Besatzer im Bewußtsein der Ausstrahlungskraft dieses Unternehmens sehr daran interessiert, es unter ihrer Kontrolle weiterhin funktionsfähig zu erhalten, buhlten sie also um die Mitarbeit renommierter Intellektueller. (Der deutsche Botschafter soll sogar geäußert haben: „Es gibt drei Mächte in Frankreich: den Kommunismus, die Hochfinanz und die ‚Nouvelle Revue Française'."[15]) Nachdem sich Gaston Gallimard 1940 geweigert hatte, 51 Prozent der Verlagsanteile an die Deutschen abzutreten, sein Haus versiegelt worden war und der offene Konflikt mit der Besatzungsmacht drohte, schlugen die Deutschen schließlich einen labilen Kompromiß vor: Drieu La Rochelle, ein seit Jahren mit der Zeitschrift verbundener, nun jedoch offen kollaborierender Schriftsteller, sollte die Leitung der NRF übernehmen; dies schien den Deutschen eine hinreichende Garantie dafür, daß der Verlag Gallimard „in seiner gesamten Haltung auf eine Deutschland feindliche Gesinnung verzichten, ja, im Gegenteil einen wertvollen Beitrag zu der neuen Idee der politischen Koordinierung Europas, zum Aufbau Frankreichs und zur Zusammenarbeit zwischen Deutschland und Frankreich liefern werde"[16].

Tatsächlich sah es dann so aus, daß bedeutende, mit der Zeitschrift verbundene Autoren wie André Gide nach und nach ihre Mitarbeit aufkündigten und zweitrangige, politisch opportune Gestalten zunehmend das Feld beherrschten. Am Verlag hingegen konnten sich „unabhängige Geister" wie Paulhan, Queneau und Groethuysen halten und mit einem vielseitigen, literarisch gewichtigen Angebot aufwarten: Unter den – erwünschten – deutschen Autoren traf man eine sorgfältige Auswahl – Meister Eckart, Goethe, E. T. A. Hoffmann, Fontane; von den zeitgenössischen französischen Autoren publizierte man zum Teil recht unerwünschte – Saint-Exupéry, Aragon, Gide, Guilloux, Desnos, Ponge. – Den Niveauabfall der Zeitschrift mußte sich auch Drieu La Rochelle, immerhin ein fähiger Autor, eingestehen; 1943, als ihm auch der Ausgang des Krieges nicht mehr zweifelhaft war, demissionierte er und beging zwei Jahre später Selbstmord. – Im Juni 1943 stellte die Zeitschrift also ihr Erscheinen ein, während der Verlag seinen schwierigen, kompromißvollen und doch erfolgreichen Weg fortsetzte.

Die Wirkung der Veröffentlichungen ließ nicht auf sich warten, wenn sie auch aufgrund der zeitbedingten Schwierigkeiten in Publikation und Verbreitung vorerst im wesentlichen auf die spezialisierten Pariser Literaturkenner beschränkt blieb. In der Kulturzeitschrift „Comoedia" stellte der Schriftsteller Marcel Arland Camus mit großer Überschrift als „einen Schriftsteller, der im Kommen ist" vor und erklärte dann, mit Bezug auf eine Neuauflage von „Hochzeit des Lichts": „… das Denken und die Haltung von Monsieur Camus sind gleichzeitig die eines Menschen und eines Landes oder eines Klimas: das ist die Moral und der Gesang der Sonne, die von Hoffnung freie Begeisterung über das vom Tode gezeichnete Leben … Schon in diesen Essays" [„Hochzeit des Lichts" – B. S.] „findet man das, was man heute in ‚Der Fremde' noch stärker wiedererkennt: einen wahrhaften Schriftsteller."[17] Ein anderer Kritiker beschrieb später das Erscheinen des „Fremden" so: „Ein furioser Start: eine Lawine von Kommentaren ... So ergeht es großen Werken, die erwartet, beinahe ersehnt werden."[18]

Der bekannteste der zeitgenössischen Kommentare kam von Jean-Paul Sartre. Sartre verband in der 1943 erschienenen „Erklärung des ‚Fremden'..." (Explication de L'Etranger) die Erzählung in einer noch lange nachwirkenden Formel mit dem „Mythos von Sisyphos": „In dem einige Monate später erschienenen *Mythos von Sisyphos* hat uns Camus den Kommentar zu seinem Werk" [das heißt des „Fremden" – B. S.] „gegeben." – „Man könnte sagen: Der *Mythos von Sisyphos* wolle uns diesen *Begriff* " [des Absurden – B. S.] „vermitteln und *der Fremde* dieses Gefühl."[19] Ganz kann Camus einer solchen Trennung von Begriff und Gefühl nicht beipflichten; andererseits klärt ihn die Kritik in manchem über sein eigenes Werk auf. An Grenier schreibt er: „Der Artikel von Sartre ist das Modell einer ‚Demontage'. Was er nicht berücksichtigt, das ist das instinktive Moment in jedem künstlerischen Werk. So groß ist der Anteil des Intellekts nicht. Aber so sind nun einmal die Regeln der Kritik, und das ist sehr gut so, denn wieder einmal macht sie mir klar, was ich beabsichtigt habe."[20]

Daß es auch ungünstige Reaktionen auf den Roman gegeben hat, zeigen Notizen Camus', in denen er den Rezensenten nicht die kritische Ablehnung, sondern ihre Verständnislosigkeit verübelt. „Drei Jahre, um ein Buch zu schreiben, fünf Zeilen, um es lächerlich zu machen – und dazu die falschen Zitate"[21], so klagt er. An anderer Stelle verteidigt er Meursaults standhafte Negation gegen die Forderung einer positiven Moral von seiten der „Moralisten": „Das ‚Moralin' wütet. Ihr Dummköpfe, die ihr die Verneinung für einen Verzicht haltet, während sie eine Wahl ist ... Kein anderes Leben steht dem Menschen ohne Gott offen ..."[22] – Im Gegensatz zu solch moralisierender Kritik wurde das Buch von der Lesergeneration, die vom Fiasko der Dritten Republik und dem nationalen Bankrott des Vichy-Regimes gezeichnet war, als Bestätigung ihres Verlusts tradierter Lebensrichtlinien und als Aufforderung zu klarsichtig-gefaßtem Bestehen dieser Situation begriffen. Das bestätigt die Aussage des Kritikers Henri Hell: „Als ‚Der Fremde' erschien, wurde dieses kleine Buch von einer ganzen Generation geradezu verschlungen, von einer Generation, für die das Leben nicht mehr auf seiner traditionellen Basis beruhte, ein verschlossenes, versperrtes Leben ohne Zukunft, ganz wie das des ‚Fremden‘. Diese Generation machte aus Meursault ihren Helden."[23] Und Roland Barthes schrieb mehrere Jahre nach Erscheinen des „Fremden": „… man fühlte sich mit ihm verbunden wie mit einem dieser vollkommenen und bedeutungsvollen Werke, die an gewissen Wendepunkten der Geschichte auftauchen und einen Bruch, eine neue Empfindungsfähigkeit bekunden … Das Erscheinen des *Fremden* ist ein gesellschaftliches Ereignis gewesen …"[24]

Fürs erste mag es verwundern, daß ein Werk, das noch so ganz Camus' algerischer Lebenserfahrung angehörte, ins Zentrum der Bewußtseinsprobleme traf, denen sich wache, gesellschaftlich engagierte Menschen in Frankreich nach dem faschistischen Überfall ausgesetzt sahen. War aber nicht der koloniale Status Algeriens – wenn auch in weniger offenkundiger Weise – ähnlich wie die faschistische Okkupation dazu angetan, bei diesen Menschen ein lebhaftes Gefühl der Hilflosigkeit, des krassen Auseinanderfalls von individuellem Wollen und gesellschaftlicher Entwicklung hervorzurufen? Das bestätigte Edmond Charlot, wenn er die derzeitige Wirkung des „Fremden" auf sich und seinen Umkreis progressiver europäischer Intellektueller im kolonialen Algerien folgendermaßen beschreibt: „Meine erste Reaktion ist eine ungeheure Befriedigung gewesen … Alles war gesagt und treffend gesagt, in alltäglichen Worten … Wir alle haben uns ‚fremd‘ gefühlt."[25]

Die Angehörigen der französischen Intelligenz freilich, die bereits in diesen Jahren den Weg des aktiven Widerstands beschritten hatten, konnten diese zeitgebundene Botschaft des „Fremden" und vor alles des „Mythos von Sisyphos" nicht akzeptieren. So rekapituliert Pierre Daix 1957 sein damaliges Urteil (von dem er sich in der Folgezeit allerdings distanziert hat): „… ich entdeckte in diesen Büchern den Ausdruck all dessen, was danach getrachtet hatte, uns gelähmt in das Leben zu pressen, das unsere Henker uns aufzwangen."[26] Und schärfer noch André Wurmser: „Ihr Tonfall und ihre Moral stimmten mit der Mutlosigkeit, dem Ekel, dem Skeptizismus und der Hoffnungslosigkeit von Besiegten überein."[27] Nun, zugespitzte Situationen zwingen zu extremen Verhaltensweisen und Meinungsäußerungen. Daix und Wurmser entgeht damit aber das zeitbedingt emanzipatorische Element in der Revolte des Sisyphos. Denn in den Jahren 1940 bis 1942 führte die konkrete historische Situation die Masse der Franzosen zu der Ansicht, daß die nationale Geschichte durch ein statisches Terrorregime abgelöst worden sei. Da bei Annahme einer solchen Situation pragmatisches Abwägen auf die Seite der Kollaborateure, zur Zuarbeit für die faschistische Besatzung geführt hätte,[28] war schon das Sich-nicht-in-die-Umstände-Ergeben, das Bewahren einer persönlichen Denkweise und Lebenshaltung eine Verweigerung von Einverständnis, die sich unter günstigen Umständen zu aktivem Widerstand ausweiten konnte – eine Entwicklung, für die Camus selbst als Beispiel steht.

In der zweiten Jahreshälfte 1943 informiert Camus Grenier darüber, daß es ihm gelungen sei, über Portugal briefliche Verbindung zu seiner Frau aufzunehmen, und daß er seine Zelte in Le Panelier endgültig abbrechen wolle: „... ich muß Le Panelier Ende Oktober verlassen. Dann nach Paris oder in ein Sanatorium in Briançon. Briançon wäre vernünftig, aber Paris, glaube ich, wird notwendig sein."[29]

Camus' Anwesenheit in Paris war beinahe unerläßlich geworden, damit er persönliche Kontakte zu den bestimmenden Männern der Literaturszene aufrechterhalten und ausbauen, den Druck seiner Manuskripte betreiben und nunmehr auch eine feste Anstellung bei Gallimard antreten konnte. Bald nach seiner Einstellung als Lektor am 1. November 1943 wird Camus in das „comité de lecture" aufgenommen, das Entscheidungsgremium, das über den Druck aller beim Verlag vorliegenden Manuskripte befindet.

In diesem Mangelwinter 1943 lernte Camus Paris von seiner trübsten Seite kennen: Die deutsche Besatzungsmacht und die kollaborierenden französischen Politiker übten nun, da sich ihr Untergang abzuzeichnen begann, um so stärkeren Druck auf die Bevölkerung aus; Lebensmittel und Heizmaterial waren knapp, man schlug sich hungernd und frierend durch.

Doch das geistige und kulturelle Leben war nicht zum Erliegen gekommen. So war die Uraufführung von Sartres „Fliegen" ein theatralisches Ereignis von Rang; hier traf Camus zum erstenmal persönlich mit Sartre zusammen, von dem er Grenier geschrieben hatte: „Obwohl es anders aussehen mag, empfinde ich nicht viel Gemeinsames, weder mit dem Werk noch mit dem Menschen. In Anbetracht derer aber, die gegen ihn sind, muß man für ihn sein."[30] Jetzt aber, bei ständigem Aufenthalt in Paris, festigt sich bei Begegnungen im Café die Beziehung zu den heraufkommenden Größen des Existentialismus, Jean-Paul Sartre und Simone de Beauvoir. Neben der gemeinsamen Liebe zum Theater (Camus stimmte spontan zu, die männliche Hauptrolle in Sartres Stück „Hinter verschlossenen Türen" zu spielen und die Regie zu übernehmen) sieht Simone de Beauvoir in ihren Erinnerungen das Verbindende so: „Seine Jugend, seine Unabhängigkeit brachten uns einander näher. Wir hatten unsere Persönlichkeit ohne jede Bindung an eine Schule geformt, als Einzelgänger. Wir besaßen kein Heim und auch nicht das, was man ein Milieu nennt. Wie wir war Camus vom Individualismus zum Engagement übergegangen."[31] Hier vereinnahmt Simone de Beauvoir Camus etwas vorschnell für den eigenen angestrebten Weg; die Entwicklung im politischen Denken und literarischen Schaffen Camus' war wohl kaum auf einen solchen Nenner zu bringen. Richtig aber ist, daß sich Camus und Sartre durch ähnlich gerichtete originelle Leistungen miteinander verbunden fühlen mußten, während ihnen beiden – und besonders Camus in seinem festen Anstellungsverhältnis – die Autoritätsansprüche der bei Gallimard versammelten literarischen Größen lästig fielen.

Im Kampf bei „Combat"[32]

Noch aus Le Panelier hatte Camus an Grenier geschrieben: „Ich glaube, daß man uns eine Götterdämmerung im Bayreuther Stil bereiten wird. Aber leider sitzen wir nicht im Zuschauerraum, wir werden die Darsteller sein. Jetzt weiß ich, was das ist: das Vaterland. Aber um das zu erkennen, mußte ich leiden. Das gereicht mir nicht zur Ehre."[33] Die Kriegsjahre in Le Panelier hatte Camus, gebunden durch seine Krankheit und auch durch die Konzentration auf sein Werk, in wacher Ablehnung und schließlich in heller Empörung über die faschistischen Verbrechen zugebracht. „… ich erinnere mich sehr gut an den Tag", so schreibt er später, „an dem die Woge der Empörung in mir ihren Höhepunkt erreicht hat. Das war an einem Morgen in Lyon, und ich las in der Zeitung von der Hinrichtung Gabriel Péris."[34] [Die Hinrichtung des Résistance-Schriftstellers Péri fand am 19. Dezember 1941 statt – B. S.] Dieser „Woge der Empörung" gemäß zu handeln vermochte Camus jedoch vorerst noch nicht – er war gesundheitlich gehandicapt, isoliert, ohne Verbindung zu Gleichgesinnten. 1942 registriert er vorerst die materielle Verelendung der Bevölkerung: „Am Bahnhof verzehrt eine eilige Völkerschar, ohne zu murren, eine abscheuliche Nahrung … Ein zur Verzweiflung treibendes, stummes Leben, das ganz Frankreich wartend erträgt"[35], und weist die Pétain-Doktrin der „Rückkehr" kritisch ab: „Zurück zum Mittelalter, zum einfachen Denken, zur Scholle, zur Religion, zum Arsenal der alten Lösungen. Um diesen Linderungsmitteln einen Schimmer von Wirksamkeit zuzuerkennen, müßten wir so tun, als seien unsere Kenntnisse nicht mehr vorhanden – als hätten wir nichts gelernt – kurz, vorgeben, auszulöschen, was unauslöschbar ist."[36] Dann erreicht ihn auch das unwiderlegliche Wissen um faschistische Greueltaten: „Die beiden jungen Polen, die als Vierzehnjährige gezwungen werden, ihr Haus in Brand zu stecken, in dem sich ihre Eltern befinden. Von vierzehn bis siebzehn Buchenwald. – Die Concierge des Hauses …, in dem die Gestapo sich … eingerichtet hat. Vormittags verrichtet sie inmitten der Gefolterten die Hausarbeiten. ‚Ich kümmere mich nie darum, was meine Mieter machen.' … – Die Deportierte X. hat bei der Befreiung eine Tätowierung: sie diente der SS des Lagers ein Jahr lang als …"[37]

Mit solchem Wissen kann Camus nicht mehr ruhig leben, wie er das auf eine spätere Anfrage über die Motive seines Widerstands erklärt: „Das ist eine Frage, die für eine gewisse Anzahl von Menschen, zu denen ich gehöre, keinen Sinn hat. Ich konnte nirgendwo anders sein, das ist alles. Es schien mir und es scheint mir noch immer so, daß man nicht auf seiten der Konzentrationslager stehen kann."[38]

Möglichkeiten gezielten Handelns zeichnen sich um 1943

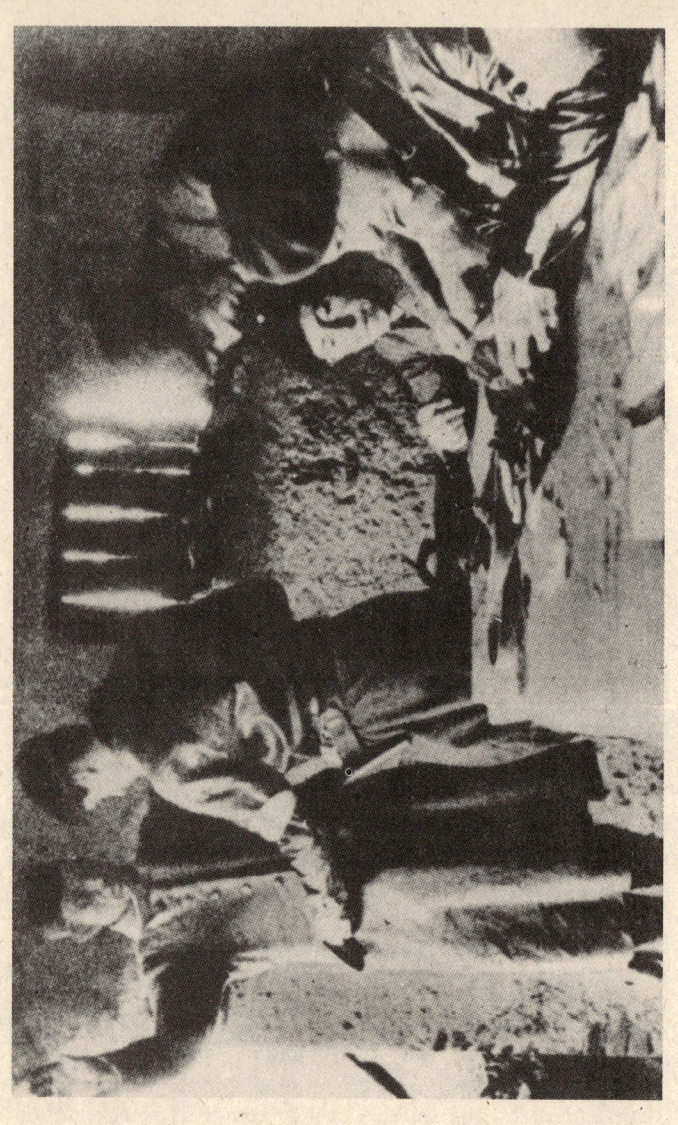

Die Arbeit im Widerstand

Abfahrt zum Arbeitsdienst nach Deutschland

mehr und mehr ab. Hatte sich die Mehrheit der Franzosen während der ersten Okkupationsjahre hoffnungslos und gelähmt in das nationale Fiasko ergeben, so setzte 1943, mit der Niederlage der faschistischen Truppen bei Stalingrad, ein grundsätzlicher Gesinnungswandel ein: „Es gibt die Résistance – also ist sie möglich"[39] – mit diesem nun auftauchenden Schlagwort wurde die Résistance ins allgemeine Bewußtsein aufgenommen. Drastische Zwangsmaßnahmen wie die Massendeportationen der Juden ab 1942 und die Einführung des obligatorischen Arbeitsdienstes ab 1943 wendeten die öffentliche Meinung mit letzter Entschiedenheit gegen die deutschen Okkupanten.

Lyon, die nächste große Stadt, die Camus von Le Panelier aus erreichen konnte, war dank ihres hohen Bevölkerungsanteils an Arbeitern, dank der unübersichtlichen, engen Straßen sowie der Nähe zur Schweiz das Widerstandszentrum des Südens – Camus nannte Lyon „diese große und

Sabotageakt französischer Widerstandskämpfer

düstere Stadt der Verschwörung"[40]. Dort traf er Pascal Pia und durch ihn die Schriftsteller und Résistants Francis Ponge und René Leynaud. Pia war Chefredakteur der Widerstandszeitung „Combat" und nahm Camus vermutlich schon in Lyon zu einer Versammlung des Mitarbeiterstabs der Zeitung mit. Die Redaktion verlagerte sich jetzt allmählich nach Paris, in die der Befreiung entgegendrängende Hauptstadt, während die Druckerei in Lyon verblieb. Als Camus im Herbst 1943 in Paris eintraf, nahm er an einer der

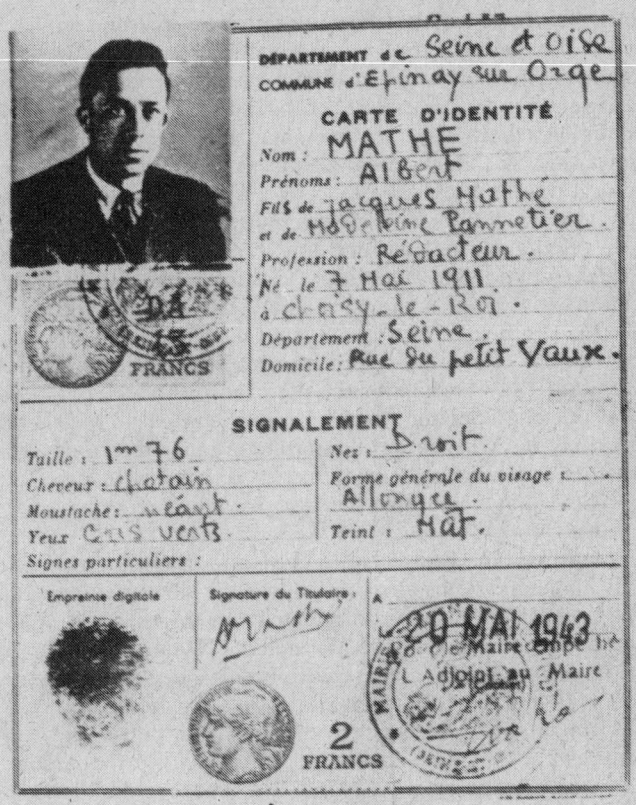

Der falsche Ausweis Camus' in der Zeit der Illegalität

ersten Pariser Redaktionsberatungen des illegalen „Combat"
– in einer Pförtnerloge – teil, erklärte sich unter Berufung
auf „das bißchen Journalismus", das er schon gemacht habe,
bereit, auch jede andere Aufgabe zu übernehmen, die sich
als nützlich erweisen könne, und wählte einen Deckna-
men.[41] Nun war Camus Tag und Nacht beschäftigt – offiziell als Lektor bei Gallimard und illegal sehr bald als Verantwortlicher der Zeitung. Denn als Pia mit anderen
Aufgaben betraut wurde, wählte die „Combat"-Redaktion
Camus einstimmig zu dessen Vertreter. Camus war für die
Vorbereitung des technischen Herstellungsverfahrens verantwortlich, eine Aufgabe von ständig wachsendem Umfang. Die Zeitung, die zuerst monatlich, im Zeitraum von
Camus' Mitarbeit schon zweimal im Monat erschien, war
anfangs maschinengeschrieben, dann hektographiert und
schließlich gedruckt – auf zwei, manchmal vier Blättern von
der Größe von Buchseiten. Camus machte Mitarbeiter ausfindig, wählte die für die Zeitung bedeutsamen Informationen aus, brachte sie in die rechte Form, verfaßte Überschriften, erledigte den Umbruch und hielt die Beziehung zur
Druckerei und dem Verteilersystem aufrecht – sämtlich Arbeiten, von deren mehr oder weniger exakter Ausführung
die Risiken beim Druck abhingen. Ohne jede Autoreneitel-
keit diente Camus hier dem sachlichen Anliegen – er bearbeitete die Informationen, die über BBC oder andere
ausländische Sender nach Frankreich gelangten, und
überließ das Wort in den Leitartikeln den Führern des bewaffneten Widerstandskampfes. Er selbst hat in der Zeit
der Illegalität nur einige wenige Artikel in „Combat" veröffentlicht.
Diese freiwillige Ein-, wenn nicht Unterordnung ergab sich
für Camus mit Selbstverständlichkeit aus dem geistigen Niveau und den bereits erworbenen Verdiensten in der Résistance, durch die sich die Männer der Widerstandsgruppe
„Combat" auszeichneten: Henri Frenay, der Leiter, hatte
schon 1940 nicht kollaborationsbereite Angehörige des Bür-
gertums in einer „Bewegung zur nationalen Befreiung" versammelt, aus der bald darauf die Widerstandsgruppe „Combat" hervorgegangen war. Noch im Dezember des gleichen
Jahres erschien die erste Nummer der gleichnamigen Zeitung mit dem „Aufruf": „Frankreich ist im Begriff, seinen

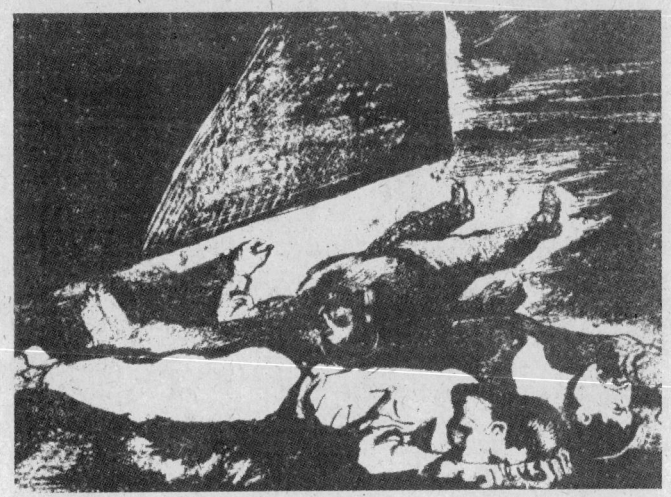

„Marschall, hier sind wir": aus dem Band „Sieg", herausgegeben von der Nationalen Front der Maler zugunsten der französischen Partisanen, Juni 1944

Körper und seine Seele zu verlieren ... Die Zeitung ‚Combat' ruft die Franzosen zum Kampf. Sie fordert sie auf, sich zu vereinigen, um den Geist der Unterwerfung zu besiegen und den Ruf zu den Waffen vorzubereiten. Wir werden unseren Kampf in erster Linie gegen Deutschland führen, aber auch gegen jeden, der sich mit Deutschland verbünden wird und sich so, bewußt oder unbewußt, in unserem Unglück zu seinem Gehilfen macht. Die Zeitung ruft besonders die Arbeiter und Bauern auf, die die Niederlage schwerer als jeden anderen betroffen hat und deren gesunder Menschenverstand und Widerstandswille das beste Unterpfand der Rettung sind."[42] Als Henri Frenay 1943 nach London ging, übernahm die Führung der Gruppe Claude Bourdet, der im Frühjahr 1944 nach Buchenwald deportiert und später befreit wurde. Die mit Camus bereits befreundeten Schriftsteller Francis Ponge und René Leynaud standen der Zeitung nahe. Leynaud wurde 1944 von den Deutschen hingerichtet – eine Drohung, die über jedem Mitarbeiter der Zeitung schwebte. Im Mai 1944 setzte eine massive

„Combat" Nr. 1

Verfolgungswelle gegen die „Combat"-Gruppe ein, von der Camus nach der Befreiung in einem Entlastungsschreiben für seinen Chef Gaston Gallimard folgendermaßen spricht: „1943 und 1944 war mein Büro im Verlagshaus immer Treffpunkt der Mitglieder der Gruppe ‚Combat', die mit mir in Verbindung standen ... Da mich die Familie Gallimard in einem kritischen Moment im Mai 1944, als die Pariser ‚Combat'-Gruppe verfolgt wurde, beherbergt und beständig geschützt hat, muß ich ihr hier meine Treue und

Liste erschossener Geiseln (September 1941)

meine Achtung zum Ausdruck bringen."[43] Noch im Juni,
ganz kurz vor der Befreiung, wurde André Bollier, ein für
den Druck der Zeitung verantwortlicher junger Mann von
dreiundzwanzig Jahren, der mit allem Wagemut und Ein-
fallsreichtum Material für die ständig steigenden Auflagen
herbeigeschafft und diese nach einem findigen System im
ganzen Land verteilt hatte, in den Druckereiräumen gestellt
und nach zäher Gegenwehr erschossen.

Obwohl die faschistischen Besatzer den Widerstand und
auch die Widerstandspresse mit allen Mitteln unterdrückten, wuchs mit dem immer klareren Konfrontationsbewußt-
sein und der zunehmenden Hoffnung auf Befreiung deren
Einfluß und Anhängerschaft in der französischen Bevölkerung. So stieg die Auflage von „Combat" von 1943 bis 1944
von 40000 auf 300000 Exemplare.

Camus' Arbeit für „Combat" fällt also in die bewegteste und
aussichtsreichste, allerdings auch gefahrvollste Entwick-
lungsphase der Zeitung. Eine Mitarbeiterin von „Combat",
Jacqueline Bernard, die wie Bourdet gefangengenommen
und deportiert wurde, bestätigt „… eine Reihe von Kon-
taktaufnahmen und Versammlungen, in denen Albert Camus eine entscheidende Rolle gespielt hat zu einem Zeitpunkt, da jedes Treffen und jede Initiative schwere

Gefahren in sich barg …"[44]. Zeugnis davon legen auch die im illegalen „Combat" veröffentlichten Artikel Camus' ab, mit denen er vor allem den einheitlichen Widerstand ganz Frankreichs dem faschistischen Okkupanten gegenüber unterstreicht („Dem totalen Krieg totalen Widerstand") und angesichts der Fülle des Grauens den Wert eines jeden geopferten Menschenlebens hervorhebt („Drei Stunden lang wurden Franzosen erschossen").[45]

Camus selbst hat seine Leistung für die Résistance stets ungleich geringer veranschlagt als den bewaffneten Widerstandskampf. Für ihn ist die Résistance die große Lehrmeisterin, die auch seinem schriftstellerischen Handwerk die entscheidende Wende gegeben hat: „… wenn die Schriftsteller nicht viel für die Résistance getan haben, so werden wir im Gegenteil sagen, … daß die Résistance viel für sie getan hat: Sie hat sie über den Preis der Worte belehrt … Wenn man sein Leben, und sei dies auch ein geringer Einsatz, riskiert, um einen Artikel drucken zu lassen, so lernt man das wahre Gewicht der Worte kennen."[46]

Die „Briefe an einen deutschen Freund"

Diese vier fiktiven Briefe hat Camus im letzten Okkupationsjahr für die Widerstandspresse geschrieben; sie wurden aber zum Teil erst nach der Befreiung veröffentlicht. Sie sind René Leynaud gewidmet, dem Freund, dem christlichen Dichter und Widerstandskämpfer, über dessen Erschießung Camus schreiben wird: „So hat mich in den dreißig Jahren meines Lebens niemals eines Menschen Tod erschüttert."[47]

Gerichtet sind diese Briefe an einen jungen Deutschen, einen nunmehrigen Faschisten, in dem Camus früher einen geistigen Partner gesehen hat und den er nun als Feind betrachten muß. Mit dieser Positionsbestimmung von einst und jetzt stellt Camus vor allem seine eigene geistig-moralische Entwicklung, in der ein großer Umbruch – oder besser: eine große Entscheidung – stattgefunden hat, dar: Einst, als dies alles nur theoretische Spekulation war, war sich Camus mit dem jungen Deutschen darin einig gewesen, daß die Welt sinnlos sei, die traditionellen Wertsetzun-

II. - TEMOIGNAGES

Lettre à un Allemand qui fut mon ami

Vous me disiez : « La grandeur de mon pays n'a pas de prix. Tout est bon qui la consomme. Et dans un monde où plus rien n'a de sens, ceux qui, comme nous, jeunes Allemands, ont la chance d'en trouver un au destin de leur nation doivent tout lui sacrifier ». Je vous aimais alors, mais c'est là que déjà je me séparais de vous. « Non, vous disais-je, je ne puis croire qu'il faille tout asservir au but que l'on poursuit. Il est des moyens qui ne s'excusent pas. Et je voudrais pouvoir aimer mon pays tout en aimant la justice. Je ne veux pas pour lui n'importe quelle grandeur, fût-ce celle du sang et du mensonge. C'est en faisant vivre la justice que je veux le faire vivre. » Vous m'avez dit : « Allons, vous n'aimez pas votre pays. »

Il y a cinq ans de cela, nous sommes séparés depuis ce temps et je puis dire qu'il n'est pas un jour de ces longues années (si brèves, si fulgurantes pour vous) où je n'ai eu votre phrase à l'esprit. « Vous n'aimez pas votre pays ! » Quand je pense aujourd'hui à ces mots, j'ai dans la gorge quelque chose qui se serre. Non je ne l'aimais pas, si ce n'est pas aimer que de dénoncer ce qui n'est pas juste dans ce que nous aimons, si ce n'est pas aimer que d'exiger que l'être aimé s'égale à la plus belle image que nous avons de lui. Il y a cinq ans de cela, beaucoup d'hommes pensaient comme moi en France. Quelques-uns parmi eux pourtant se sont déjà trouvés devant les douze petits yeux noirs du destin allemand. Et ces hommes qui selon vous n'aimaient pas leur pays ont plus fait pour lui que vous n'en ferez jamais pour le vôtre, même s'il vous était possible de donner cent fois votre vie pour lui. Car ils ont eu à se vaincre d'abord et c'est leur héroïsme. Mais je parle ici de deux sortes de grandeur et d'une contradiction sur laquelle je vous dois de vous éclairer.

Nous nous reverrons bientôt si cela est possible. Mais alors, notre amitié sera finie. Vous serez plein de votre défaite et vous n'aurez pas honte de votre ancienne victoire, la regrettant plutôt de toutes vos forces écrasées. Aujourd'hui, je suis encore près de vous par l'esprit, votre ennemi il est vrai mais encore un peu votre ami puisque je vous livre ici toute ma pensée. Demain, ce sera fini. Ce que votre victoire n'aura pu entamer, mon autre défaite l'achèvera. Mais du moins, avant que nous fassions l'épreuve de l'indifférence, je veux vous laisser une idée claire de ce que ni la paix ni la guerre ne vous ont appris à connaître dans le destin de mon pays.

Je veux vous dire tout de suite quelle sorte de grandeur nous met en marche. Mais c'est vous dire quel est le courage que nous applaudissons et qui n'est pas le vôtre. Car c'est peu de chose que de savoir courir au feu quand on s'y prépare depuis toujours et quand la course vous est plus naturelle que la pensée. C'est beaucoup au contraire que d'avancer vers la torture et vers la mort, quand on

Einer der „Briefe an einen deutschen Freund", abgedruckt in der illegalen „Revue libre" vom Februar 1944

René Leynaud

gen hohl, das menschliche Leben elend. Camus spürt nun, daß diese gemeinsame nihilistische Denkvoraussetzung die faschistische Konsequenz latent in sich trägt; ihr aber wirkt bei ihm eine in der Kindheit, durch sein familiäres Milieu angelegte, nicht korrumpierbare moralische Kraft entgegen. Nun treibt die zugespitzte historische Situation – nicht zu vergessen freilich auch ihre jeweilige nationale Bindung – den einstigen deutschen Freund und ihn zu gegensätzlichen Haltungen: „Sie waren so überzeugt von der Ungerechtigkeit unseres Seins, daß Sie sich entschlossen, dazu beizutragen, während mir im Gegenteil schien, der Mensch müsse auf Gerechtigkeit pochen, um gegen die ewige Ungerechtigkeit zu kämpfen, Glück schaffen, um sich gegen die Welt des Unglücks aufzulehnen."[48] Camus meint, daß nihilistisches Denken als Grundbestand faschistischer Ideologie

120

auch die Hauptursache des Faschismus sei; da er nun das ungeheure Ausmaß davon verursachten menschlichen Leids erlebt, drängt ihn diese Erfahrung zu einer ganz entschiedenen, nicht unbedingt logischen, aber ehrenhaften Gegenposition: Es gibt einen unbedingten, nicht mehr zu befragenden Wert – das menschliche Leben. „Ich glaube weiterhin, daß unserer Welt kein tieferer Sinn innewohnt. Aber ich weiß, daß etwas in ihr Sinn hat, und das ist der Mensch, denn er ist das einzige Wesen, das Sinn fordert. Diese Welt besitzt zumindest die Wahrheit des Menschen …"[49] Von dieser Wahrheit kann man nur konkret sprechen, und Camus tut dies mit der Geschichte von der letzten Fahrt einer Gruppe zum Tode Verurteilter, auf der ein Sechzehnjähriger entfliehen kann; der Junge wird aber wieder eingefangen, da der begleitende Geistliche die Bewacher alarmiert. Der Geistliche hatte einen Moment die Wahl, aber er hat sich auf die Seite derer geschlagen, die im Namen des faschistischen Prinzips Menschen töten. – Der Inhalt dieses Prinzips, der einzige absolute Wert, den die faschistische Ideologie setzt, ist nach Camus das Vaterland. Einst habe ihm der deutsche Freund gesagt, wer seinem Vaterland nicht alles opfere, der liebe es nicht; dieser Vorwurf habe in ihm gebohrt, als er sich lange Jahre, im Angesicht des deutschen Angreifers noch, nach der moralischen Berechtigung zur bewaffneten Gegenwehr, nach dem Recht, mit dem man das vom Gegner aufgezwungene Gesetz der Gewalt annehme, gefragt habe. Erst der Opfergang des französischen Volkes habe ihn von diesem Recht überzeugt; die moralische Überlegenheit, die sich in diesen Skrupeln äußere, in dem Zwang, die Sache des Vaterlands mit der der Gerechtigkeit zu verbinden, garantiere den künftigen Sieg über den Angreifer.
Diese Begründung des Abwartens mag für Camus zutreffen, nicht aber für jeden Franzosen, der erst nach zwei bis drei Kriegsjahren Widerstand leistete – ganz abgesehen davon, daß Camus die Gründe für Widerstand, Abwarten, ja für den faschistischen Überfall selbst ganz ausschließlich im Geistig-Moralischen sucht und sieht. Ob er damit über die beanspruchte Allgemeingültigkeit verfügt – er spricht nicht von sich persönlich, sondern von „uns", spricht als ein fiktiver Repräsentant des bewaffneten Widerstandskampfes –,

ist fraglich; Erklärungen fordert das „Wir" und „Ihr", unter denen Camus in diesen Briefen die Seite der Résistants und die Seite der faschistischen Angreifer faßt. „Ich stelle zwei Haltungen gegenüber, nicht zwei Völker, selbst wenn in einem bestimmten Augenblick der Geschichte diese beiden Völker zwei feindliche Haltungen verkörpert haben", schreibt Camus in einem späteren Vorwort zu den „Briefen", und: „Wenn der Verfasser dieser Briefe ‚ihr' sagt, meint er nicht ‚ihr Deutschen', sondern ‚ihr Nazis'. Wenn er ‚wir' sagt, heißt das nicht immer ‚wir Franzosen', sondern ‚wir freien Europäer'."[50] In einem der Briefe erklärt Camus dementsprechend, daß die Franzosen nicht allein ihr Land gegen den deutschen Angreifer verteidigten, sondern ganz Europa, da sie und die Faschisten eine konträre Vorstellung von dessen Zukunft hätten. Die Faschisten wünschten sich Europa als erbeutetes und dann auszubeutendes Eigentum; für die „Wir"-Seite hingegen verkörpere Europa eine geistige und kulturelle Tradition, die es zu bewahren und fortzuführen gelte.

In diesen vier Briefen steht viel persönlich Wahres und Wichtiges; das Wichtigste an ihnen ist die nunmehr gewonnene Überzeugung Camus', daß menschliches Leben ein absoluter, konkreter, gegen jedes ideologische Prinzip, jede Theorie zu verteidigender Wert ist. Camus gibt diese humanistische Entscheidung oft als eine zwangsläufig aus der Negation entstehende aus; tatsächlich bedeutet sie einen Bruch in seinem Denken – einen Bruch, den Camus redlicherweise auf sich nimmt, obwohl er ihn in Argumentations- und Schaffensschwierigkeiten bringt. „Stellen wir uns einen Denker vor", notiert er Ende 1942, „der mehrere Werke veröffentlicht hat und plötzlich in einem neuen Buch erklärt: ‚Ich habe bisher eine falsche Richtung verfolgt. Ich werde ganz von vorn beginnen. Ich bin jetzt der Ansicht, daß ich unrecht hatte'; kein Mensch würde ihn mehr ernst nehmen. Und doch bewiese er gerade damit, daß er des Denkens würdig ist."[51]

Die „Briefe", die Camus als Aufriß der ideellen Disposition „freier Europäer" verstanden wissen will, sind vor allem ein Zeugnis seiner persönlichen Entwicklung. Aus dieser Diskrepanz entstehen allerlei Vagheiten und Vermessenheiten in Vokabular und Aussage; dies auch durch die ausschließlich geistig-moralische Begründung solch komplex motivierter historischer Erscheinungen wie Faschismus, Kollaboration und Widerstand.

Eine unveräußerliche persönliche Grunderfahrung spielt auch in die düstere Thematik der „Briefe" noch hinein: „Landschaft", „Frühling", „Erde", „Glück", „der Gesang der Vögel in der Abendfrische", „die Erinnerung an ein glückliches Meer", „das Lächeln eines teuren Gesichts" werden als Gegengewicht zur faschistischen Barberei, ja als Unterpfand des Sieges angeführt. Damit wird die Glückserfahrung, so real sie für Camus immer ist und bleibt, überanstrengt; auch zeichnet sich hier schon sein Trugschluß ab, nach „fünf Jahren Geschichte" (das heißt opferreicher und leidvoller Auseinandersetzung mit einer feindlichen Macht) wieder zu einem unberührt gebliebenen Glück zurückkehren zu können. – Von einem anderen, belasteteren Glück aber ist in den „Briefen" auch die Rede: der „bittere(n) Freude … in Einklang mit uns selbst zu kämpfen"[52]. Von dem gefahrvollen und gefährdeten Glück, nicht taktieren und differenzieren zu müssen, sondern sich eindeutig auf eine Seite schlagen zu können, den moralischen Impuls – wie Camus es versteht – historische Wirklichkeit werden zu lassen, wird er in der Folgezeit sehnsüchtig sprechen: „… die diesen Kampf aufgenommen haben, werden sich immer nach der Zeit zurücksehnen, da man sich ganz, ohne innere Zerrissenheit, in die Schlacht werfen konnte …"[53]

Das Pariser Bühnendebüt

Da die deutschen Besatzer daran interessiert waren, einen möglichst regen Kulturbetrieb in Paris aufrechtzuerhalten, ließen sie auch dem Theater wohlwollende Billigung zuteil werden. Ob sie sich damit stets im Rahmen wohlverstandener Wahrnehmung ihrer Interessen bewegten, ist zweifelhaft – die Aufführung eines Stückes wie Sartres „Fliegen", das unverhüllt zur Überwindung von Furcht und Schicksalsergebenheit auffordert, scheint über diesen Rahmen weit hinauszugehen.

Mit unsicherem, zwiespältigem Gefühl muß die Besatzungsmacht auch das erste Stück Camus' aufgenommen haben, mit dem er vor das Pariser Publikum trat: „Das Mißverständnis", zusammen mit „Caligula" 1944 auch bei Gallimard im Druck erschienen; „Das Mißverständnis" gelangte, obwohl später entstanden als „Caligula", noch in den letzten Monaten der Besatzungszeit zur Aufführung. Wenn Camus darin auch, weniger aktivistisch als Sartre, keine oder nur eine sehr gebrochene Aufforderung zum Widerstand anbringt, so zeigt er doch eindringlich, wie lebensvernichtendes Unheil am Werke ist – die naheliegenden Assoziationen konnten nicht ins Konzept der Okkupanten passen.

Durch die Verschiebung in der Reihenfolge der Aufführungen wurde die geistige Physiognomie Camus' für das Pariser Publikum ein wenig verwischt; in „Caligula" nämlich, nicht in „Das Mißverständnis", tritt die Grundproblematik im Denken Camus' und – mit den Veränderungen der 1945 gespielten Fassung – die entscheidende Entwicklung darin zutage.

Bereits in den frühen, postum erschienenen Prosatexten Camus' taucht unter dem Titel „Vor der Toten" und „Verlust des geliebten Wesens" die Situation auf, die Caligulas Bewußtseinstragödie auslöst: Die Geliebte ist gestorben und mit ihr das Gefühl persönlicher Sicherheit, die Gewißheit über den eigenen Platz in der Welt. Unbeschränkte Disponibilität ist die gleichzeitig niederschmetternde und befreiende Einsicht, mit der es nun zu leben gilt. Diese Grundsituation drängte Camus zu dramatischer Gestaltung; nachdem er die zwölf Kaiserbiographien des römischen Geschichtsschreibers Sueton gelesen hatte, wollte er für sein „Théâtre de l'Equipe" ein Caligula-Drama schreiben und darin selbst die Hauptrolle übernehmen. Dieser „Caligula" trug noch den Titel „Der Spieler" (Le Joueur). Der Kriegsausbruch machte die Aufführung zunichte; die Gestalt Caligulas aber ließ Camus beinahe zeitlebens nicht los. Auf eine zweite, maschinenschriftlich erhaltene Fassung aus dem Jahre 1941 folgte die gedruckte von 1944, an der Camus für die Ausgaben von 1947 und 1958 wiederum einige Modifikationen vornahm. Die entscheidenden Veränderungen liegen aber zwischen den frühen Fassungen, deren eine, die von 1941, mittlerweile zugänglich geworden ist,[54] und der 1944 publizierten. Denn in diesen Zeitraum fällt Camus' bitter erworbene Erfahrung, daß menschliches Leben kein Gegenstand intellektueller Spekulation, kein Gegenstand selbstherrlichen Experimentierens werden darf, sondern ein absoluter, unter allen Umständen zu verteidigender Wert ist. Das Erlebnis von Faschismus, Okkupation und Krieg hatte, wie bereits gesagt, diese Wende in Camus' Anschauungen bewirkt; in der Entwicklungsgeschichte des Dramas „Caligula" schlägt sie sich mit einmaliger Deutlichkeit nieder.

Der durchgängig beibehaltene Handlungsverlauf ist der: Durch den Tod der Schwester und Geliebten wird Caligula mit der Ohnmacht des Menschen vor schicksalhaften Eingriffen in sein Leben, mit der Unsicherheit jedes menschlichen Lebensplans konfrontiert. Sein idealistischer Absolutheitsanspruch läßt sich mit dieser Erfahrung nicht vereinbaren: Wenn das Leben nicht immer und durchaus sinnvoll und gut sein kann, dann, so schlußfolgert Caligula, soll es durchaus und immer unsicher, sinnlos und böse werden. Dies durchzusetzen, hat er als Kaiser die Möglichkeit und Macht. Er richtet ein Terrorregime auf, läßt die Menschen, der Unlogik des Schicksals entsprechend, wahllos sterben. In der frühen Fassung tut Caligula das mit einer Begründung, die ganz und gar der geistigen Welt Camus' entstammt: „… von dieser Stunde an lebtet Ihr alle als zum Tode Verurteilte, als meine mir teuersten und ausgeliefertsten Kinder."[55] Camus hegte damals eine starke, keineswegs verheimlichte Sympathie für seine Gestalt – kleiner anekdotischer Beweis dessen: die beiden Katzen im „Haus vor der Welt" nannte er „Cali" und „Gula". Er war von Nietzsche fasziniert, insbesondere der Schrift „Die Geburt der Tragödie oder Griechentum und Pessimismus", in der das pessimistische Weltverhältnis nicht als negatives, sondern als schöpferisch-überquellendes dargestellt ist. So verstand auch er, Camus, Caligula wohl als eine Geißel, als eine gleichsam lehrreiche und heilsame aber, da sie die Menschen zum Denken zwinge, ihnen den Sinn des Lebens bewußtmache. Dieser Sympathie entsprechend sind die Figuren Caligulas und seiner vier Mit- oder Gegenspieler in der frühen Fassung gestaltet und motiviert: Sie alle sind mit Altersangaben versehen, nach denen keine der interessanten, lebensmutigen Gestalten älter als dreißig ist; alle stehen sie

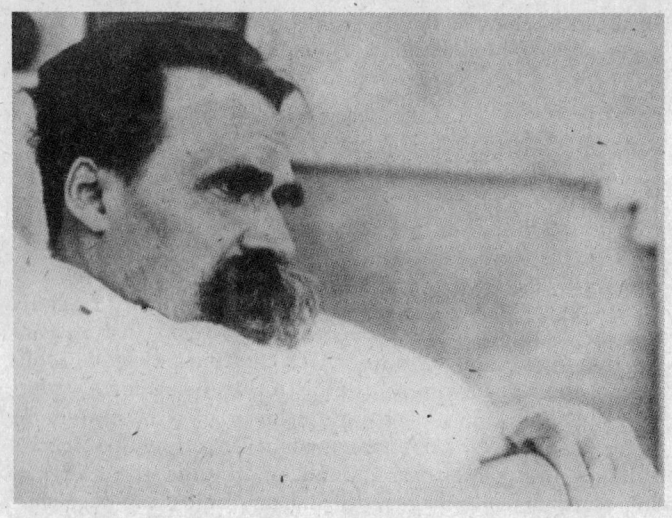

Foto von Nietzsche im späteren Pariser Arbeitszimmer Camus'

stark auf seiten Caligulas: bevor dieser noch die Bühne be-
tritt, erfährt man aus ihren Gesprächen, welche Liebe,
Dankbarkeit und Sorge sie Caligula entgegenbringen. Caligulas Wende zum Bösen, hier mit seinem starken Gefühl
für die tote Geliebte motiviert, fordert eigentlich keinen
seiner bedeutsamen Gegenspieler zum Widerstand heraus:
Scipion, ein junger Dichter, begreift Caligula nur zu gut;
Helicon, in der späteren Fassung ein freigelassener Sklave,
der Caligulas Zerstörungswut in plebejischem Ressentiment
bejaht, ist hier noch eine blasse Gestalt ohne die provozie-
rende Sicht von unten; Caesonia, Caligulas ältere Geliebte,
bleibt dem Kaiser innig verbunden und spielt sein Spiel
mit; Cherea, von Caligula „Literat" genannt, erklärt: „Wenn
ich die Macht hätte, würde ich handeln wie er ..."[56] Nur aus
Machtlosigkeit und Neid schließt sich Cherea der Gegenseite, den jämmerlichen, verängstigten alten Senatoren,
an. – Weitaus mehr Sorgfalt hat Camus in der frühen Fassung auf die Darstellung von Caligulas sexuellen Libertina-
gen gelegt – noch war der jugendliche Hang zum Schockie-
ren nicht vom Ernst der Tatsachen eingeholt worden.
Nach vier Jahren faschistischer Besatzung, nach täglichem

Umgang mit einer menschenvernichtenden Scheinlogik und der persönlichen Erfahrung im Widerstand mußte Camus' Urteil über seinen Helden, aber auch über sein großes Vorbild von einst, Nietzsche, anders ausfallen. Zwar hat Camus nie eine platte Parallele zwischen Nietzsche, Caligula und dem Faschismus hergestellt – dies zu tun, hätte eine unzulässige Idealisierung des Faschismus bedeutet. Aber Nietzsche gegenüber, dem er eigener Aussage nach „einen Teil dessen" verdankt, was er ist,[57] geht Camus jetzt auf Distanz; er erkennt die gefährliche Ausschlachtbarkeit des Nietzscheschen Denkens durch die Faschisten, so daß er später sagen wird: „Gibt es in seinem Werk nichts, das im Sinne des endgültigen Mordes benützt werden könnte? ... Könnten die Mörder, falls sie den Geist zugunsten des Buchstabens verleugneten ..., in ihm ihre Vorwände finden? Das muß man bejahen."[58]

Auch seinem Helden Caligula gegenüber sieht sich Camus zu einer entschiedenen kritischen Wendung gezwungen. Dazu muß er vor allem die Argumentation der Gegenseite, Chereas, verstärken – was ihm, so wie das Stück nun einmal angelegt ist, nur bedingt gelingen kann. Denn noch immer ist Caligulas Vorgehensweise als zwingend vorausgesetzt. Cherea, nunmehr von persönlicher Lauterkeit und hoher Intelligenz, muß dessen Motive anerkennen; nichtsdestoweniger sagt er ihnen entschlossen den Kampf an, weil sie nicht mit dem Leben zu vereinbaren sind. Die wichtigste Änderung ist, daß Camus Caligula selbst am Ausgang des Dramas seine tödliche Logik mit den Worten verurteilen läßt: „Ich habe nicht den Weg eingeschlagen, den ich hätte einschlagen sollen, ich gelange nirgendwohin. Meine Freiheit ist nicht die richtige."[59]

So ist der „Caligula" von 1944 ein gedanklich uneinheitliches Stück. Das war auch Camus bewußt, der nach der Fertigstellung dieser Fassung an Grenier schrieb: „,Caligula' ist nicht so gut, ich weiß es. Ich glaube, das rührt von dem Unterschied zwischen einem 1938 geplanten und geschriebenen Stück und einem anderen, fünf Jahre später ausgeführten, her."[60]

Bei der Kritik fand das Stück bei seiner Pariser Erstaufführung im September 1945 wenig Gnade. Die Kritiker waren unsicher, pendelten zwischen der moralischen Beurteilung des Helden und dem Urteil über die dramatischen Qualitäten des Stückes hin und her. In einem Punkt aber war man sich einig: Der junge Hauptdarsteller, der dreiundzwanzigjährige Gérard Philipe, hatte in dieser „pièce d'acteur", diesem „Schauspielerstück", eine einzigartige Bewährungsprobe gefunden und glänzend bestanden. Ihm war es zu großen Teilen zu danken, daß mit der Aufführung von „Caligula" das gelungen war, was „Das

Camus und Gérard Philipe am Tag der Premiere von „Caligula"

Mißverständnis" nicht vermocht hatte: bei allen Unsicherheiten und Vorurteilen doch einen Verständnisbogen zwischen dem Publikum und dem geistigen Universum Camus' zu schlagen.

Mit extrem unterschiedlichen Urteilen bedachte übrigens die deutsche Kritik „Caligula", als das Stück 1947 in Stuttgart und Wuppertal aufgeführt wurde; dabei standen kaum die theatralischen Qualitäten des Werkes, wohl aber die geistig-moralische Physiognomie des Helden zur Debatte. Hier war unzweifelhaft nationale Betroffenheit im Spiel; ob das Stück befürwortet oder abgelehnt wurde, hing davon ab, ob sich der Kritiker zu der Parallele Caligula – Hitler verstand oder nicht. So er diese Parallele ablehnte, konnte er das Stück als Äußerung des „Freimuts des Geistes" bezeichnen, der „nicht dasselbe (ist) wie der Sklavenaufstand des Ungeistes hier"[61] oder gar als „eine Revolution ..., die aus der geistigen Situation unserer Zeit, aus dem Aufschrei der verratenen modernen Menschen geboren ist"[62]. Wenn aber, wie dies Herbert Ihering ausdrücklich tut, Caligula mit Hitler gleichgesetzt wird, dann wirkt die partielle Identifikation des Autors mit seinem Helden so provozierend, daß Ihering von „einer dichterischen Wollust und einem geistigen Masochismus ohnegleichen" spricht, mit dem die moderne französische Literatur den Faschismus gestalte.[63] In diesen extremen Urteilen spiegelt sich vor allem die Sorge, die ein Kritiker ausdrücklich mit diesem Stück in Zusammenhang bringt: daß nämlich die Deutschen es sich nicht mehr leisten können, sich noch einmal derart der Faszination des Bösen auszusetzen.

Zweifelhaft, wie diese Faszination war, verhalf sie doch, im Zusammenspiel mit der Ausstrahlungskraft des Hauptdarstellers, dem Stück zu allgemeiner Beachtung. Die hatte sich Camus' „Mißverständnis" bei der Uraufführung im Juni 1944 nicht verschaffen können. Die Inszenierung des experimentierfreudigen, hochintelligenten Regisseurs Marcel Herrand im Théâtre des Mathurins wurde ein eklatanter Mißerfolg; das Publikum bekundete schon während der Aufführung lautstark sein amüsiertes Mißfallen. Beeinflußt von den noch machtbefugten Kollaborateuren, die ihre Tage freilich gezählt wußten, war das Publikum alles andere als gutwillig – zumal einem Autor gegenüber, dessen Geg-

Camus am Abend der Generalprobe zu „Das Mißverständnis". (Die Widmung gilt Paul Oettly, der die Rolle des stummen Dieners spielte.)

nerschaft zum Faschismus allgemein bekannt war. Simone de Beauvoir beschreibt in ihren Memoiren diese feindliche Stimmung bei der Generalprobe: „Wir ärgerten uns nur über die Schadenfreude der Kritiker. Sie wußten, auf welcher Seite Camus stand, und sie unterstrichen mit Geblök die Schwächen des Textes."[64]

Hinzu kam jedoch, daß auch gutwillige, mit dem Denken Camus' vertrautere Zuschauer wie Sartre und Simone de Beauvoir nichts mit dem Stück anzufangen wußten. Denn was wurde hier gezeigt? Ein vor Jahrzehnten ausgewanderter und in einem sonnigen Land reich gewordener Sohn kehrt nach Böhmen zu Mutter und Schwester zurück, die sich als Herbergswirte durch Ermordung ihrer wenigen Gäste den Weg in ein freudvolles, sonniges Leben bahnen wollen. Der Sohn gibt sich aus einer Laune heraus nicht zu erkennen, so daß das Rad des Schicksals auch ihn erfaßt. Nachdem Mutter und Schwester ihn wie seine Vorgänger im Fluß ertränkt haben, stellen sie seine Identität fest, woraufhin sich beide Frauen das Leben nehmen.

Dieser episodische Vorwurf war bereits in „Der Fremde" aufgetaucht, nun will Camus aus ihm etwas machen, was er die „tragédie en veston", die „im Jackett gespielte Tragödie" nennt, die Vorführung des Einbruchs mythischer Gewalten in unser gegenwärtiges Dasein.

Die Tschechoslowakei war das Land, in dem Camus auf seinen ersten Auslandsreisen am stärksten das Gefühl des Eingeschlossenseins in sich selbst unter einem kalten nördlichen Himmel erfahren hatte. Camus neigt immer dazu, Örtlichkeiten mit den Empfindungen gleichzusetzen, die ihn an diesen Orten angewandelt haben; so wird die Tschechoslowakei für ihn zum Synonym für Einsamkeit, und als Titel des Stücks erscheint in den ersten Entwürfen der Name der südböhmischen Stadt Budějovice. Auch weiterhin spielt Camus' Aufenthaltsort für den Grundton des Stückes die entscheidende Rolle. Später schreibt er dazu erklärend: „,Das Mißverständnis' ist 1941, im okkupierten Frankreich, geschrieben worden. Ich lebte damals … im Gebirge im Innern Frankreichs. Diese historische und geographische Lage mag die Art von Klaustrophobie hinreichend erklären, an der ich damals litt und die sich in diesem Stück widerspiegelt."[65] Diese persönliche Erfahrung will Camus für seinen hohen Anspruch produktiv machen: „... ‚Das Mißverständnis‘ als Versuch, die moderne Tragödie zu schaffen"[66], so wie er für sein späteres Stück „Der Belagerungszustand" erklärt: „Es war mein erklärtes Ziel, das Theater den psychologischen Spekulationen zu entreißen und auf unseren säuselnden Bühnen die großen Schreie widerhallen zu lassen, die heute Menschenmassen niederbeugen oder befreien."[67] Das wollte Camus, und das gelang ihm nicht – weder mit „Der Belagerungszustand", dessen Aufführung im Jahre 1948 sein offenkundigster Mißerfolg als Bühnenautor wurde, noch mit „Das Mißverständnis". Da: der episodische Vorwurf ihn anders lenkt, als er will, bemerkt Camus schon bei der Arbeit am „Mißverständnis"; an Grenier schreibt er: „Ich habe mir vorgenommen, mit ‚Das Mißverständnis‘ eine moderne Tragödie zu schaffen. Es gibt etwas Tragisches, das uns eigen ist, und dennoch mache ich keine Tragödie darüber, denn meistens übernimmt man die Rahmenhandlungen und Legenden der Alten ... es ist sehr schwierig, die ‚im Jackett gespielte Tragödie‘ zu schreiben. Ich habe versucht, es zu tun, aber es gibt so viele Gefahren ... – vor allem, was den Ton anlangt, nicht zu stark, nicht zu schwach, Distanz ohne Lächerlichkeit. Ich bin nicht sicher, daß mir das gelungen ist."[68] Daß die Gefahr der Lächerlichkeit naheliegt, bemerkt Camus also selbst; im Tagebuch schreibt er gelegentlich von der *Komödie* über den ausgewanderten Sohn.[69] Sein Anspruch und Verlangen, eine „moderne Tragödie" zu schaffen, ist aber stärker und stülpt sich über den unangemessen kleinen episodischen Vorwurf; das führt zu ambitiösen, symbolgeladenen Dialogen, die schicksalsträchtige Verwicklungen andeuten, wo doch nur ein banales Verbrechen ins Werk gesetzt wird (dessen Verlauf und Ausgang übrigens jeder voraussehen kann). Die Dramengestalten, auf denen der ungerechtfertigte Größenanspruch Camus' lastet, erscheinen starr, leblos, wie versteinert.

Bei der Uraufführung von „Das Mißverständnis" kam nur die darstellerische Intensität der jungen Spanierin María Casarès halbwegs gegen diese Diskrepanz an – ihr, die die Rolle der Schwester spielte, hörte das Publikum zumindest zu, während die Repliken der anderen Akteure von Lachen und Mißfallensbekundungen übertönt wurden. Camus schrieb drei Monate später – das Stück wurde nach der Befreiung von Paris natürlich mit mehr Erfolg weitergespielt – im „Figaro" über María Casarès: „Ich persönlich habe bei Gelegenheit dieses Stückes die größte Freude erlebt, die es für einen Autor gibt: seine Sprache getragen zu hören von der Stimme und Seele einer wunderbaren Schauspielerin, so klingend, wie man es sich erträumt hat. Diese Freude, die ich María Casarès verdanke, genügte mir ganz und gar."[70] Die Proben zu dem Stück hatten Camus mit der

María Casarès und Camus bei den Proben zu „Das Mißverständnis"

jungen Schauspielerin zusammengeführt, und jeder war für den anderen eine Entdeckung. Im Falle Camus', der sein Privatleben mit größter Diskretion behandelt hat, sprechen nur solch indirekte Äußerungen und die Persönlichkeit von María Casarès dafür: Sie lebte als Tochter des spanischen republikanischen Premierministers im Exil, hatte als Krankenschwester an den Anfängen des Bürgerkriegs teilgenommen und war jetzt eine überaus erfolgversprechende, junge und schöne Schauspielerin. Anders im Fall von María Casarès: Sie hat nach dem Tode von Camus' Ehefrau Lebenserinnerungen veröffentlicht,[71] in denen sie sich zu ihrer langjährigen und starken Bindung an Camus bekennt. Camus hat María Casarès bei seinen Freunden, bei der Pariser Kultur-Elite eingeführt, hat ihr von seinen geheimsten Sorgen, der Familie in Algier, seiner Krankheit, seiner Zugehörigkeit zu einem Widerstandsnetz gesprochen – in das sie daraufhin ebenfalls aufgenommen werden wollte. Sie haben 1944 eine große Zeit gegenseitiger Liebe, Achtung, Hilfe erlebt – in der beidseitigen Übereinkunft, daß sie sich bei Kriegsende, wenn Camus' Frau nach Frankreich kommen kann, trennen werden. Camus habe allerdings auch den Plan erwogen, mit María Casarès nach Mexiko zu gehen. In dieser Zeit findet sich in Camus' Notizbuch die Eintragung: „Eine Liebe kann nur aus Gründen konserviert werden, die nichts mit der Liebe zu tun haben. Aus moralischen Gründen zum Beispiel."[72] Die Trennung fand statt – und war nur eine vorübergehende, wie sich später erwies. Aber schon zu diesem Zeitpunkt wußte María Casarès, „daß ich, was immer geschähe, dem Menschen zugewandt bleiben würde, der in mir den Sinn für das wahre Leben zu wecken verstanden hat"[73].

„Die Pest"

Mit diesem Werk ist Camus als literarischer Chronist der Résistance in die Literaturgeschichte eingegangen. Als die Chronik 1947 erschien, hatte sie einen solchen Publikumserfolg, daß sie von einem renommierten Wörterbuch kurz darauf als Beispiel zur Bedeutungserklärung der Wortneubildung „best-seller" angeführt wurde.[74]

134

Notizen, Überlegungen, Episoden zu einem Buch dieses Titels und Themas fanden sich schon in Camus' Tagebüchern aus der algerischen Zeit; damals aber verstand er die Pest noch, ebenso wie Caligula, als heilsames Übel, da es die Menschen denken lehre. Die grundsätzliche Veränderung, die das Kriegserlebnis darin bei ihm bewirkt hat, stellt Camus in seinen Notizen aus Le Panelier so dar: „Natürlich wissen wir, daß die Pest ihr Gutes hat, daß sie die Augen öffnet, zum Nachdenken zwingt ... Aber ... Gleichgültig, welche Größe einzelne ihr abgewinnen, muß einer angesichts der Not unserer Brüder ein Irrer, ein Verbrecher oder ein Feigling sein, um die Pest zu bejahen, und ihr gegenüber ist die einzige Parole des Menschen die Auflehnung."[75]

Die meisten Notizen zu der „Pest" und ein großer Teil der Arbeit an dem Roman fallen in die Zeit der Abgeschiedenheit in Le Panelier; der zweite Weltkrieg und der schwere Eingriff in das persönliche Geschick, den die Besetzung Frankreichs für Camus darstellt, verleihen dem Pestsymbol und den von der Pest bedingten Daseinsformen – Exil, Trennung, Eingeschlossensein – nun endgültig und entschieden negativen Gehalt und damit die Bedeutungsgewalt, die sie für Camus und seine Leserschaft bindend und verpflichtend machen.

„Pest. Man kann sich nicht am Gezwitscher der Vögel in der abendlichen Kühle erfreuen – nicht an der Welt, wie sie ist ... Es gibt keinen Morgen ohne Agonien mehr, keinen Abend ohne Gefängnis, keinen Mittag ohne fürchterliche Gemetzel."[76] So schreibt Camus 1942 in sein Notizbuch. Das mahnt an Brechts „finstere Zeiten", „wo / Ein Gespräch über Bäume fast ein Verbrechen ist"[77]. Auch für Camus hatte sich die Welt verdunkelt, so verdunkelt, daß sich ihm das große Glücksmoment seiner Jugend, die Natur, verschloß und daß es ihn nach einem Bild verlangte, das die völlig gewandelte Lebenssituation zu fassen erlaubte. „Ich will mit der Pest das Ersticken ausdrücken, an dem wir alle gelitten haben, und die Atmosphäre der Bedrohung und des Verbanntseins, in der wir gelebt haben. Ich will zugleich diese Deutung auf das Dasein überhaupt ausdehnen. Die Pest wird das Bild jener Menschen wiedergeben, denen in diesem Krieg das Nachdenken zufiel, das Schweigen – und auch das seelische Leiden."[78]

Als Camus 1941 in Oran jüdische Kinder unterrichtete, brach in Algérien eine Typhusepidemie aus, von der diese Stadt anfangs am stärksten heimgesucht wurde. Dieses Vorkommnis lieferte Camus vermutlich einen Teil des empirischen Materials über das Verhalten von Behörden und Einwohnern in Katastrophenfällen. Bemerkenswert ist freilich, daß in einem algerischen Film, „Die Chronik der flammenden Jahre", gezeigt wird, wie Franzosen damals in Rot-Kreuz-Fahrzeugen die vom Typhus heimgesuchten Städte verlassen konnten, während Algerier gewaltsam an diesem Schritt gehindert wurden – ein Selektionsverfahren, von dem bei Camus nicht die Rede ist. – Doch nicht nur wegen der in Oran erlebten Typhuswelle bot sich diese Stadt als Pestschauplatz an. Durch den längeren Aufenthalt in ihren Mauern war Camus mit der Topographie der Stadt vertraut geworden. Damals hatte er ein Erzählstück, „Minotaurus" (Le Minotaure ou la halte d'Oran), verfaßt, dessen Titel er in einem Brief an Grenier erklärt: „Die Einsamkeit, die man in Oran findet, können Sie sich nicht vorstellen. Das ist ein glühendes, fahlrotes Labyrinth. An jeder Straßenbiegung stoßen die Einwohner von Oran auf ihren Minotaurus: die Langeweile."[79] Die Menschen hätten hier das Kunststück zuwege gebracht, die Schönheit der algerischen Natur durch Zweckbauten zu zerstören; „Oran, du Chicago unseres absurden Europa!"[80] seufzt Camus in seinem Tagebuch. In der Erzählung stellt er Oran teilweise freundlicher dar, aber dennoch heißt es: „Oran ist eine große gelbe Rundmauer, von einem harten Himmel überdacht."[81] Das beschwört schon den Zustand des Isoliert- und Eingeschlossenseins herauf, der die Bewohner unter der Geißel der Pest quälen wird.

In Vorbereitung der „Pest"-Chronik studierte Camus historisches und medizinisches Material über Pestepidemien; er stellte, so schrieb er an Grenier, „eine ganz seriöse historische und medizinische Dokumentation" zusammen, „weil man darin ‚Aufhänger' findet"[82]. Hinweise für die literarische Behandlung des Stoffs entnahm er Defoes „Die Pest zu London" und Manzonis „Die Verlobten". Das eindrucksvollste literarische Vorbild war für ihn Melvilles „Moby Dick"; in Kapitän Ahabs hartnäckiger Verfolgung des Weißen Wals sah Camus, wie er später schrieb, „eine der er-

Ansicht von Oran vom Meer aus

schütterndsten Mythen über den Kampf des Menschen gegen das Böse und über die unausweichliche Logik, mit der
sich der Mensch zuerst gegen die Schöpfung und den
Schöpfer wendet, dann gegen seinesgleichen und gegen
sich selbst."[83]

1943 hat Camus eine erste, nicht veröffentlichte Fassung
der Chronik fertiggestellt. In ihr spielt die autobiographisch
angelegte Gestalt eines Lehrers die entscheidende Rolle.
Dieser Lehrer leidet an einer unglücklichen Liebe und
nimmt sich schließlich das Leben – ein Geschick von individueller Tragik, wie es Camus in der späteren Fassung, da
alles Geschehen von der Pest diktiert wird, nicht mehr
brauchen kann. Denn Camus hat die Überzeugung gewonnen: „Die kollektiven Leidenschaften gewinnen die Oberhand über die individuellen Leidenschaften. Die Menschen
haben das Lieben verlernt. Was sie heutzutage interessiert,
ist Conditio humana und nicht mehr die Einzelschick-
sale."[84] So wird die Gestalt des Lehrers fallengelassen, einige ihrer Züge aber auf die Figuren übertragen, die der
Pest aktiv entgegentreten. Diese Haltung konnte Camus
nach seinem Eintritt in die Widerstandsbewegung, auch mit
dem allmählich absehbaren Ende von Krieg und Besetzung
immer stärker als die einzig redliche und sinnvolle heraus-
stellen. Hatte er 1942 als den entscheidenden Fortschritt

zwischen dem „Fremden" und der „Pest" die Erkenntnis hervorgehoben, daß die Pest zeige, „daß das Absurde einen *nichts lehrt*"[85], so wird jetzt immer deutlicher, *was* die Pest lehrt: die Notwendigkeit unablässigen, gefaßten Widerstands all den Entstellungen und dem Leid menschlicher Existenz gegenüber – nicht in der Hoffnung auf definitiven Erfolg, auf Sieg, sondern in der täglichen Verteidigung und Wahrung menschlicher Würde. Camus nennt das in einer seiner paradoxen Formulierungen „dem Leiden, und sei es mit dem Eingeständnis seiner Unannehmbarkeit, einen Sinn zu geben"[86]. Indem Camus die eigene – und damit die allgemeine – Situation tiefer durchdachte und annahm, indem er ihr „einen Sinn zu geben" suchte, nahm auch die „Pest"-Chronik überschaubarere, tief begründete Gestalt an. Die Fünfteilung des Werkes mit Aufstieg, Höhepunkt und Abfall, die Geschlossenheit der Geschehensvorgabe entspricht dem klassischen Drama; dies ist Camus' Bekenntnis zu Disziplin, zu Maß und Zurückhaltung selbst noch im Chaos. Hinter diesem Bekenntnis steht das künstlerische Ziel einer „Ästhetik der Revolte", eines „neuen Klassizismus": „Wenn die Klassik durch die Beherrschung der Leidenschaften gekennzeichnet wird, ist diejenige Epoche klassisch, deren Kunst die Leidenschaften der Zeitgenossen in Formen und Formeln kleidet. Heute überwiegen die kollektiven Leidenschaften über die individuellen, es handelt sich nicht länger darum, die Liebe durch die Kunst zu beherrschen, sondern die Politik ..."[87]

„Vom Standpunkt einer neuen Klassik aus sollte ,Die Pest' der erste Versuch sein, eine kollektive Leidenschaft zu gestalten."[88] Camus erlebt nun die Schwierigkeiten, auf die er bei einer solchen Gestaltungsabsicht trifft, und ringt mit ihnen: „Aber wieviel schwieriger ist die Aufgabe – 1. weil die kollektive Leidenschaft die ganze Zeit des Künstlers aufzehrt, wenn es stimmt, daß nur erlebte Leidenschaften formuliert werden können; 2. weil die Wahrscheinlichkeit des Todes dabei größer ist – und auch weil die einzige Art, die kollektive Leidenschaft zu erleben, in der Bereitschaft besteht, dafür zu sterben. Hier ist also die größte Wahrscheinlichkeit der Echtheit zugleich die größte Wahrscheinlichkeit des Scheiterns für die Kunst. Deshalb ist diese Art Klassik vielleicht nicht möglich."[89] Aus diesem Zweifel an

der Möglichkeit wird im Werk ein produktives Spannungs-
verhältnis: Die Höhepunkte in den menschlichen Schicksa-
len, die schwersten Leiden oder auch die Bestätigungen in
Freundschaft und Brüderlichkeit verteilen sich über das gesamte Pest-Geschehen und lockern den strengen formalen
Rahmen. Freilich ist dabei immer die Pest das agierende
Element, während die von ihr Geschlagenen nur zum Reagieren, zu Folgehandlungen imstande sind. Der Hauptak-
teur der Chronik ist die Pest – schon der Titel sagt es. (Camus ging von früheren Titeln wie „Die Getrennten" oder
„Die Gefangenen" zu diesem über, zollte damit der Vor-
herrschaft der Pest über die Menschen auch in der Titel-
wahl Tribut.) Für die Schreckensherrschaft der Pest schafft
Camus große, beeindruckende Bilder, Zerstörungs- und Un-
tergangsvisionen von poetischer Wucht. Die Widerstands-
handlungen der Menschen – vielfältige, scheinbar unangemessen kleine, die nur in der Summe eine Wirkung
zeitigen können – beschreibt Camus hingegen in simplem,
bescheidenem Genauigkeitsstreben. Auch damit werden
Akzente gesetzt, Machtverhältnisse künstlerisch reflektiert
– aber nicht geblendet angenommen, nicht durch Ästheti-
sierung des Grauens akzeptiert. Denn Camus stellt gerade
die grandiose Durchhalteleistung der Menschen dar – gran-
dios angesichts der scheinbar absoluten Übermacht des
Übels –, die die Menschen nicht siegen, nicht triumphie-
ren, aber eben doch überstehen läßt.
Der erste Akt der Chronik zeigt die allmähliche Machtüber-
nahme der Pest über eine scheinbar gesunde, pulsierende
menschliche Gemeinschaft. Doch gerade daß „unsere frei-
mütige, ansprechende und arbeitsame Bevölkerung"[90], von
der der Chronist spricht, ganz absorbiert ist von ihren privaten Geschäften und Vergnügungen, daß sie alles Schmerzliche verdrängt und dem Tod keinen Gedanken widmet,
macht sie der Katastrophe gegenüber so anfällig und hilflos.
Solange sie nur irgend kann, verschließt sie die Augen vor
der widerlichen Ankündigung der Pest, einer Invasion von
blutigen, auf dem Trottoir verendenden Ratten. – Allerdings führt Camus, und dies mit vollem Anspruch auf Allgemeingültigkeit, die Bevölkerung als ein einheitliches, von
gemeinsamen Lebensregeln gelenktes Korpus vor, in dem
es keine sozialen und nationalen Unterschiede gibt. Be-

zeichnenderweise ist ganz am Anfang der Chronik einmal von den Lebensbedingungen der „arabischen Bevölkerung" die Rede; ein Journalist soll sie im Auftrag einer großen Pariser Zeitung untersuchen, und Rieux, der daraufhin befragte Arzt, bezeichnet sie als denkbar schlecht. Dieser Status wird gesetzt, im Verlauf der Epidemie wird auch hie und da erwähnt, daß die Pest in den armen, sanitär schlecht versorgten Stadtvierteln reichere Beute hält – mit dem stärkeren Ausgeliefertsein der mittellosen algerischen Bevölkerung haben sich die sozialen Differenzierungen jedoch erschöpft. Die Tatsache, daß soziale und nationale Benachteiligung auch besonders wach, aufsässig, kampflustig machen kann, hat Camus nicht berücksichtigt.

Die Gestalten, die als Träger unterschiedlicher Verhaltensweisen im nivellierenden Pest-Geschehen Profil bewahren oder annehmen, werden sämtlich schon im ersten Akt mit einer Andeutung ihrer moralischen Physiognomie vorgestellt: der Arzt Rieux, für den die gewissenhafte Berufsausübung mit der menschlichen Moralverpflichtung zusammenfällt und der so als Pestgegner par excellence auftritt. Rieux beschränkt sich bewußt auf den engen Bereich, in dem er wirksam werden kann und gewisse Erfolgsaussichten hat, physische Schmerzen zu lindern und Leben zu erhalten. Ihm begegnen Tarrou, ein seelisch schwerverletzter Mensch auf der Suche nach innerem Frieden, Rambert, ein agiler, lebensbejahender Journalist, Grand, eine naive, bescheidene Beamtenseele, und Cottard, ein Schieber mit schlechtem sozialem Gewissen. Ihre Begegnungen stehen schon im Zeichen des heraufziehenden Grauens, vor dem die Menge die Augen verschließt und das die Behörden zu bagatellisieren versuchen, bis die Stadt von dem Schicksalsspruch getroffen wird: „Pestzustand erklären, Stadt schließen."[91]

Den Auftakt des zweiten Aktes bildet wiederum eine Darstellung der allgemeinen Situation – des Aufstiegs der Pest und des Gefangenseins der Menschen in den Mauern der Stadt, das für viele eine Trennung von ihren Nächsten bedeutet. Hier greift Camus sichtlich auf die Gefühlserfahrung seines Aufenthalts in Südfrankreich unter deutscher Besatzung zurück, so wie auch die ersten Wandlungen im öffentlichen Leben – Sorglosigkeit, ja Zurschaustellen von guter Laune bei einsetzenden materiellen Restriktionen –

eine Erfahrung der ersten Besatzungsjahre gewesen sein mag. – Die Natur, der große algerische Sommer, der hereinbricht, ist zum Feind der Menschen, zum Verbündeten der Pest geworden: „Für alle unsere Mitbürger hatten dieser Sommerhimmel, diese von Staub und Langeweile weiß werdenden Straßen den gleichen bedrohlichen Sinn wie die hundert Toten, die täglich schwer auf unsere Stadt fielen … Die Sonne der Pest löschte alle Farben aus und vertrieb jede Freude."[92] Jetzt, da die Einwohner der Stadt panisch Halt suchen und leichte Beute eines eifernden Paters werden, kommt Tarrou mit Rieux ins Gespräch. Es geht dabei um die Organisation des Widerstands – nicht auf behördlich-administrativem Wege, sondern aus individuell-moralischem Antrieb. Tarrou befragt Rieux nach dem Motiv seiner bedingungslosen Aufopferung, und der antwortet, jede metaphysische Spekulation zurückweisend: „Im Augenblick gibt es Kranke, die geheilt werden müssen … Ich verteidige sie, so gut ich kann, das ist alles."[93] Und als Tarrou fragt: „Wer hat Sie das alles gelehrt, Herr Doktor?", gibt Rieux zurück: „Das Elend."[94] – Rambert, der zugereiste Journalist, der das allgemeine Leid noch nicht als sein persönliches annehmen, sondern aus der Stadt ausbrechen will, muß sich von Rieux sagen lassen, „daß diese Geschichte unsinnig ist, aber sie betrifft uns alle"[95]. Das richtet Camus an seine eigene Adresse von einst, da er noch fragen konnte: „Wo ist der Krieg?" Alle sind betroffen, und alle müssen Stellung beziehen – Rambert reiht sich in die freiwilligen Sanitätstrupps ein.

Der kurze dritte Akt zeigt die Pest in voller Herrschaft. Keiner lebt mehr sein individuelles Leben, jeder ist einbezogen in die gemeinsame Katastrophe, und wer wie Rieux im Widerstand ausharrt, sieht sich in die Rolle eines ohnmächtigen Registrators gedrängt.

Die uneingeschränkte Herrschaft der Pest dauert auch im vierten Akt noch an. Daß die Menschen dem Grauen gegenüber auf die Dauer indifferent werden, seelisch erschlaffen, macht der Pest den Sieg noch leichter. Die Darstellung eines nicht mehr lebbaren Lebens, die Erwähnung eines kargen, trostlosen Weihnachtsfestes zum Beispiel, der Gefangenschaft in Lagern, der Existenz von Massengräbern und Verbrennungsöfen gemahnt eindeutig an die faschisti-

sche Herrschaft. Um in dieser Fülle des Grauens noch einen eindringlichen, Entwicklungen auslösenden Individualfall gestalten zu können, beschreibt Camus das Sterben eines Kindes in allen Phasen der Qual. Seinem großen Vorbild Dostojewski getreu, macht er das Leid eines Unschuldigen zum Entscheidungsfall für Einwilligung in oder Empörung gegen die Schöpfung. Ein Pater, der die Katastrophe ehemals zur Zerknirschung und Unterwerfung seiner Pfarrkinder genutzt hatte und nun, nach dem Todeskampf des Kindes, selbst erschüttert und zerknirscht ist, fragt doch sich selbst und den zutiefst betroffenen Rieux: „Aber vielleicht sollen wir lieben, was wir nicht begreifen können."
Rieux weist das „mit der ganzen Kraft und Leidenschaft, deren er fähig" ist, zurück: „Nein, Pater ... Ich habe eine andere Vorstellung von der Liebe. Und ich werde mich bis in den Tod hinein weigern, die Schöpfung zu lieben, in der Kinder gemartert werden."[96] Das ist der Inhalt der Revolte, des zentralen Begriffs der „Pest" und der um dieses Werk gruppierten Schriften. Das Erleben von Faschismus und Widerstand machte eine solche Verhaltensform für Camus zwingend, wie er in einer Tagebucheintragung aus dieser Zeit sagt: „Wer die Frage nach der absurden Welt stellt, fragt: ‚Werden wir die Verzweiflung untätig hinnehmen?' Ich nehme an, daß kein ehrlicher Mensch sie mit Ja beantworten kann."[97]
Der Pater weist, als die Pest ihn erfaßt, im Vertrauen auf die Richtigkeit göttlicher Fügung medizinische Hilfe zurück. Sein einsamer Tod bildet den Kontrapunkt zu der „Stunde der Freundschaft", die sich Rieux und Tarrou endlich gestatten – denn zum Verhängnis der Pest gehört eben auch, daß sie keinen Raum für das läßt, was das Leben erst zu einem menschlichen macht: Freundschaft, Liebe, Austausch, Geöffnetsein zum Mitmenschen hin. Tarrou erzählt Rieux sein Leben, berichtet von dem Ereignis, das ihn Familie und Heimat verlassen ließ: Er hatte miterlebt, wie sein Vater in Amtsausübung einen Menschen zum Tode verurteilt hatte – die Vernichtung des Lebendigen durch ein totes, abstraktes Gesetz hatte ihn entsetzt. Seither versucht er so zu leben, daß er an diesem Mechanismus nicht teilhat, und kann dieses Ziel, das er „ein Heiliger ohne Gott zu sein" nennt, doch nie ganz erreichen. Rieux lebt einem

anderen, bescheideneren Ziel: „Ich glaube, daß ich am Heldentum und an der Heiligkeit keinen Geschmack finde. Was mich interessiert, ist, ein Mensch zu sein."[98] Doch Rieux' und Tarrous Lebenspraxis ist sehr ähnlich. Das macht sie zu Freunden, und ihre Freundschaft wird in einem gemeinsamen glücklichen Erleben der Natur besiegelt, als sie beide, endlich einmal den Mauern der Stadt entronnen, ins nächtliche Meer hinausschwimmen.

Im fünften Akt geht die Pest so, wie sie gekommen ist: unvorhersehbar. Ihre letzte Kraft beweist sie an Tarrou. Rieux bleibt mit seiner Mutter allein zurück, denn auch seine Frau ist unterdessen, ohne daß je Zeit für Liebe war, im Ausland an einem Lungenleiden gestorben. Die Menge um ihn herum feiert die Erlösung; Rieux aber weiß, daß der Sieg kein endgültiger ist, daß immer vergangenes und künftiges Leid auf den Menschen lasten wird. An solche Gewißheit erinnern auch die Worte Ehrenburgs, der in seinen Memoiren schreibt: „Die Faschisten wurden in der Tat geschlagen, aber am 9. Mai 1945 lachten wir nicht. Ich denke an jene Frau auf dem Roten Platz, die das Photo ihres an der Wolga gefallenen Sohnes herumzeigte."[99] Eines aber hat das ungeheure Leid Rieux – in dieser Aussage darf man ihn mit Camus gleichsetzen – gelehrt: „… daß es an den Menschen mehr zu bewundern als zu verachten gibt."[100]

Ein bescheidenes und großes Bekenntnis. Und bescheiden und groß ist die stilistische Haltung, in der es abgelegt wird. „Die Pest" ist eine Chronik, und über die Haltung des Chronisten hatte Camus im Hinblick auf Stendhal geschrieben: „Stendhal wird den Chronikstil wählen, den Bericht über ‚große Ereignisse'. Ins Mißverhältnis zwischen Stil und Erzähltem legt Stendhal sein Geheimnis … Verfehlt, wenn Stendhal einen pathetischen Ton angeschlagen hätte."[101] So unpathetisch spricht auch Camus oder vielmehr der, den zu sprechen er beauftragt hat – Rieux, wie sich am Ende der Chronik herausstellt. Rieux hat – das ganze Buch ist Zeugnis dafür – die „honnêteté", die Redlichkeit, zum obersten Grundsatz und Ziel seines Handelns gemacht. Im Schreiben nun läßt Camus ihn die „honnêteté" ein zweites Mal verwirklichen, um „nicht zu denen (zu) gehören, die schweigen, er wollte vielmehr für diese Pestkranken Zeugnis ablegen und wenigstens ein Zeichen zur Erinnerung an die ihnen zugefügte Ungerechtigkeit und Gewalt hinterlassen ..."[102] Dabei weiß Rieux um die Last der moralischen Verantwortung, die auf dem Schreibenden – wie auf jedem Handelnden – ruht; er zollt ihr durch behutsame Annäherung an das Auszusagende, durch Detailangaben, durch geduldiges Bemühen um Urteilsbildung Tribut. Denn wie stark muß Camus' Feststellung: „Die Tatsache, daß man schreibt, setzt eine Selbstsicherheit voraus, die mir abhanden zu kommen beginnt"[103], auf dem schreibenden Arzt lasten, der nicht mehr heilen, sondern nur noch Sterbefälle registrieren kann! Dennoch schreibt Rieux, und auch dies ist ein Akt der Revolte: Das ärztliche Ethos, das menschliche Ethos und das Ethos des Schreibenden fallen in seiner Person in eins zusammen.[104]

In Rieux, dem Chronisten, verbindet sich individuelles und kollektives Geschick. Er ist als Subjekt nicht ausgelöscht, aber auch alles andere als souverän. Er hat einen beschränkten, durch die gemeinsame Katastrophe stark beschränkten Handlungsraum, und den nutzt er zum Kampf gegen die Krankheit und zum Schreiben über sie. Das eben ist die Lebenslage – und es war ja die Camus' – aus der heraus die Literatur entsteht, die Camus im Gegensatz zu der „der Verzweiflung" als „allgemeingültige" und eigentlich einzige gelten läßt: „Eine allgemeingültige Literatur kann sich nicht bei der Verzweiflung aufhalten (übrigens ebensowenig beim Optimismus ...), sie muß ihr nur Rechnung tragen ... aus welchen Gründen die Literatur allgemeingültig ist oder nicht ist."[105]

Vielleicht trifft sich Camus mit dieser Forderung an die Literatur mit Jean Cayrol, einem von den Deutschen internierten Schriftsteller, für den Literatur nach der Erfahrung der Konzentrationslager, angesichts der Stigmata, die er – und, wie er meint, ein jeder – davongetragen hat, anders, „außerordentlich", „verwirrend" sein muß. Zumindest sieht Cayrol diese Kunst in Camus' Werk heraufkommen: „In der Tat, diese geheimnisvolle, subtile, noch verborgene Kunst kann, wenn wir weiterhin neben den Schlachthäusern aller Art ... dahinleben, die einzige von unserer fragwürdigen menschlichen Situation untrennbare Kunst werden, eine Kunst, die vielleicht ihren ersten Historiker und Sucher in dem unruhigen Albert Camus gefunden hat."[106]

General de Gaulle beim Marsch über die Champs-Elysées nach der
Befreiung von Paris im August 1944

Gratwanderungen

> *Ich versichere ... daß ich in bezug auf die Conditio*
> *humana pessimistisch bin, aber optimistisch in be-*
> *zug auf den Menschen.*
>
> *(Albert Camus, Tagebuch)*

Der freie „Combat"

In der Woche vom 18. bis 25. August 1944 befreite sich Paris in Erwartung der alliierten Truppen von der deutschen Besatzung. Die Landung der Alliierten in der Normandie im Juni des gleichen Jahres hatte dem Befreiungswillen des französischen Volkes einen starken und endgültigen Auftrieb verliehen. Überall im Lande brachen nun Widerstandsaktionen los, auf die die Okkupanten mit letzter, verzweifelter Brutalität antworteten. So geisterte auch durch Paris das Gerücht, daß die Deutschen vor ihrem Rückzug die Stadt in die Luft sprengen oder in Brand setzen würden – was die Bevölkerung von Paris nicht daran hinderte, sich in einem regelrechten Volksaufstand zu Befreiern ihrer Stadt zu machen und als solche die Alliierten zu empfangen. Es war eine Woche heftigster Bewegungen, widersprüchlichster Gerüchte, angstvollen Wartens, schwerer Verluste auch – in der „Schlacht um Paris" fielen noch einmal an die 1 500 Menschen –, bevor die Deutschen die Stadt in ziemlicher Anarchie in Richtung Norden verließen. Am 25. August zog de Gaulle mit der Division Leclerc in Paris ein, und sein Gang über die Champs-Elysées wurde zu einem triumphalen Befreiungsfest für die Bevölkerung von Paris. Simone de Beauvoir schreibt in ihren Memoiren über diesen historischen Moment: „De Gaulle war zu Fuß, inmitten eines Schwarms von Polizisten, Soldaten, abenteuerlich ausstaffierten Mitgliedern der F. F. I., die sich unter gefaßt hatten und lachten. In die ungeheure Menge eingekeilt, bejubelten wir nicht eine Militärparade, sondern prächtiges, kunterbuntes Volksfest."[1]
Noch während die Deutschen Paris räumten, hatten die Männer der Widerstandspresse in dem wuchtigen bäude in der Rue Réaumur eingerichtet, in dem vier

Die erste legale Ausgabe des „Combat" vom 21. August 1944

lang das Kollaborationsblatt „Pariser Zeitung" hergestellt
worden war. Die Mannschaft des „Combat" endeckte in ihren Büroräumen noch Kisten mit Handgranaten und von
den Deutschen hinterlassene Papiervorräte, von denen
„Combat" eine gute Weile zehren konnte. Man schlief auf
Zeitungsstapeln, nährte sich von den zurückgelassenen Eß-
vorräten und stellte schon am 19. August die erste nicht-

illegale Nummer der Zeitung fertig, die am 21. August erschien. Es war dies die Nummer 59 des vierten Jahrgangs – die „Combat"-Equipe bekannte sich mit dieser Zählung ausdrücklich zu ihrer illegalen Tradition. In einem kurzen Artikel, „Die Empfehlungen der Zeitung Combat", wurde die illegale Geschichte der Zeitung umrissen, wurde der toten und deportierten Mitarbeiter gedacht und aus dieser Tradition die gegenwärtige Verpflichtung abgeleitet. Die Artikel der Zeitung erschienen vorerst wie in der Illegalität anonym (obwohl es ein offenes Geheimnis war, daß die Leitartikel meist aus der Feder Camus' stammten) – man wollte damit jedes Konkurrenzdenken, jede journalistische Eitelkeit im Keime ersticken. Die erste Nummer war innerhalb einer Stunde verkauft. Schon der bloße Tatbestand, daß „Combat" nun öffentlich gekauft und gelesen werden durfte, war, ganz zu schweigen vom Inhalt, für die Bevölkerung von Paris ein Triumph.

Den Titel seines Leitartikels, „Von der Résistance zur Revolution", schlug Camus als generelle Devise für den freien „Combat" vor. Camus appelliert an seine Leser, die Erfahrungen der Résistance in die künftige gesellschaftliche Entwicklung hinüberzuretten. In „gemeinsamer Anstrengung" soll das nunmehr gewonnene „höhere Wissen", das „Intelligenz, Mut und die Wahrheit des menschlichen Herzens … über alles" stellt,[2] Realität werden. Und dies in einer Revolution, deren konkreter Inhalt in der künftigen Folge der Artikel noch zu bestimmen sein werde, deren Ziel aber „eine wahre Volks- und Arbeiterdemokratie"[3] sein soll. Mit dem immer wieder beschwörend verwendeten Personalpronomen „Wir" setzt Camus zwischen sich, der „Combat"-Equipe und den Lesern eine Interessengemeinschaft voraus, die in einer Richtung wirken soll: in Richtung einer grundsätzlichen Wandlung in der moralischen Lebenseinstellung, einer „neuen Moralität", einer Lebensorientierung nicht an Dingen, an Besitz, an Macht, sondern an menschlicher Gemeinsamkeit, gegenseitiger Fürsorge, Solidarität und Opfermut. Dafür, daß diese neue Lebensorientierung Wirklichkeit werde, daß sich, wie es in Camus' Ausdrucksweise heißt, „die Moral mit der Politik verbinde", schien ihm der historische Augenblick einmalig geeignet, und er beschwor seine Leser, diesen entscheidenden Moment zu

Vor dem Gebäude des „Combat", Rue Réaumur

nutzen. Denn wenn eine solche neue menschliche – und damit auch gesellschaftliche – Entwicklung eingeschlagen werde, dann sei der Tod der Kameraden im Widerstand gerechtfertigt und erhalte einen Sinn; wenn man aber unter das Diktat des Geldes zurückfalle, dann seien nicht nur die Kameraden umsonst gestorben, sondern dann sei die Entwicklung der Menschheit auf lange Sicht – und vielleicht für immer – fehlgeleitet.

In diese Richtung aber lief die politische Entwicklung im Nachkriegsfrankreich. Wenn die 1944 gebildete erste Regierung de Gaulle auch noch Vertreter aller Strömungen der inneren und äußeren Résistance – also auch Kommunisten – vereinte, wenn die durch Kollaboration belastete Großbourgeoisie vorerst noch zurückhaltend um die Wiedererlangung von Besitz und Machtpositionen taktieren mußte – um die Durchsetzung der wirtschaftlichen Bestimmungen des Résistanceprogramms entbrannte bereits wieder der Kampf. Der wesentliche Inhalt dieser Bestimmungen lag in den drei Forderungen: Enteignung der Monopole, Beseitigung der Wirtschafts- und Finanzaristokratie, Steigerung der nationalen Produktion durch Planwirtschaft. Auch zur Durchsetzung dieser Forderungen strebte die Kommunistische Partei Frankreichs, die bei den Wahlen im Herbst 1945 ein Viertel aller abgegebenen Stimmen auf sich versammeln konnte, die Vereinigung mit den Sozialisten an. Doch die Sozialisten lehnten das Angebot zur gemeinsamen Regierungsbildung ab, durch das sie und die Kommunisten die absolute Mehrheit erlangt hätten. Daraufhin konnte die Monopolbourgeoisie, auf Umwegen, unter Preisgabe ihrer am stärksten kompromittierten Handlanger und bei bedeutenden sozialen Zugeständnissen an die Volksmassen, ihre ökonomische Macht restaurieren. Der vorläufige Höhepunkt dieser restaurativen Entwicklung war der Ausschluß der Kommunisten aus der Regierung im Jahre 1947.

Der Appell, das Vermächtnis der Résistance wachzuhalten, klingt in jedem der Artikel an, die Camus in diesem Zeitraum zu vielfältigen brisanten Gegenständen schreibt: Er konstatiert unterschiedliche Zielvorstellungen bei den – westlichen – Befreiungsarmeen und der Résistance: Die Armeen der Antihitlerkoalition wollten lediglich den Krieg gewinnen, die Résistance aber könne sich nicht mit dem militärischen Sieg begnügen, sondern wolle und müsse ihn in eine Revolution überführen; er verurteilt das Schweigen des Papstes und des hohen Klerus zu den faschistischen Greueln; er bezeichnet die Atombombe, deren Abwurf er im Widerspruch zur allgemeinen Pressestimmung verurteilt, als schlimmstes und vielleicht letztes Zeugnis einer dem Menschen feindlichen „mechanischen Zivilisation"; er fordert auch dazu auf, die gesellschaftliche Erneuerung, die von der Sowjetunion ausgegangen ist, anzuerkennen und zu unterstützen. Sein persönliches Credo legt er unter anderem in einem Artikel für René Leynaud[4] und unter der Überschrift „Pessimismus und Mut"[5] ab. Leynauds Leben führt Camus als Beispiel der Überzeugung an (die er teilt), daß „kein Mensch das Wort ergreifen dürfe, ohne zuerst sein Leben einzusetzen"[6]; seine und seiner existentialistischen Freunde pessimistische Lebensauffassung verteidigt er gegen den Anwurf fatalistischen Mitläufertums, indem er auf ihrer aller praktische Widerstandsleistung hinweist. Große Aufmerksamkeit fand die Debatte über Bestrafung oder Nichtbestrafung faschistischer Kollaborateure, die Camus mit dem katholischen Schriftsteller François Mauriac in den Spalten ihrer jeweiligen Zeitungen – Mauriac schrieb im „Figaro" – austrug: Mauriac sprach sich für Vergebung, Camus hingegen für leidenschaftslose Bestrafung aus. Als Camus aber die Praxis der „épuration", der Säuberung, erfuhr, nach der faschistisches Mitläufertum bei Intellektuellen und Künstlern geahndet wurde, während man die großen Drahtzieher in Industrie und Politik in vielen Fällen ungeschoren ließ, sah er seinen Standpunkt unbestechlichen Richtertums als unhaltbar an – hier spürte er schon, daß die Ereignisse über ihn hinweggingen. Schließlich unterschrieb er das Gnadengesuch für den zum Tode verurteilten faschistischen Schriftsteller Robert Brasillach – mit dem ausdrücklichen Hinweis allerdings, daß er sich nicht für Brasillach, sondern gegen die Todesstrafe ausspreche.

Politische Überlegungen überwiegen auch in den Tagebuchaufzeichnungen dieser Zeit; dort äußern sie sich persönlicher, weniger appellierend. Auch nach diesen intimeren Aufzeichnungen war Camus von realer Hoffnung auf die Gestaltbarkeit der Zukunft getragen, äußerte er seinen

François Mauriac

Glauben an die unendliche Chance des Menschen, erinnerte er an die Verantwortlichkeit dieser Aufgabe gegenüber; seine Hoffnung richtete sich auf eine „psychologische Revolution ohnegleichen"[7]. Sein immer wieder ausgesprochenes Hauptanliegen ist die Verbindung von Freiheit – der „individuellen Leidenschaft", wie er sagt – mit Gerechtigkeit, der „kollektiven Leidenschaft". Er setzt auf die „communauté des hommes", die menschliche Gemeinschaft, die im Dialog, im gleichberechtigten Miteinander-

Sprechen, begründet und aufrechterhalten werde; den autoritären Monolog, die Lüge und das Schweigen sieht er als zerstörerisch für die Gemeinschaft an.

Camus war Chefredakteur, sein bewährter Freund und Mentor Pascal Pia Direktor des „Combat". Die Zeitung sollte die Gesinnung der Generation zum Ausdruck bringen, die in der Résistance gekämpft hatte und nun auf gesellschaftliche Veränderungen drängte. Diese Absicht wirkte sich in der täglichen journalistischen Praxis aus: Die Mitarbeiter waren jung, im praktischen Leben nicht unerfahren, ihr Umgangston war offen und herzlich; die Artikel wurden gemeinsam diskutiert und noch geraume Zeit hindurch nicht signiert, sollten also Ausdruck einer Gesinnungsgemeinschaft sein. Das Informations-, besonders aber das sprachliche Niveau der Zeitung war von unbestrittener, fast einsamer Höhe; zu ihren Mitarbeitern zählten so renommierte Gestalten des literarischen Lebens wie Sartre, Malraux, Beauvoir, etwas später Bernanos. „Combat" gewann den Ruf, das Sprachrohr der intellektuellen Elite von Paris – und das war die Gruppe um Sartre – zu sein; als solch ein intellektuelles Modeblatt trug die Zeitung auf ihre Weise zum neuerlichen Zerfall der Presseszene in elitäre und Boulevardblätter bei. Camus' Verurteilung der wiederaufblühenden Skandalpresse – wie berechtigt sie immer sein mochte – beschleunigte diese Entwicklung. Daß Camus' Haltung womöglich schon allzu rigide und selbstgefällig war, daß seine Gestalt – sicher gegen seinen Willen – die angestrebte Gemeinschaft überlagerte, ja erdrückte, läßt der Bruch mit Pascal Pia vermuten. Pia gewann den Eindruck, daß Camus ihm die undankbare organisatorische Hintergrundsarbeit zuschob, um sich selbst ungestört als Moralinstanz aufbauen zu können; da sich Pia mehr den nihilistischen Anfängen Camus' verbunden fühlte, mochte er ihm auf diesem Weg nicht unbedingt folgen. Eines ist gewiß: Durch die Leitartikel des „Combat" war Camus' Prestige ungemein gestiegen, war sein Name in aller Munde und besann sich nun ein breiteres Publikum der früheren Werke dieses Autors, die bisher nur einer schmalen literarischen Elite bekannt waren.

Im Oktober 1944 kam Francine Camus nach Paris, und das Paar konnte sein gemeinsames Leben aufnehmen. Fürs er-

Die Redaktion des „Combat"

Malraux bei einem Besuch des „Combat", September 1944

ste zog Francine mit in das Studio von Gide, der, häufig auf Reisen, Camus einen von ihm nicht bewohnten Teil seiner Wohnung zur Verfügung gestellt hatte. Die Wohnung wurde bald zum Treffpunkt diskussionsfreudiger Intellektueller, besonders der Freunde aus Algier, die in Paris Fuß gefaßt hatten. Camus, der ja die ganze Zeit hindurch sein Lungenleiden behandeln lassen mußte, fühlte sich durch seine Arbeitsverpflichtungen, den zunehmenden Ansturm der Außenwelt und die Anforderungen des Familienlebens – Francine wurde zu dieser Zeit schwanger – bald so überlastet, daß er sich Anfang 1945 von der journalistischen Arbeit zurückzog. Er widmete sich jetzt verstärkt seinen schriftstellerischen Vorhaben und wandte viel Zeit und Kraft an seine Lektoratstätigkeit bei Gallimard. Seiner gewachsenen Bedeutung entsprechend hatte man Camus dort ein eigenes Sekretariat eingerichtet, über das er den Besucher-, Brief- und Telefonverkehr abwickeln konnte. Als Erfolgsautor und Modellbild eines Résistance-Schriftstellers war er nun ein umworbener Mann; seine Fürsprache, die er besonders jungen Autoren aus Nordafrika zukommen ließ, war für Anfänger eine gewaltige Starthilfe. Camus leitete bei Gallimard die Reihe „Espoir" (Hoffnung), in der er Texte ungewöhnlicher, ihm aus verschiedenen Gründen nahestehender Autoren veröffentlichte: so des in Algerien geborenen Schriftstellers und Journalisten Jean Daniel, des Résistance-Dichters René Char, des bei „Combat" angestellten Roger Grenier, des Philosophen Brice Parain[8], der mit einem „Essay über das menschliche Elend" debütiert hatte, und der Philosophin Simone Weil[9], die Camus für ihren in die Tat umgesetzten Moralismus besonders hoch verehrte. Zehn Jahre lang erschien diese Reihe, bis die Verlagsleitung sie als ökonomischen Mißerfolg fallenließ. – Derlei Verlagsarbeit verrichtete Camus am Nachmittag – der Vormittag gehörte ungestörter schriftstellerischer Arbeit zu Hause. Eine gewisse, schwer erlangte Befriedigung über den nun gefundenen Lebensstil spricht aus einer Tagebucheintragung vom Juli 1945: „Mit dreißig Jahren sollte ein Mann sich in der Hand haben, genau Bescheid wissen über seine Mängel und seine Vorzüge, seine Grenzen kennen, sein Versagen vorhersehen – er selber sein. Und sich vor allem damit abfinden. Wir werden positiv. Alles vollbringen und

Camus unter Journalisten (zweite Reihe, dritter von links), während des Pétain-Prozesses im August 1945

allem entsagen. Sich im Natürlichen einrichten, aber ohne die Maske abzulegen. Ich habe genug kennengelernt, um auf beinahe alles verzichten zu können. Es bleibt ein tägliches, beharrliches, gewaltiges Bemühen. Das Bemühen um das Geheimnis, ohne Hoffnung, ohne Bitterkeit. Nichts mehr verneinen, da alles bejaht werden kann. Über die Zerrissenheit hinausgewachsen."[10]

Die Töne der Hoffnung, die in Camus' journalistischen Arbeiten und Tagebuchaufzeichnungen von 1944/45 anklangen, werden bald gedämpft. Den Zeitungsartikeln von 1946 nach erscheint es beinahe so, als hätten sich die schlimmen Erfahrungen der Kriegszeit, die Camus in den „Briefen an einen deutschen Freund" niedergelegt hatte, fortgesetzt, ließen nun aber auf kein Ende mehr hoffen. Vom Verlust der Zukunft ist die Rede, von irreparablen Zerstörungen, die die vergangenen Jahre den Menschen beigebracht haben, vom gegenwärtigen Zeitalter der Abstraktion und des Schreckens. Dem Menschen bleibe dennoch eine Wahl: sich in diesen Zustand zu ergeben oder seine schwachen Kräfte dagegen zu aktivieren. Und was es zu verteidigen gelte, „das ist der Dialog und die universelle Verständigung der Menschen untereinander"[11]. Camus' Schwund an Hoffnung auf eine vernünftige gesellschaftliche Entwicklung war begründet: 1946 brach Frankreich zur Wiedereroberung seiner kolonialen Herrschaft in Indochina einen Krieg vom Zaun; dieser Angriff auf ein befreiungswilliges Volk stand in augenfälligem Widerspruch zu den Prinzipien der Résistance – bot er doch sogar ehemaligen Kollaborateuren die Möglichkeit, sich im Indochinakorps zu „rehabilitieren". Das antifaschistische Bündnis der Kriegsjahre stand den politischen Absichten der USA entgegen, die auf militärischen Zusammenschluß der imperialistischen Staaten hinausliefen; der massiven amerikanischen Einflußnahme, die besonders über den ökonomischen Sektor lief, vermochte dieses Bündnis nicht standzuhalten. Auch im internationalen Maßstab war die frühere Antihitlerkoalition gesprengt; die harte Konfrontation zwischen den imperialistischen Ländern des Westens und dem sozialistischen Lager nahm Gestalt an.

In dieser Entwicklung wird Camus' Maxime der „Reinheit im Handeln" oft brüchig. Er versucht sich in vorurteilsloser

Beurteilung eines jeden Falles – und er verweigert dem Gesuch um Verhandlungsaufnahme im Indochinakrieg seine Unterschrift, während er andererseits für die Errichtung einer „europäischen Friedensbewegung" plädiert. Aus seiner Hoffnung auf eine grundsätzliche Umgestaltung der Gesellschaft ist ein ernüchtertes Bekenntnis zur bürgerlichen Demokratie geworden: „Womöglich gibt es kein gutes politisches Regime, aber das am wenigsten schlechte ist zweifellos die Demokratie."[12]

Den ökonomischen Gesetzen dieser Demokratie muß sich Camus nun auch in einer entscheidenden Frage beugen: dem Fortbestand der Zeitung „Combat". Am 3. Juni 1947 gibt er seinen Lesern bekannt, daß sich „die politische und administrative Leitung der Tageszeitung ‚Combat' heute zurückzieht, ohne daß die Zeitung selbst ihr Erscheinen einstellt"[13]. Er erklärt diesen Rückzug mit den Gesetzen des Zeitungsmarktes, nach denen nur noch Tageszeitungen mit hoher Auflage rentabel seien, und fügt vielsagend hinzu: „Ich überlasse es Ihnen, darüber nachzudenken, was ein solches ökonomisches Gesetz für die Freiheit des Geistes bedeutet."[14] Tatsächlich war „Combat", zum Zeitpunkt der Befreiung mit einer Auflage von etwa 200000 Exemplaren eine der führenden Tageszeitungen von Paris, immer mehr ins elitäre Abseits geraten. Denn die hochpolitisierte Leserschaft von 1944, die die Zeitung damals verschlungen hatte, war der politischen Verheißungen und Beschwörungen, womöglich auch der politischen Probleme selbst inzwischen müde geworden und verlangte nach alltäglicherer Kost. 1947 lagen die Verkaufsziffern von „Combat" unter 100000. Die Zeitung sei, so erklärt Camus, ein defizitäres Unternehmen geworden, ein Streik der Druckereiarbeiter habe ihre finanziellen Ressourcen aufgezehrt, und sie könne in ihrer gegenwärtigen Verfassung nicht fortbestehen. Damit aber das Personal nicht arbeitslos werde, habe man sich zur Übergabe der Zeitung an einen ihrer Gründer und früheren Mitarbeiter, Claude Bourdet, entschlossen, dessen Persönlichkeit die Aufrechterhaltung ihres unabhängigen Charakters und ihrer progressiven Gesinnung garantiere. Bourdet selbst stellte die neue Redaktion vor und versicherte: „Indem ich die Aufgabe wieder annehme, die ich am 25. März 1944 infolge des Eingreifens der Gestapo an

Pascal Pia übergeben mußte, verspreche ich den Lesern von ‚Combat‘, daß ich versuchen werde, sie nicht zu enttäuschen.“[15] Doch Camus' Rückzug von der Zeitung ließ ihr Image verfallen; Bourdet rieb sich in Kompetenzstreitigkeiten mit einem nordafrikanischen Geschäftsmann auf, der als ungenannter Geldgeber in das Unternehmen eingeschaltet worden war, und wurde schließlich von rechten Kräften, die in der „Combat“-Leitung zunehmend die Oberhand gewannen, aus der Zeitung verdrängt.

1944 hatte Camus die „Berufsehre“ des Journalisten als immerwährenden Zweifel an der Erfüllbarkeit seiner Aufgabe definiert: „Ein Journalist, der sich beim Lesen seines gedruckten Artikels nicht fragt, ob er im Recht oder im Unrecht gewesen ist, der in diesem Moment weder Zweifel noch Skrupel verspürt und der nicht an manch einem Abend daran verzweifelt, auf der Höhe dieser absurden und notwendigen Arbeit ... zu sein, ein Journalist schließlich, der sich nicht täglich selbst in Frage stellt, ist dieses Berufs nicht würdig und trägt in seinen Augen und denen seines Landes schwerste Verantwortung.“[16] Eine solche Auffassung des journalistischen Berufs verlangt Unabhängigkeit vom Kapital; diese Forderung hat Camus immer wieder gestellt – vergebens und zunehmend im Widerspruch zur tatsächlichen Entwicklung. Das Schicksal von „Combat“, der Zeitung, der Camus über Jahre hinweg so eng verbunden war, ist ein einprägsames Beispiel dafür. Aber der Verfall des unabhängigen Presse- und Verlagswesens geht weiter; 1948 schreibt Camus an Grenier: „... alle Zeitschriften brechen zusammen, eine nach der anderen, ebenso wie die Zeitungen. Auch die Verlage wanken durch die Verlustgeschäfte ... Wir nähern uns dem Schweigen ...“[17]

Bei der letzten freundschaftlichen Zusammenkunft der alten „Combat“-Mannschaft in Camus' Wohnung überreicht Camus einem jeden Mitarbeiter ein signiertes Exemplar der „Pest“, die in der kommenden Woche auf dem Buchmarkt erscheinen wird – für sie alle ist dies das erinnerungsschwere Dokument einer großen, nun zerrinnenden gemeinsamen Leistung.

Im Frühjahr des Jahres 1945 nutzte Camus die wiederge-
wonnene Freizügigkeit zu einer zweiwöchigen Reise nach
Algerien, auf der er eine Reportage schreiben, gleichzeitig
aber seine Mutter und seine algerischen Freunde wiedersehen wollte. In Algier besuchte Camus auch Gide, der dort
das Kriegsende abwartete und dem Camus bisher nie persönlich begegnet war. Nach Aussage der langjährigen Ver-
trauten Gides sei das Zusammentreffen „vorzüglich" verlaufen: „keinerlei Hemmungen, kein Mißverständnis, eine
ganz reale und ganz einfache Herzlichkeit"[18]. Am nächsten
Tag brach Camus zu einer Reise durch die Wüstenregionen
auf.

Während sich Camus in seinem Geburtsland aufhielt, kam
es zu einem tragischen, aufrüttelnden Vorkommnis in der
Geschichte des kolonisierten Algerien, das bis zum endgültigen Ausbruch des Befreiungskampfes im Jahre 1954 nach-
hallen sollte: die Aufstände in den ostalgerischen Kleinstäd-
ten Sétif und Guelma und ihre blutige Unterdrückung.
Diese Entladung kam im Mai 1945 nicht von ungefähr:
Frankreich hatte, um 1943 die allgemeine Mobilmachung in
Algerien durchzusetzen, in kleine, formelle Zugeständnisse
an die fortgeschrittensten Schichten der algerischen Bevölkerung eingewilligt. Sogleich aber präsentierten muslimi-
sche Politiker ein Reformprojekt, das für Kriegsende einen
„autonomen algerischen Staat nach Einberufung einer kon-
stituierenden Versammlung, die von der gesamten Bevölkerung Algeriens gewählt worden ist"[19], vorsah. Dieses
Projekt ging weit über die halbherzigen französischen
Reformvorstellungen hinaus und wurde von dem neuen
Gouverneur, den das „Französische Komitee zur nationalen
Befreiung" (Comité Français de Libération nationale) berufen hatte, zurückgewiesen. Hatte doch schon Anfang 1944
die „Französische Afrika-Konferenz von Brazzaville" (Conférence Africaine Française de Brazzaville), mit deren Be-
schlüssen sich das „Französische Komitee zur nationalen
Befreiung" identifizierte, als Leitgedanken künftiger Kolo-
nialpolitik festgelegt: „Die Ziele des von Frankreich in den
Kolonien vollzogenen Zivilisationswerkes schließen jede
Autonomievorstellung, jede Möglichkeit einer Entwicklung

außerhalb des französischen Machtbereiches aus; die eventuelle, selbst in weiter Ferne liegende Einrichtung von Selbstverwaltungen in den Kolonien ist auszuschließen."[20]

Im Glauben an die Lenkbarkeit seiner „nordafrikanischen Provinz" Algerien hatte sich Frankreich schon weit von der Wirklichkeit entfernt. Im März 1945 wurde von einem Kongreß algerischer Politiker Messali Hadj, der glühende Fürsprecher nationaler Autonomie, als „unangefochtener Führer des algerischen Volkes" anerkannt. Die besitzlosen Massen, durch die schwindelerregenden Preise, die unerträgliche materielle Lage radikalisiert, schlossen sich dieser politischen Vorhut willig an. Schon hielten sie die Stunde der Unabhängigkeit, die sie als Gegenleistung für ihre Unterstützung Frankreichs im Kampf gegen die deutschen Faschisten ansahen, für gekommen; da wurde Messali Hadj von der Kolonialmacht, der es in dieser prekären Situation um einen eindeutigen Machtbeweis zu tun war, deportiert. Die Algerier, zutiefst empört, forderten auf Kundgebungen und Demonstrationen ihr Recht; am 8. Mai, dem Tag des Waffenstillstands, kam es in Sétif und Guelma zu einem bewaffneten Aufstand. Die Kolonialherren rächten sich für ihre Toten nach dem faschistischen Prinzip der vielfachen Vergeltung: Der Tod von 103 Europäern wurde nach französischen Quellen mit dem Tod von 1500 Algeriern, nach algerischen Angaben aber mit 40000 bis 45000 Toten geahndet. Dieses Massaker ließ bei den Algeriern endgültig die Gewißheit entstehen, von der Frantz Fanon in „Die Verdammten dieser Erde" spricht: „Von einem bestimmten Stadium der Bewußtseinsentwicklung an verstärken die Blutbäder in den Kolonien dieses" [das nationale – B. S.] „Bewußtsein; sie machen deutlich, daß zwischen Unterdrückern und Unterdrückten keine Frage gelöst wird, es sei denn durch Gewalt."[21]

Da nun ist Camus ganz anderer Meinung – muß es aufgrund seiner persönlichen Vorgeschichte sein. Mit einer Artikelserie unter der Überschrift „Krise in Algerien" will er dazu beitragen, das, was er als Ursache der Auseinandersetzungen ansieht, zu beheben: die „unglaubliche Unwissenheit", die in der Metropole über die krisenhafte, explosive Lage in Algerien herrscht. Camus hat das Land auf einer

CRISE EN ALGERIE

par Albert CAMUS

Devant les événements qui agitent aujourd'hui l'Afrique du Nord, il convient d'éviter deux attitudes extrêmes. L'une consisterait à présenter comme tragique une situation qui est seulement sérieuse. L'autre reviendrait à ignorer les ...

„Combat" vom 13. Mai 1945

2 500 km langen Reise durchquert, ist in die unzugänglichen, armseligen Dörfer des Südens vorgedrungen und hat die Meinungen von Angehörigen verschiedenster sozialer Schichten und extrem unterschiedlicher politischer Gesinnung gehört. Demzufolge, vor allem aber auch aufgrund seiner persönlichen Bindungen und seines früheren journalistischen Engagements, hält er sich für einen verläßlichen und kompetenten Informanten. Verläßlich ist er zweifellos – er kennt sich aus in der Fülle der Fakten und Ereignisse des Koloniallandes, die in Frankreich verwirrt, vereinfacht oder verfälscht kolportiert werden und die er mit Nachdruck zurechtrückt. Er ist auch mehr als das – er ist zutiefst erschüttert von der vorgefundenen offenen Hungersnot und appelliert an seine Leser, sich diese massenhaft verhungernden Menschen leibhaftig vorzustellen. Mit solchen Äußerungen beteiligten und erschütterten Erlebens stellt er sich den ignoranten oder verlogenen offiziellen Informationen entgegen. Doch wie sehen Camus' Vorstellungen zur Abhilfe aus? Er möchte beschwichtigen, Ruhe stiften: „Den grausamsten aller Hunger stillen und diese empörten Herzen heilen …"[22] Also fordert er zur Beilegung der Hungersnot schnelle, mit größter Energie betriebene, gewaltige Getreideeinfuhren und deren gerechte Verteilung. Um die geistige Übereinkunft voranzubringen, verweist er auf die

großen arabischen Kulturtraditionen, die sich Frankreich endlich aneignen müsse; eine in der Absicht launige, tatsächlich aber sehr bedenkliche Formulierung lautet dabei: „... die Franzosen haben Algerien ein zweites Mal zu erobern." [23] Und sein politisches Losungswort „Gerechtigkeit" sieht er in etwa in dem politischen Programm von Ferhat Abbas konkretisiert, das auf eine Frankreich assoziierte algerische Republik orientiert; dieses Programm hat Camus' Unterstützung, weil es die Forderung der „reinen Nationalisten" nach einem unabhängigen algerischen Staat unterläuft.

Mit all diesen Vorstellungen will Camus die Verbindung zwischen Frankreich und Algerien verstärken, ja unlösbar machen. Daß diese Beziehung auf gewaltsamer Eroberung basiert und seitdem vom Stigma kolonialer Machtausübung geprägt ist, will er nicht wahrhaben bzw. hält er für ein ausräumbares Übel. Das grundsätzliche Unrechtsverhältnis, das der Kolonialismus bedeutet, zweifelt er hier nicht an; die Wahrheit, die er die „menschliche" nennt, ist für ihn gleichzeitig die „französische" [24]. – Daß die Getreideeinfuhren zum Beispiel nur eine akute Notmaßnahme sein können und daß sie auf Dauer die Abhängigkeit des kolonisierten Volkes verfestigen würden, dieser Einsicht war Camus in seiner früheren Artikelserie „Das Elend in der Kabylei" schon viel näher; hier ist keine Rede mehr davon. Und welche lebendigen kulturellen Traditionen soll Algerien der Kolonialmacht vermitteln, nachdem diese das Land seiner urwüchsigen Gesellschaftsstrukturen, seiner Kultur, selbst seiner Sprache beraubt hat? Welcher Art soll die Gerechtigkeit sein, die der Usurpator dem usurpierten Land gewährt? Wäre er tatsächlich gerecht, würde er sich in seiner Usurpatorenrolle aufheben; bewahrt er sie, kann er nur kleine, halbherzige Zugeständnisse im Bewußtsein seiner Machtvollkommenheit gewähren.

Die Absicht, in der Camus diese Artikel geschrieben hat, ist zweifellos rein; doch liefert er damit nur ein Beispiel für Sartres Aussage zu Reformen des Kolonialismus, daß nämlich „die reinste Absicht, wird sie in diesem Teufelskreis geboren, auf der Stelle faul wird." [25] Und wie sehr Camus in diesem Teufelskreis befangen ist, zeigt seine Charakterisierung des „Massakers von Sétif" als die Tat „ausgehungerter

Massen, aufgehetzt von einigen kriminellen Irren…"[26]. Mit solchen Worten wird immer wieder der Ausbruch der Unterdrückten aus einer unerträglichen Situation abgetan; hinter ihnen steckt der Anspruch auf Verteilung von Gut und Böse, Richtig und Falsch, Rational und Irrational nach herrschender Norm. Und diese Norm setzt auch Camus, ob er das will oder nicht, aufgrund seiner realen Lebenssituation.

Das Phänomen solchen Gespaltenseins zwischen realer Lebenssituation und subjektiv guten Absichten hat Albert Memmi, ein tunesischer Jude, der als Schriftsteller und Wissenschaftler in Frankreich lebt, in seinem „Porträt des Kolonisators"[27] als das des „Kolonisators guten Willens" mit großer Einfühlung und Erkenntnisschärfe beleuchtet. Ein Artikel Memmis mit dem Titel „Camus oder der Kolonisator guten Willens"[28] macht ausdrücklich klar, daß Camus als Anstoß und Beispielgestalt für diese theoretisch-generalisierenden Überlegungen gedient hat. Memmi spricht von der Weigerung der besten Europäer in den Kolonien, zu Kolonialisten, zu unreflektiert-brutalen Exekutoren kolonialer Macht, zu werden. Mit dieser Weigerung aber geht ein solcher „wohlmeinender Kolonisator" gegen „einen Teil seiner selbst" vor. „Denn diese Privilegien, die er halblaut aufkündigt, sind auch die seinen, auch er genießt sie."[29] Damit gerät der Kolonisator guten Willens zwischen die Lager: Er setzt sich dem Boykott der Kolonialisten aus, für die er nichts anderes als ein Verräter sein kann, vermag aber auch aufgrund seiner materiellen und familiengeschichtlichen Bindungen nicht ins Lager der kolonial Unterdrückten überzutreten. Memmi charakterisiert diese Situation so: „Da der Kolonisator der Linken über keine Macht verfügt, haben seine Beteuerungen und Versprechen keinerlei Einfluß auf das Leben der Kolonisierten. Andererseits kann er mit dem Kolonisierten nicht in einen Dialog eintreten, ihm Fragen stellen oder von ihm Zusicherungen verlangen. Er macht gemeinsame Sache mit den Unterdrückern … Kurz, alles liefert ihm den Beweis für seine Fremdheit, Einsamkeit und Wirkungslosigkeit. Er entdeckt allmählich, daß ihm nichts bleibt als zu schweigen."[30] All das soll Camus im algerischen Befreiungskampf mit voller Schärfe erfahren; es deutet sich aber schon in den Konflikten des Jahres 1945 an.

Wie jede widersprüchliche, aber ernsthaft ausgehaltene Position ist auch diese – Memmi bescheinigt das Camus ausdrücklich – „weder komisch noch verächtlich"[31]. Sie war in Camus' Fall auch mutig: Der Ignoranz französischer Kolonialpolitik und der Machtbesessenheit der Kolonialisten gegenüber stellten seine Haltung und seine Aussagen heftig angefeindete Abweichungen dar. Natürlich hat Camus auch in seinem Pariser Kreis linksintellektueller Gesinnungsfreunde und als Fürsprecher kultureller und moralischer Aufgeschlossenheit stets sein Wort für die kolonial Unterdrückten eingelegt. So nahm er mit Jean-Paul Sartre und Michel Leiris an theoretischen Debatten mit jungen schwarzen Intellektuellen teil, in denen vehement die Leistungen afrikanischer Kunst und Zivilisation und die Möglichkeiten europäischer Kulturerneuerung durch diesen Zustrom von außen erörtert wurden. In einem Artikel von 1947, „Die Ansteckung"[32], stellt Camus die Gemeinsamkeit zwischen dem faschistischen und dem kolonialistischen Überlegenheitsanspruch fest, mit dem hier wie da die Greueltaten „legitimiert" werden – im Falle des Faschismus gegenüber den Franzosen selbst, im Falle des Kolonialismus durch die Franzosen gegenüber dem algerischen oder madegassischen Volk. „Gleichheit an Recht und Würde", die die Résistance für die Europäer erkämpfen wollte, müßten nun auch den kolonisierten Völkern zugebilligt werden. Das ist – und zwangsläufig werden Gerechtigkeitsforderungen dazu – nun schon wieder eine antikolonialistische Losung; von ihr zieht sich Camus erschrocken mit der inkonsequenten Bemerkung zurück: „... es geht nicht darum, hier das Kolonialproblem zu lösen ..."[33] Gerade dieses Problem aber steht zur Lösung an, und über seine Bedeutung weiß Camus nur zu gut Bescheid: „... es ist wahr, daß das Kolonialproblem das verwickeltste der Probleme ist, die sich uns stellen ... es ist wahr, daß es die Geschichte der nächsten fünfzig Jahre bestimmt ..."[34]

Doch auch das zweite große historische Problem unseres Jahrhunderts, der Faschismus, war für Camus ein tief persönliches, das ihn nicht losließ. So nutzte er die Möglichkeit, als Kriegsberichterstatter den französisch besetzten Teil Deutschlands zu besuchen. „Für einen Mann, der die Hitler-Besatzung erlebt hat, ... behält dieses Land seinen blutigen und blinden Widerschein"[35], schreibt er über Deutschland und macht sich auf gedrückte, unter dem Haß der Völker gebeugte Menschen und auf ein verwüstetes Land gefaßt. Zu seiner Verwunderung, seinem Erschrecken beinahe trifft er auf gesunde, gut genährte Kinder, heitere Menschen, wohlbestellte Ortschaften. Er weist ausdrücklich auf das Persönliche dieser Eindrücke hin, fügt auch hinzu, daß die von ihm besuchte Gegend Deutschlands, der Südwesten, verhältnismäßig wenig vom Krieg heimgesucht worden ist. Dennoch befremdet ihn der abrupte Umschwung zu harmloser Normalität, die Fähigkeit der hiesigen Menschen, sich so schnell und willig in den neuen Verhältnissen einzurichten. Die Bilder normalen, friedfertigen Lebens und seine Leidenserfahrung mit Hitler-Deutschland klaffen rettungslos auseinander: „Es gab da zwei Welten, die ich nicht miteinander verbinden konnte ..."[36]

Amerika-Fahrt

Mitte des Jahres 1945 sah sich das Ehepaar Camus nach einer Sommerwohnung außerhalb von Paris um, damit Francine die letzten Monate der Schwangerschaft in ruhiger Umgebung verleben könne. Ein paar Wochen verbrachten sie in der Bretagne, am früheren Wohnsitz François-René de Chateaubriands; diesen großen frühromantischen Schriftsteller hat Camus hochgeschätzt und wiederholt zitiert.[37]

Am 5. September 1945 wurden die Zwillinge Jean und Catherine geboren. Das brachte harte materielle Verpflichtungen und Sorgen mit sich, zumal in dem folgenden strengen Nachkriegswinter. Im Februar 1946 schreibt Camus an Grenier: „Europa krepiert an den tausend materiellen Sorgen, die sein Herz zerreißen. Ich bin krank bis zum Erbrechen von diesem stupiden und verschreckten Leben hier. Die Hälfte des Winters habe ich damit zugebracht, meine Kinder vor der Kälte zu schützen, uns mit Nahrung zu versorgen und mich mit unsinnigen Behörden herumzuschlagen."[38] Auch Wohnung mußte wieder in Paris gefunden werden; hier half einmal mehr die Familie Gallimard, die ihnen die Wohnung mit den unverhältnismäßig hohen Räu-

Francine Camus mit Jean und Catherine

men überließ, die Camus später in der Novelle „Jonas" beschreiben wird. Wie aus Camus' Tagebuch hervorgeht,
bringt ihn die neue Verantwortung als Oberhaupt einer Familie auch in inneren Konflikt: Durch Bedürfnislosigkeit
hatte er sich bisher eine relative Freiheit, auch Gewissens-
beruhigung für sein denn doch privilegiertes Leben verschafft; kann er diese Lebensform aber auch seinen Kindern

Albert Camus im Winter 1945/46

zumuten? „Habe ich als noch freiheitsliebender Künstler
das Recht, die ... Vorteile (Geld und Ansehen) anzunehmen? Für mich wäre die Antwort einfach. Die Armut hat
mir allezeit die notwendigen Voraussetzungen geboten –
und wird sie mir auch in Zukunft bieten –, um meiner
Schuld, sofern sie vorhanden ist, wenigstens die Schmach
zu nehmen und ihr den Stolz zu erhalten. Aber darf ich
meine Kinder zur Armut zwingen, ihnen sogar die bescheidene Behaglichkeit rauben, die ich ihnen biete. Und hatte
ich unter diesen Umständen unrecht, die allereinfachsten
menschlichen Aufgaben und Pflichten auf mich zu nehmen, etwa die, Kinder zu haben. Hat man eigentlich das
Recht, Kinder in die Welt zu setzen, in die Conditio humana einzuwilligen, wenn man nicht an Gott glaubt ..."[39]
Die materiellen Sorgen zumindest konnte Camus für eine

Weile hinter sich lassen, als er im März 1946 für drei Monate nach den Vereinigten Staaten fuhr. Organisiert wurde die Reise von der Abteilung für kulturelle Verbindungen des Außenministeriums – Camus' Repräsentationswert erkannte man also schon an offizieller Stelle an. Dem Lebensstandard der unmittelbaren Nachkriegszeit entsprechend, waren die äußeren Umstände der Überfahrt wenig luxuriös. Camus ging in Le Havre an Bord eines Frachters, der den Passagieren einen winzigen Speiseraum bot und auf dem er die Kabine mit vier anderen Reisenden teilte. Auf dieser Amerika-Reise (wie auf einer zweiten, die ihn 1949 nach Südamerika führen wird) schreibt Camus ein Tagebuch, in dem er viel mehr von seinen inneren Bewegungen als in den regulären Notizbüchern preisgibt. Über die Gesellschaft an Bord, die Camus als ein Gesellschaftsmodell im kleinen „hochinteressant und eintönig" findet, heißt es dort: „Dreckskerle, von Habgier und Unvermögen verdorben. Zum Glück können wir uns der Gesellschaft von Frauen erfreuen. Das ist die Wahrheit und die Erde."[40] In der gelockerten Reisestimmung – Camus ist während der Überfahrt in bester Laune, immer zum Flirten aufgelegt – kommen ihm wohl solche pauschalen Lobeserhebungen auf die Frau unter; früher hat er sie indes geradezu als Negation der eigentlichen Lebensaufgabe des Mannes bezeichnet: „Außer in der Liebe ist die Frau langweilig. Sie weiß nicht. Man muß mit einer leben und schweigen. Oder mit allen schlafen und handeln. Das Wichtigste liegt anderswo."[41] So widersprüchlich diese beiden Aussagen im Inhalt sind, es liegt ihnen eine gemeinsame Haltung zugrunde: der Überlegenheitsanspruch des Mannes, der der Frau die Rolle zuweist, die sie in seinem Leben zu spielen hat.

Bedenklich stimmt Camus der Empfang am 25. März in New York. Wie derzeit in den USA üblich, werden die Ankommenden auf ihre Zugehörigkeit zur kommunistischen Partei hin befragt und sollen angeben, welche ihrer Freunde Mitglieder dieser Partei sind. Camus verweigert rundheraus die Aussage auf beide Fragen und wird daraufhin festgehalten. Als schließlich ein Mitarbeiter des französischen Kulturzentrums herbeieilt, um die Angelegenheit zu klären, trifft dieser Camus in Erregung und Empörung an: Das Ansinnen, er solle die Namen seiner kommunistischen Freunde nennen, empfindet Camus als infam; auch verstört ihn die Tatsache, daß die amerikanischen Behörden so gut über seine Person unterrichtet zu sein scheinen. Schließlich, nach mehr als einstündiger ergebnisloser Befragung, entläßt man Camus; sehr verstimmt, verschnupft auch im wahrsten Sinne des Wortes, zieht er in New York ein.

Er war hier bereits bestens angekündigt. Justin O'Brien, Leiter der Abteilung für Romanische Sprachen an der Columbia University, hatte kurz zuvor in der wöchentlichen Literaturbeilage der „New York Herald Tribune" einen Artikel veröffentlicht, in dem er Camus als den „kühnsten französischen Schriftsteller von heute", als „einen der zwei oder drei der glänzendsten jungen Autoren Frankreichs" vorgestellt hatte.[42] Interessierte amerikanische Leser wußten somit, obwohl sie O'Briens Urteil noch nicht überprüfen konnten (die erste englische Übersetzung von Camus, „Der Fremde" nämlich, sollte erst im darauffolgenden Monat erscheinen), daß eine literarische Persönlichkeit auf sie zukam; die Teilnahme am Widerstandskampf machte Camus in den Augen des amerikanischen Publikums interessant und bewundernswert. Am Tag nach seiner Ankunft gab Camus im französischen Kulturzentrum eine Pressekonferenz. Der Ethnologe Claude Lévi-Strauss, damaliger Leiter des Zentrums, stellte den Gast vor. Die Fragen der Presse fielen vorerst recht abstrakt aus, zielten zum Beispiel auf Camus' philosophische Position, auf seine Meinung über die „materialistische Zivilisation". Von der Festlegung auf eine philosophische Position wollte Camus nichts wissen; er erklärte sich als „zu jung, um ein System zu besitzen", bekannte sich zu Unsicherheit und Zweifeln als seiner Philosophie und grenzte sich wie immer entschieden vom Existentialismus ab. Die heutige Zivilisation könne, so sagte Camus, nicht anders als materialistisch sein; über diese ihre Ausrichtung erübrige sich jedes Urteil. Verhaltenskonsequenzen hingegen ergäben sich aus der Frage, ob der Mensch in dieser Zivilisation noch zum Handeln fähig sei; und diese Frage beantwortete er eindeutig mit Ja. Auf speziellere Anfragen zur Literatur hin erklärte Camus, daß er den modernen amerikanischen Roman kenne und von den dort entwickelten Romantechniken beeinflußt worden sei; allerdings scheine ihm in diesen Techniken die Gefahr zu liegen, daß die literarischen Ausdrucksmittel verarmten. Uneingeschränkt bekannte er sich zu Kafka, dessen Werk er für „eines der bedeutungsvollsten unserer Zeit", für „prophetisch" erklärte.[43]

Zwei Tage darauf stand Camus' wichtigster öffentlicher Auftritt auf dem Programm: ein Vortrag in der Columbia University zusammen mit zwei anderen französischen Schriftstellern – einer davon war Vercors –, deren Namen sich mit der Résistance verbanden. Mindestens 1 200 Menschen hatten sich im großen Saal der Universität versammelt, um, wie O'Brien schreibt, „endlich einige Überlebende der finsteren Jahre der Okkupation leibhaftig zu sehen"[44]. Camus' Vortrag trug den Titel: „Die Krise des Menschlichen"[45]. Seine Generation sei im Verfall der traditionellen Moral, im Sog des Nihilismus groß geworden und habe die Umsetzung dieser geistig-moralischen Situation in die Realität erfahren. Diese Realität sei die Krise des Menschlichen in ihren krassen faschistischen Erscheinungsformen – Gleichgültigkeit oder kalt-experimentelles Interesse der Qual und dem Tod von Menschen gegenüber – wie auch in ihrer alltäglichen Normalität – Erfolgsanbetung, Unfähigkeit zu Austausch und Einsicht, Abstraktion und Effektivitätskult. Dem stellt Camus die moralischen Lehren und Forderungen, die er aus Krieg und Résistance mitgenommen hat, entgegen: Als fundamentalen positiven Wert nennt er das menschliche Leben; diese Wertsetzung nun sei unvereinbar mit dem Ringen um Macht und Herrschaft, sie zwinge zur Ehrlichkeit, zum richtigen Benennen der Dinge und Vorgänge, zum Kampf gegen jede Form des Terrors. Vielleicht, so wendet sich Camus an seine Zuhörer, empfinden sie in ihrem „glücklichen Amerika" dies alles nicht so kraß; ihm und seiner Generation aber seien diese Erfahrungen ins Fleisch gebrannt.

Während Camus sprach, wurden die Einnahmen des Abends, die französischen Kriegswaisen zugedacht waren, entwendet; Justin O'Brien bemerkte dazu, daß die „Krise des Menschlichen" offenbar auch in ihren Kreis eingedrungen sei. Der Vorschlag aus dem Auditorium, das Eintrittsgeld noch einmal zu entrichten, wurde freudig und generös befolgt – als prompte Reaktion auf Camus' Verhaltensappell, wie O'Brien meinte.

Vortrag folgte nun auf Vortrag – Camus sprach unter anderem über das zeitgenössische Theater, über französische Gegenwartsliteratur –, aber ein Gefühl der Unsicherheit, der Verlassenheit wich nicht von ihm. „Acht Millionen Menschen, Geruch von Eisen und Zement, die Verrücktheit der Architekten, und dennoch die äußerste Spitze der Einsamkeit"[46], schreibt Camus. Gerade weil er sich einsam fühlte, war er nicht fähig zum Alleinsein. Claude Lévi-Strauss erinnert sich an seine Bemühungen um Camus: „... ich habe ihn durch die Stadt geführt, ins Restaurant eingeladen – es gab da, glaube ich, ein chinesisches –, und an einem Abend habe ich ihn in einen Nachtclub in der Bowery mitgenommen, in dem gealterte Sängerinnen auftraten."[47] Solche heruntergekommenen Lokale, Straßen, Viertel zogen Camus mehr an als die glänzende und einschüchternde Fassade von New York; wollte er doch vor allem fühlen und begreifen, wie die Menschen in den USA lebten, sich mühten, sich stritten und vergnügten, wollte er wissen, „ob das Leben so leicht ist, wie ganz Amerika das behauptet, oder ob es so leer ist, wie es manchmal erscheint"[48]. Darum bat er seine Begleiterin, eine junge, französisch sprechende Amerikanerin, sogar, ihm die Gespräche zu übersetzen, die an den Nachbartischen der gemeinsam besuchten Lokale geführt wurden. Camus machte auch die Bekanntschaft Germaine Brées, einer Kindheitsfreundin der Familie Faure aus alter Oraner Zeit, die sich als amerikanische Spezialistin für französische Literatur besonders dem Werk Camus' zugewandt hat.[49]

Was Camus beobachtete und empfand, gerann ihm zu der zwiespältigen Erfahrung, die er bereits nach dem ersten Eindruck von den USA so formuliert hatte: „Das Herz zittert vor so viel bewundernswerter Unmenschlichkeit."[50] Zweckoptimistisch und erfolgsbetont, undifferenziert und flach erschien ihm das Dasein hier, entblößt gerade von dem, was menschliches Leben für Camus ausmachte: von wahrhaften Beziehungen und von Einsicht in das Tragische jeder Existenz. Im Reisetagebuch heißt es: „Daß die menschlichen Beziehungen hier etwas sehr Einfaches sind, weil es keine menschlichen Beziehungen gibt. Sie bleiben im Äußerlichen stecken. Aus Respekt und aus Bequemlichkeit."[51] Das Empfinden für die Tragik des Lebens werde, wie Camus schreibt, in den USA geradezu bekämpft: „In diesem Land, wo *alles* bemüht ist zu beweisen, daß das Leben nicht tragisch ist, haben sie das Gefühl eines Mangels."[52] Camus enthielt sich eines endgültigen Urteils, da er, wie er in „Der Regen von New York" schreibt, viele Erscheinungen des amerikanischen Lebens mit seinen Wertmaßstäben gar nicht recht fassen könne. „Ich verliere den Boden unter den Füßen, ... wenn ich an New York denke."[53]

Wenn Camus sich den USA gegenüber differenziert verhielt – das amerikanische Publikum feierte ihn bei Erscheinen des „Fremden" einhellig. Sein Ruhm strahlte auf die gesamte französische Gegenwartsliteratur aus, denn durch „Der Fremde" wurde, wie ein Kritiker erklärte, „ein neuer Aufschwung des Interesses für diese jungen französischen Autoren" hervorgerufen, „die gegenwärtig mehr literarische Neuerungen hervorbringen als die irgendeines anderen Landes"[54].

Ende Mai machte Camus noch eine Vortragsreise durch den französischsprachigen Teil Kanadas, aber er war des Reisens schon herzlich müde. Am 11. Juni konnte er die ersehnte Heimreise antreten, nicht ohne vorher ein 80-Kilo-Paket mit Lebensmitteln an seine Familie aufgegeben zu haben. Zehn Tage später nahmen ihn seine Frau und Michel Gallimard in Bordeaux in Empfang.

Das Gefühl persönlicher Verunsicherung, das sich für Camus seit je mit dem Reisen verband, war auch durch diese Reise bestätigt worden: „Traurigkeit, weil ich mich noch immer so verwundbar fühle. In 25 Jahren bin ich 57. 25 Jahre also noch, um mein Werk zu schaffen und zu finden, was ich suche. Dann das Alter und der Tod. Ich weiß, was das Wichtigste für mich ist. Und doch bringe ich es immer noch fertig, den kleinen Versuchungen nachzugeben, Zeit zu verlieren mit nichtigen Gesprächen oder unfruchtbarem Umherschlendern."[55]

„Mit dreißig Jahren bin ich beinahe über Nacht berühmt geworden. Ich bedaure das nicht. Später hätte es mir vielleicht Alpträume verursacht. Jetzt weiß ich, was es ist. Es ist wenig."[56] So schreibt Camus in sein Tagebuch und sperrt sich gegen Huldigungen vor seiner Berühmtheit. Zu der Auszeichnung mit der Rosette der Résistance, einer seltenen und hohen Ehrung für Widerstandskämpfer, erklärt er seinem ersten Lehrer, Louis Germain: „Ich habe sie nicht erbeten, und ich trage sie nicht. Was ich getan habe, ist wenig, und man hat sie den Freunden noch nicht gegeben, die an meiner Seite getötet worden sind."[57] Alle offiziellen Ehrungen, hinter denen er Vereinnahmung wittert, weist Camus zurück; sogar die Aufnahme in die Ehrenlegion lehnt er ab, während er von der spanischen Exilregierung den „Orden de la liberación" entgegennimmt.

Über seine Beziehung zum Christentum, eine Beziehung lebenslanger Auseinandersetzung, die auch manche Wandlung erfuhr, gibt Camus um diese Zeit in einer Rede vor den Mönchen eines Dominikanerklosters bündig Auskunft. In der Vorkriegszeit hatte Camus – davon sprechen „Der Fremde" und „Der Mythos von Sisyphos" – den christlichen Glauben als eine Form der Ausflucht in eine unberechtigte Hoffnung abgelehnt. In den ersten Kriegsjahren, der Zeit seines Rückzugs, der Krankheit und der starken reflexiven Beschäftigung mit Lebens- und Schaffensproblemen, hatte Camus das künstlerische Werk als Konkurrenz zur Schöpfung, als *„korrigierte Schöpfung"*[58], als Gegenkonzept zu Gottes Werk und Gott selbst also, verstanden. Wie man sieht, bleibt in Camus' Lebens- und Schaffensreflexion die christliche Weltsicht als Gegen-Horizont stets präsent. (Als eine andere Form solcher Konkurrenz zu Gott versteht Camus die Medizin, da auch sie sich nicht in die Richtsprüche von oben ergebe; in sein Tagebuch schreibt er über den Arzt Rieux: „Rieux sagte, er sei der Feind Gottes, da er gegen den Tod kämpfe, und es sei sogar sein Beruf, Gottes Feind zu sein."[59]) Im aktiven Widerstand dann lernte Camus selbstlose und mutige christliche Widerstandskämpfer kennen, in deren Verhalten er ganz und gar seine eigenen Maßstäbe wiederfand. Da ihm Haltung und Handeln nun

Camus mit seinen Kindern, Le Panelier 1947

viel mehr galt – gelten mußte – als Reden, Bekenntnisse, gedankliche Spekulationen, fühlte er sich ihnen vorbehaltlos verbunden. 1943 schreibt er an Ponge: „Ich habe katholische Freunde, und für diejenigen von ihnen, die es wirklich sind, habe ich mehr als Sympathie, habe ich das Gefühl der Gemeinsamkeit. Weil sie sich wirklich für die gleichen Dinge interessieren wie ich."[60] Von diesem Gefühl der Gemeinsamkeit geht Camus auch in seiner Rede „Der Ungläubige und die Christen"[61] aus. Seine Position den Christen gegenüber formuliert er dort so: „Ich teile mit Ihnen das Grauen vor dem Bösen. Aber Ihre Hoffnung teile ich nicht und werde nie aufhören, gegen diese Welt zu kämpfen, in der Kinder leiden und sterben."[62] Auf dieser Grundlage plädiert Camus für den Dialog, den „die Welt ... nötig hat" und der nur möglich ist „zwischen Menschen ..., die das bleiben, was sie sind, und die wahr sprechen"[63]. An dem Ort, an dem Camus hier spricht, muß er noch einmal das Schweigen der Kirche zu den faschistischen Völkermorden oder den verklausulierten, auf Eingeweihte beschränkten Protest dagegen in den päpstlichen Enzykliken verurteilen; spanische Bischöfe, die politische Hinrichtungen abgesegnet haben, schließt er sowohl aus der Gemeinschaft der Christen wie der der Menschen aus. Camus beendet seinen Vortrag mit der dringlichen Aufforderung, „daß sich in dem gewaltigen, ungleichen Kampf ... Zwischen den Mächten des Schreckens und denen des Zwiegesprächs" die Christen auf seiten der „Handvoll Einzelgänger" schlagen mögen, „die heute ohne Glauben noch Gesetz allenthalben und unermüdlich für die Kinder und für die Menschen eintreten"[64].

Zum großen Durchbruch auf dem literarischen Markt wird für Camus das Erscheinen der „Pest" am 10. Juni 1947. Die Erstauflage beläuft sich auf 22000 Exemplare, eine hohe Ziffer für damalige Zeiten, die sich aber bald als zu niedrig erweist: Schon im Herbst sind annähernd 100000 Exemplare verkauft. Das war genau das Buch, auf das das französische Publikum gewartet hatte: Für die schlimmen gedanklichen und emotionalen Erfahrungen der Okkupationszeit, die offen und brennend zutage lagen, bot hier ein durch eigenes Erleben und Handeln legitimierter Autor eine Möglichkeit der Aufarbeitung und Bewältigung an. Daß er das mit der Allegorie der Pest, eines unausweichlichen Übels also, tat, konnte zur Gewissensbeschwichtigung dienen und trug womöglich ebenfalls zu der dankbaren Aufnahme des Buches bei. Auch kam der „Pest" der Zeitpunkt des Erscheinens – zwei Jahre nach Kriegsende – zustatten: Die Zeitungen konnten nun, da sich die Kargheit der unmittelbaren Nachkriegsjahre zu lockern begann, das literarische Ereignis mit Überschwang, ohne Platzbeschränkungen, feiern. Alle Kritiken waren lobend; Camus erhielt den Prix des Critiques, und sein Name war im Herbst dieses Jahres schon für die Verleihung des Nobelpreises im Gespräch.

So viel und so einhellige Bewunderung tut nicht allein gut; Camus vermißt vor allem den produktiven Widerspruch: „Betrüblichkeit des Erfolgs. Die Opposition ist notwendig. Wenn für mich alles schwierig wäre, so wie früher, hätte ich mehr Recht, zu sagen, was ich sage. Immerhin kann ich vielen Menschen helfen – vorläufig."[65] Wenn mit dieser Hilfe geistig-moralischer Beistand per Distanz gemeint war, so traf dies zweifellos zu; die Möglichkeiten spontaner, praktischer Hilfe für Nahe- oder auch Fernstehende engten sich für den Ruhmbeladenen jedoch ein. Nicht nur, daß der Erfolg vorläufig noch nicht den zu erwartenden und für die Familie nötigen materiellen Aufschwung brachte – Camus erklärte vielmehr scherzend, daß er nun immer die Rechnung für das ganze Lokal begleichen müsse und folglich bis über die Ohren in Schulden stecke, zumal seine Frau die Gelegenheit genutzt hätte, den Kindern Kleider zu kaufen. (Später, 1950, konnte Camus allerdings dank der Einnahmen aus „Die Pest" der Universität Algier eine vormals gewährte Studienbeihilfe von 4500 Francs mit 60000 Francs zurückerstatten.[66]) Sein Zeitplan war nun so belastet und starr, daß er nur noch mit Mühe freundschaftlichen Austausch mit alten Bekannten pflegen konnte und neu hinzukommende Bewunderer abweisen mußte. Die energische junge Sekretärin, die jetzt Camus' Geschäfte versah, war hierin seine stärkste Stütze; sie hatte eine ganze Skala von Ablehnungsbriefen entworfen, unter denen sie das jeweils geeignetste Modell auswählte und dem Belagerer zuschickte. Die wendigsten und skandalfreudigsten unter ihnen wußten Camus aber, wenn er am Abend ausging, ausfindig zu machen und zu attackieren; soviel Zudringlichkeit

Camus auf der Terrasse des Cafés „Flore" (1947)

ließ auch den Umlagerten immer abweisender werden, was ihm alsbald den Vorwurf von Unzugänglichkeit und Hochmut eintrug.

Sicher hatte der Erfolgsdruck, auch der Anspruch auf geistig-moralische Führung, mit dem das Publikum den Autor belegte, Camus' äußeres Auftreten verändert. Auch er verfügte nicht über soviel Sicherheit und Gelassenheit, sich von solchen Anforderungen nicht zuweilen in ein ambitiöses oder apodiktisches Gebaren drängen zu lassen, zumal er sich den Erfolg auf der sozialen Stufenleiter schwer errungen hatte. Selbst Freunde stellten an Camus eine ärgerlich unkonkrete, hochtrabende Ausdrucksweise fest. Dabei mochte auch ein Quentchen nordafrikanischer Emphase und Selbstdarstellungslust im Spiele sein; vor allem aber war das Starre und Gewählte in Camus' neuem Habitus ein selbsterrichteter Schutzwall vor der kalten Beobachtungslust der Öffentlichkeit, die ohne Sympathie, hämisch die kleinen Schwächen im Auftreten eines Großen auszumachen suchte.

Demgegenüber waren freundschaftliche Beziehungen noch immer die Hauptstärkung für Camus. Im Spätsommer 1947 fuhr er mit Grenier in die Bretagne, die Herkunftsregion seines einstigen Lehrers. Sie besuchten dort das Schloß Combourg, einst Sitz der Familie Chateaubriand, wo der große Frühromantiker seine Kindheit und Jugend verlebt hatte. In Saint-Brieuc, wo Camus' Vater begraben lag, trafen sie Louis Guilloux; die Bücher dieses Autors, der ebenfalls aus sehr bescheidenen Verhältnissen kam und diesen Ursprüngen in seinem Leben und Schaffen treu blieb, schätzte Camus von Jugend an. Guilloux führte Camus zum Grab seines Vaters und ließ ihn dort mit seinen Gedanken allein.

Bei allem äußerlichen Erfolgszuwachs war Camus nach wie vor höchst angreifbar in dem, was das Zentrum seines Lebens ausmachte: in seinem künstlerischen Werk. Zweifel an seinem schriftstellerischen Vermögen haben ihn sein Leben lang begleitet; nun lähmte ihn die Tatsache, daß man auf sein nächstes Werk als auf einen weiteren Bestseller wartete, besonders: „Sobald das Talent anerkannt wird, beginnt das große Elend des Schaffenden (Ich habe nicht mehr den Mut, meine Bücher zu veröffentlichen)."[67] Vor allem aber fühlte Camus, daß ihm Neugier und oberflächliche Publikumsgunst ein falsches Bild aufgeprägt hatten, das zu zerstören er kaum die Kraft haben würde: „Was den Erfolg meiner Bücher ausmacht, stellt in meinen Augen deren Lüge dar. Im Grunde bin ich ein Durchschnittsmensch und ein Anspruch. Die Werte, die ich heute verteidigen und veranschaulichen müßte, sind durchschnittliche Werte. Sie erfordern ein so abgeklärtes Talent, daß ich fürchte, es nicht zu besitzen."[68]

Repräsentationspflichten

Mitte des Jahres 1948 waren sich Camus und María Casarès zufällig auf der Straße begegnet und trennten sich seitdem, wie die Schauspielerin schreibt, nicht mehr. Camus notiert nach dieser Wiederbegegnung in sein Tagebuch: „Die Lebenslust führt zur Verzettelung, hebt die Konzentration auf, hemmt jedes Streben nach Größe. Aber ohne Lebenslust ... Nein, es gibt keine Lösung. Es sei denn, man machte eine große Liebe zur Wurzel und fände darin den Lebensquell ..."[69]

María Casarès spricht von vielen gemeinsamen Reisen und Urlaubsaufenthalten, dem beiderseitigen Bezugspunkt Theater, von Momenten der Ruhe, der Befreiung, des Glücks; sie erwähnt aber auch Gefühle der Zerrissenheit und des Zweifels, unterschiedliche Erwartungen, gegensätzliche Meinungen und Interessen und die auf beiden lastende Drohung durch Camus' Krankheit. Beinahe schien es ihr, als ringe Camus nicht allein seiner kranken Lungen wegen um Atem, sondern als bringe ihn der Zustand der Welt zum Ersticken. Aber Camus hielt – auch davon schreibt María Casarès – mit dem Einsatz seiner ganzen Person dagegen: Er war für kranke Freunde da, setzte sich besonders für die spanischen Exilanten ein und aktivierte auch seinen Freundeskreis zur Unterstützung Verfolgter. „Ich habe Camus geliebt und ich liebe ihn, weil er, obwohl gefangen in seinen Widersprüchen ..., seine ganze Aufmerksamkeit darauf gerichtet hat, sich niemals abbringen zu lassen von ... der Linie, die er verfolgte, um seiner Leidenschaft für die Gerechtigkeit und die Wahrheit treu zu bleiben."[70]

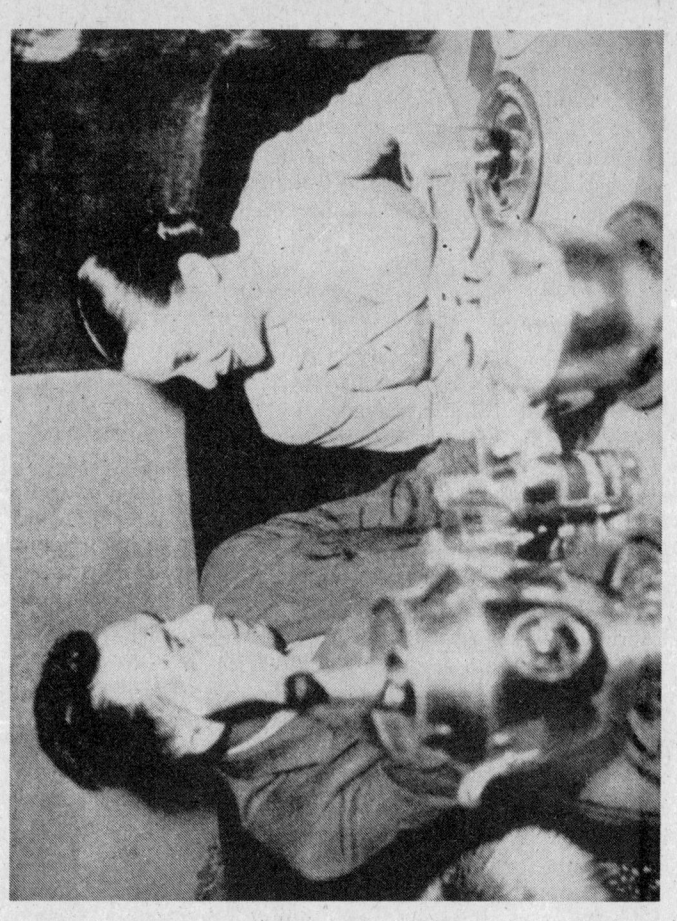

Camus und María Casarès

Im Oktober 1948 gelangte Camus' in Zusammenarbeit mit Jean-Louis Barrault entstandenes Stück „Der Belagerungszustand" (L'Etat de siège) zur Aufführung. Trotz glänzender Besetzung, Musik von Arthur Honegger und Bühnenbild von Balthus, war diese Premiere der eindeutigste Theatermißerfolg Camus'; das Stück mußte nach etwa zwanzig Aufführungen abgesetzt werden, und auch die Beziehung Barrault–Camus bekam dabei einen Riß. Der Hauptgrund des Mißerfolgs war leicht einsehbar: Barrault wollte die Pest als ein heilsames Schrecknis zeigen – heilsam, weil es die Menschen denken lehre; dieser Ansicht hatte auch Camus einmal angehangen, sie aber dann, unter dem Eindruck von Faschismus und Krieg, entschieden und nachdrücklich verworfen.[71] Camus und Barrault hatten bei der Inszenierung nach einem Kompromiß zwischen ihren unvereinbaren Ansichten gesucht und das Unmögliche nicht möglich machen können.

1949 wurde Camus im Rahmen des Kulturaustauschs eine Lateinamerika-Reise angetragen; er nahm das Angebot wahr, weil er sich neue Erlebnisse und Denkanstöße davon versprach, wohl auch, um durch unumstößliche Termine zur Disziplin gezwungen zu sein. „Am 1. Juni fertig werden. Dann reisen, Tagebuch. Lebenskraft. Nie versumpfen"[72], schreibt er als eine Art Selbstverpflichtung in sein Tagebuch.

Ende Juni geht Camus in Marseille an Deck eines Passagierschiffs nach Rio de Janeiro. Ein Freund, der ihn bis Marseille begleitet, findet ihn so tief deprimiert wie nie. Camus weiß, daß er ungeklärte menschliche Probleme hinter sich zurückläßt, daß ihm diese Repräsentationsreise vermutlich noch ein Mehr an leerer Selbstdarstellung und Rollenspiel abverlangen wird und daß er dem womöglich gesundheitlich nicht gewachsen ist (im Reisetagebuch ist immer wieder von Fieberanfällen die Rede). Auf der Überfahrt kommen ihm Selbstmordgedanken; er ist ganz gefangen in einer ungewohnten und unauflösbaren Traurigkeit. Allein die Betrachtung des Meeres gibt ihm Ruhe und einen gewissen Trost. Immerhin nimmt er auch einige der Passagiere und ihre Eigenheiten wahr, projiziert freilich das Wahrgenommene meist auf sich: „Jedenfalls", schreibt er über eine etwas geschwätzige, doch charmante junge Frau in sein Reise-

Im Marigny – Erste Reihe (von links): Jean-Louis Barrault, Arthur Honegger, Camus; zweite Reihe: Madeleine Renaud, María Casarès; letzte Reihe (rauchend): Balthus

tagebuch, „lebt sie. Die anderen sind tot, und auch ich, alles in allem."[73] Glücklicherweise bleibt, wie die folgende Notiz zeigt, seine Selbstironie erhalten: „Es muß indes gesagt werden, daß ich – braungebrannt, ausgeruht, wohlgenährt und hell gekleidet – wie das blühende Leben aussehe. Mir will scheinen, ich könnte gefallen. Aber wem?"[74] Als das Ende der Überfahrt, der Abschied vom Meer heranrückt, befällt ihn aufs neue die Angst vor der Konfrontation mit vielen Menschen, vor dem Reagieren-Müssen, dem Rollenspiel. „Wieder anfangen zu leben, zu sprechen. Menschen, Gesichter, eine Rolle spielen, dazu braucht es mehr Mut, als ich in mir fühle."[75]

Bei der Ankunft in Rio am 15. Juli bewahrheiten sich diese Befürchtungen. Mit dem Ansturm von Fotografen und Journalisten setzt die übliche stereotype Ausfragerei ein; allerlei Kapazitäten nehmen ihn sogleich für literarische „Arbeitsessen" in Beschlag (dazu Camus: „Ich esse mit G. und zwei brasilianischen Professoren zu Mittag. Macht insgesamt drei Professoren, aber sie sind nett."[76]); zusätzlich verwirrt ihn die oft leere Emphase seiner Gastgeber: „... überhäuft er" [irgendein Veranstalter – B. S.] „mich mit Komplimenten, bei denen es mir die Sprache verschlägt. Ganz Brasilien fiebere vor Erwartung."[77] Camus steht der Sinn mehr nach Ausbruch aus dem Protokoll: Mit einem jungen schwarzen Schauspieler besucht er städtische Tanzlokale und fährt mit ihm auch weit über Land, um in einem Dorf die Macumba, ein rituelles Tanzfest, mitzuerleben.

Auf den 20. Juli war Camus' erstes offizielles Auftreten in Rio datiert, und gleich anschließend mußte er nach Recife und Bahia weiterfahren. Anders als in den USA, erschien ihm das Interesse seiner Zuhörer jetzt zweifelhaft: Camus glaubte – sicher mit einiger Berechtigung –, daß es nicht dem sachlichen Inhalt seiner Reden gelte, sondern seiner Person und der um sie entstandenen Aura – daß man ihn also anstaune wie einen Filmstar. Das Unsinnige des ganzen Unternehmens griff Camus physisch an; auch die schwere, feuchte Luft bekam ihm nicht, und schon befürchtete er einen neuerlichen Tuberkuloseausbruch. Das hinderte ihn aber nicht daran, in zwölfstündiger mühevoller Autofahrt nach Iguapé zu reisen, um dort, an einem berühmten Wallfahrtsort, der Prozession beizuwohnen. Keine

Anstrengung war Camus auf dieser Reise zu groß, wenn er durch sie dem lästigen Rollenspiel entkommen und seiner eigenen Erlebnislust folgen konnte.

Camus hatte in Brasilien wie auch in den anderen südamerikanischen Ländern, die er bereiste, viele persönliche Begegnungen und wurde von seinen Gastgebern in verschiedene Regionen des riesigen Kontinents mitgenommen. Er legt darüber in seinem Reisetagebuch recht genauen Bericht ab. Stets wachen Sinnes für die sozialen Lebensbedingungen, schreibt er von Brasilien: „Nie sind mir Luxus und Elend so unverschämt vermischt vorgekommen"[78], oder, als Beobachtung über das Voranschreiten der technischen Zivilisation: „Brasilien mit seinem dürftigen modernen Apparat, der diesem unermeßlichen, von primitiven Naturkräften wimmelnden Kontinent aufgesetzt wurde, kommt mir vor wie ein Gebäude, das von unsichtbaren Termiten immer mehr unterhöhlt wird."[79]

Die weitere Reiseroute führte Camus über Montevideo nach Buenos Aires. In Argentinien wollte er nur auftreten, wenn er sich gegen die peronistische Zensur, für freie Meinungsäußerung aussprechen konnte – woraufhin ihm die französische Botschaft Schweigen anriet. Glücklicher gestaltete sich sein Aufenthalt in Santiago de Chile Mitte August. Zwar mußte er auch hier einen enthusiastischen Ansturm der Presse aushalten, aber Santiago erinnerte ihn an Algier, hier konnte er atmen, aus sich herausgehen. Allerdings schrieb er beim Überfliegen der Anden: „... ich sehe nichts davon –, das ist das Symbol dieser Reise."[80]

Vielleicht war Camus für äußere Eindrücke diesmal auch nicht so dankbar und empfänglich, weil ihn neben seinem schlechten Gesundheitszustand kaum lösbare persönliche Probleme beschäftigten. „Leben heißt weh tun, den anderen und durch die anderen sich selbst ...", heißt es im Reisetagebuch, und dann noch deutlicher: „Leiden zufügen war mir lange Zeit gleichgültig ... Die Liebe hat mich in dieser Hinsicht aufgeklärt. Jetzt kann ich es nicht mehr ertragen."[81]

Zurückgekehrt nach Rio, kostete es ihn immer größere Mühe, seine Rolle zu spielen – und er spielte sie deshalb, wie er meinte, denkbar schlecht. Im Reisetagebuch heißt es: „Gezwungen, mir einzugestehen, daß ich zum erstenmal in meinem Leben in eine richtige psychische Krise geraten bin. Dieses hart erkämpfte Gleichgewicht, das bisher allen Belastungen standgehalten hat, ist all meinen Anstrengungen zum Trotz zusammengebrochen. In mir fluten graugrüne Wasser, in denen sich verschwommene Formen bewegen, in denen meine Tatkraft sich auflöst. Diese Depression ist in gewisser Hinsicht die Hölle. Wenn die Leute, die mich hier empfangen, merkten, wie sehr ich mich anstrenge, normal zu erscheinen, würden sie sich wenigstens anstrengen, einmal zu lächeln."[82]

Dabei war die Krise mehr als eine psychische – gegen Ende der Reise fragt sich Camus, ob hinter der immer wieder ansteigenden Fieberkurve nicht Ernstzunehmendes verborgen sei. Die letzte Notiz des Reisetagebuchs lautet: „Krank. Mindestens eine Bronchitis ... Die Reise endet in einem metallenen Sarg, zwischen einem verrückten Arzt und einem Diplomaten, mit Ziel Paris."[83] Und an Grenier schreibt Camus gleich nach seiner Rückkehr: „... ich habe eine Art erschöpfenden Rodeo hinter mir, bei dem mir keine Atempause vergönnt war. Jetzt will ich nur schlafen und schweigen. An der Menschheit habe ich mir den Magen verdorben."[84]

Die Zeit der „Gerechten"

In der depressiven Stimmung des Jahres 1949, die durch einen Rückfall in die Krankheit verschlimmert wurde, beendete Camus das Stück „Die Gerechten". Er wollte hier dem quälenden Problem Ausdruck geben, mit dem er sich seit dem Kriege herumschlug und das er in den Satz gefaßt hatte: „Gewalt ist gleichzeitig unumgänglich und ungerechtfertigt."[85] Was ist zu tun angesichts leidender Menschen, unterdrückter Völker, deren Los nach Veränderung schreit, da doch aber aus jeder Veränderung neues Leid, neue Unterdrückung zu erwachsen drohen? Diese Grundfrage, die Camus in dem umfangreichen Essay „Der Mensch in der Revolte" aus verschiedenen Blickrichtungen, in wechselnder historischer Sicht stellt, wird in dem Stück an einem einzelnen konkreten Fall exemplifiziert: Ist der Mord an einem Repräsentanten des Unterdrückungssystems, ist das politische Attentat gerechtfertigt? Und wodurch allein kann es gerechtfertigt sein? Obwohl sich Camus im Stück und in viel stärkerem Maße noch in dem Essay auf historisches Material bezieht, ist sein letztes Kriterium für die Beantwortung dieser Frage nicht der Erfolg, die historische Wirksamkeit, sondern moralische Lauterkeit, rigoroses Verantwortungsbewußtsein der Täter.

Mit dem Plan zu dem Stück ging Camus seit Jahren um. Im Tagebuch häufen sich seit 1947 Lektüreeindrücke und -notizen und regelrechte Skizzen des Grundkonflikts wie diese: „Terrorismus. Die große Reinheit der Terroristen von Kaliajews Art besteht darin, daß für ihn Mord und Selbstmord eins sind ... Ein Leben wird mit einem Leben bezahlt. Die Überlegung ist falsch, aber achtenswert."[86] Nur Rußland sollte und konnte, das stand von vornherein fest, der Austragungsort des Problems sein, da dort die Idee des Terrors in den letzten Jahrzehnten der Zarenherrschaft entstanden war und Einfluß gewonnen hatte; ein anachronistisches politisches System hatte hier einen Überschuß an individuellen Energien geschaffen, die sich in Akten asketischer Selbstaufopferung entluden. Diese Situation war in ihren geistig-psychologischen Voraussetzungen und in ihren praktischen Äußerungen hochinteressant für Camus. Er las in Vorbereitung der Niederschrift seines Stückes russische Philosophen und Gesellschaftskritiker des 19. Jahrhunderts, Petraschewski, Belinski, Dobroljubow, Tschernyschewski und Herzen; er sammelte Dokumente und Informationen über das Leben russischer Revolutionäre der „Narodnaja Wolja", einer Terrororganisation vom Ende des vorigen Jahrhunderts, deren aufsehenerregendste Aktion das Attentat auf Zar Alexander II. von 1881 war. Aus den „Erinnerungen eines Terroristen" von Boris Sawinkow, eines Sozialrevolutionärs und führenden Terroristen um 1905, entnahm Camus das unmittelbare Material seines Stückes, die Vorkommnisse, die Gestalten sowie auch die Handlungszeit. Denn in Sawinkows Erinnerungen waren – neben vielem anderen, das nicht aufgenommen wurde – Gestalten und Geschicke vorgegeben, die Camus' einzige Rechtfertigung tödlicher Attentate vorwegnahmen: das Selbstopfer.

Dora Brilliant und Kaliajew, zwei authentische Gestalten

Probe von „Die Gerechten" im Theater Hébertot 1949

aus Sawinkows Erinnerungen, mußten nach der Charakterisierung, die sie dort erfuhren, Camus anziehen. Über Dora
Brilliant schreibt Sawinkow: „Sie konnte sich mit Blut nicht
aussöhnen, es fiel ihr leichter, zu sterben, als zu morden …
der Terror färbte sich für sie, wie für Kaliajew, vor allem
durch jenes Opfer, das der Terrorist bringt" [d. i. das Selbstopfer – B. S.],[87] und über Kaliajew: „Kaliajew liebte die Revolution so tief und innig … Aber als geborener Dichter
liebte er die Kunst … leuchtete seine Liebe zur Kunst und
zur Revolution mit gleichem Feuer, einem unbewußten,
schüchternen, aber tiefen und starken religiösen Gefühl.
Zum Terror kam er auf seinem besonders originellen Weg
und sah in ihm nicht nur die beste Form des politischen
Kampfes, sondern auch ein moralisches, vielleicht religiöses

189

Opfer ... Er konnte psychisch nicht, ohne sich selbst zu zerbrechen, sich mit Propaganda und Agitation beschäftigen ..."[88] Der hochherzige, feinsinnige Künstler, die leidenschaftlich mitempfindende Frau, beide durch moralischen Rigorismus zum Terrorismus gezwungen und im Selbstopfer Sühne suchend, Ausübende und Opfer also der nicht zu vermeidenden und nicht zu rechtfertigenden Gewalt – das sind die rechten Helden für Camus, Prototypen des „Menschen in der Revolte".

Camus stellt Dora und Kaliajew in eine fiktive Liebesbeziehung zueinander – eine Liebesbeziehung von ungeheurer Spannung und Intensität, da der Tod in ihr immer gegenwärtig und ihr sicherer Ausgang ist. Das große Thema der Liebenden ist die Unvereinbarkeit ihrer von einem Ideal bestimmten Existenz mit der Freude, der Hingerissenheit, der Sorglosigkeit der Liebe. Diese innere Problematik ist eine Zutat Camus'; im äußeren Handlungsablauf folgt das Drama hingegen den bei Sawinkow verzeichneten Ereignissen: Kaliajew, der eine Bombe auf den Wagen des Erzherzogs Sergius werfen soll, wirft diese nicht, als er unvermutet zwei Kinder im Wagen erblickt. Die Organisation billigt sein Vorgehen, obwohl es zu einer neuerlichen Anspannung der Kräfte, zu zusätzlichen Vorkehrungen zwingt. Beim zweiten Versuch ist der Erzherzog allein; Kaliajew wirft die Bombe, wird verhaftet und empfängt im Kerker den Besuch der Erzherzogin, die mit ihm und für ihn beten will. Kaliajew lehnt solchen Beistand ab und geht stolz und ungebrochen dem Henker entgegen. Nach Sawinkow hat er vor seinem Tod an seine Mitkämpfer geschrieben: „Mein Drama ist beendet ... Ihr habt mir die Möglichkeit gegeben, eine moralische Befriedigung kennenzulernen, mit der nichts in der Welt verglichen werden kann."[89] Bei Camus fleht Dora um die nächste Bombe, um sich in Opfergang und Liebestod mit Kaliajew vereinigen zu können: „Janek! Eine kalte Nacht, und derselbe Strang! Nun wird alles leichter sein."[90]

Das Selbstopfer, das Camus als einzige und große Rechtfertigung für politische Gewaltanwendung akzeptieren kann, als einen Akt bewußter moralischer Entscheidung mithin, bekommt in dem Drama eine andere Färbung: Es hat – als Beweis der hohen Moralität einer kleinen Gruppe zum Lei-

Aufführung von „Die Gerechten", mit María Casarès und Serge Reggiani

den Erwählter – etwas Fatalistisches und Ekstatisches zugleich.

Kaum daß Camus das Stück beendet hatte, wurden die Proben aufgenommen. Camus' gesundheitlicher Zustand erlaubte ihm nur selten, daran teilzunehmen; zur Generalprobe aber kam er und begrüßte freudig Sartre und Simone de Beauvoir, seine Freunde aus besseren Tagen. Komplimente und Glückwünsche nahm er mit skeptischem Lächeln entgegen. Vom Publikum wurde das Stück mit Anteilnahme aufgenommen. Hier wirkte die schauspielerische Intensität von María Casarès in der Rolle der Dora mit, die sich als Camus' langjährige Freundin tief mit dem Text identifizierte; vor allem aber rief das Stück Erinnerungen an die Résistance wach und riß das Publikum damit zu Beifall und Schluchzen hin. Viel distanzierter verhielt sich die

Kritik: Schon Simone de Beauvoir und Sartre empfanden den Text als „recht akademisch", der Kritiker des „Figaro" aber schrieb wörtlich: „Ein Stück? Nein! Eine Ideenschrift. Lebende Menschen? Nein!"[91] Der Vorwurf, daß seine Dramengestalten starre Ideenträger seien, wurde Camus schon bei der Aufführung von „Das Mißverständnis" gemacht; hier nun ersteht er aufs neue. Ob Camus wie in seinen früheren Stücken theatralische Formen revolutionieren wollte oder ob er eine herkömmliche, auf dem Dialog beruhende Dramenform wählt, wie das in den „Gerechten" der Fall ist – die Gestalten sind hier wie da darauf angelegt, einer moralphilosophischen Grundthese Camus' zum Ausdruck zu verhelfen. Ihnen fehlt die Lebendigkeit, die Selbständigkeit, die ihr Aufeinandertreffen spannend machen würde. Aus den Gestalten und selbst noch aus der Intrige, die sie miteinander verbindet, spricht immer der Autor – und das wird eintönig.

Als „Die Gerechten" ihr Publikum fanden, war Camus, wie gesagt, ein kranker Mann. Im Oktober warf ihn die Lungenkrankheit, deren neuerlichen Ausbruch er über die Südamerika-Reise verschleppt hatte, zu Boden. „Nach einer so langen Gewißheit der Genesung sollte dieser Rückfall mich niederdrücken. Und er drückt mich nieder. Aber da er auf eine ununterbrochene Reihe niederdrückender Vorfälle folgt, reizt er mich zum Lachen. Endlich bin ich frei. Auch der Wahnsinn ist Befreiung"[92], schreibt er in sein Tagebuch. Diese schlimme „Freiheit" besteht in völliger physischer Erschöpfung, Schlaflosigkeit, Angstgefühlen, einem solchen körperlichen Abbau, daß Camus sich selbst seinen engsten Freunden nicht zeigen möchte. Glücklicherweise stehen jetzt Antibiotika zur Verfügung; vorsichtig, da ihre Anwendung noch mit Risiken verbunden ist, werden sie ihm verabreicht. Camus muß seine Krankheit jetzt ernst nehmen, sein Leben nach ihr regeln. Zwei Monate strenge Bettruhe sind ihm verordnet, die er ziemlich gewissenhaft einhält. Im Tagebuch findet sich eine exakte Angabe der täglich eingenommenen Medikamentenmenge. Dennoch ist Heilung in Paris nicht möglich. Camus nimmt einen einjährigen Krankheitsurlaub bei Gallimard und geht nach Cabris, einen Gebirgsort an der Mittelmeerküste, 17 km von Cannes entfernt.

In Cabris haben die Herbarts, enge Freunde André Gides, ein Ferienhaus, das sie Camus zur Verfügung stellen. Fürs erste fühlt er sich hier wohl; seine Tage verlaufen gleichförmig, geregelt, arbeitsreich. Camus hat den Eindruck, daß er sich im vergangenen Jahr gehengelassen habe, und möchte das Vertane wiedergutmachen: Zum einen muß er sich kurieren, zum anderen seine Arbeit, den Essay „Der Mensch in der Revolte" (L'Homme révolté), vorantreiben. Selbst lieber Besuch wie der seines Bruders Lucien, der Gallimards oder Sartres ermüdet Camus, da er den normalen Tagesablauf stört. Allzu lange aber hält er ein so vorsichtiges Regime doch nicht durch. Es zieht ihn wieder nach Paris und zu großzügigerem Verausgaben seiner Kräfte. Der Arzt schickt ihn nach Cabris zurück; Camus verfällt dort in eine tiefe Depression, ja, ist in seiner wesentlichen Lebenstätigkeit, dem Schreiben, so blockiert, daß er nicht einmal Briefe an Freunde zustande bringt. Den Sommer und Herbst 1950 hindurch geht es auf und ab, hin und her zwischen Paris und Cabris, bis sich Camus im Winter wieder in die Einsamkeit findet und ein großes Arbeitspensum, die Endredaktion des Essays, bewältigt. „Der Mensch in der Revolte", in qualvoller Zeit entstanden, ist für Camus umfassende und tiefe Selbstaussage, Ausdruck seiner literarischen wie seiner politisch-philosophischen Meinungen und Absichten. Was Wunder, daß er mit dem Schicksal dieses Buches besonders eng verbunden ist, erst die Hoffnung nährt, daß mit seiner Vollendung alle Spannungen von ihm weichen werden und seiner Veröffentlichung dann niedergeschlagen und angstvoll entgegensieht? Denn er hat im Moment kaum einen Halt, kaum einen Orientierungspunkt: „Ich habe mich einsam gefühlt während der gesamten Zeit dieser Arbeit"[93], schreibt er in einem Brief über die Entstehungszeit des Essays.

Die Revolte – für alle

Neun Jahre lang hatte Camus unter dem Drang und Zwang gestanden, seine Denk- und Verhaltenskonsequenz aus dem Erlebnis des Faschismus schriftlich zu fixieren. Damals hatte er gelernt, daß nicht nur das eigene Leben ein absoluter Wert ist, sondern ein jedes Menschenleben; diese Überzeugung hatte er in den „Briefen an einen deutschen Freund" ebenso wie in einer schon damals entstandenen „Bemerkung über die Revolte"[94] (Remarque sur la révolte) kundgetan.

Camus will nun die fundamentale existentielle Erfahrung vom Wert eines jeden Menschenlebens in seine Denk- und Begriffswelt einbauen. Er entwirft – grob schematisiert – folgende Analogie: So, wie ihn das Absurde über den Wert des eigenen Lebens belehrt und damit den Selbstmord ausgeschlossen hatte, so schließt die Überzeugung vom Wert eines jeden Lebens den Mord aus und führt zur Revolte – als der bewußten Verteidigung dieses Wertes – hin. Den realen Ausgangspunkt dieses Gedankengangs und seine Entwicklung belegt etwa folgende Tagebucheintragung (die als Entwurf des ersten Kapitels von „Der Mensch in der Revolte" gedacht war): „Beziehung zwischen dem Absurden und der Revolte. Wenn die letzte Entscheidung darin besteht, den Selbstmord zu verwerfen, ... wird das Leben stillschweigend als einziger tatsächlicher Wert anerkannt ... Daraus geht hervor, daß diesem absoluten Wert nur gehorcht werden kann, wenn zugleich mit dem Selbstmord auch der Mord verworfen wird ... Aber die Vertreter des Schreckens haben die Werte des Selbstmords bis zur letzten Konsequenz vorgetrieben, nämlich bis zum legitimierten Mord, das heißt dem kollektiven Selbstmord. Beispiel: die nazistische Apokalypse von 1945."[95] Dieser Gedankengang ist unter logischem Gesichtspunkt sicherlich nicht zwingend, zweifellos aber unter moralischem („moralisch" hier immer als Haltung bewußter Lebensverteidigung zu verstehen). Dazu Camus schon 1946: ... „ich glaube, daß es mich nicht stört, wenn ich mir widerspreche, denn ich möchte kein philosophisches Genie sein ... Ich möchte einen Ausgleich finden und, wissend, daß ich mich nicht selber töten kann, wissen, ob ich das Recht habe zu töten oder töten zu lassen und aus diesem Wissen Konsequenzen ziehen, auf die Gefahr hin, in Widersprüchen befangen zu bleiben."[96] „Der Mensch in der Revolte" ist – und Camus betont das vorher und im nachhinein immer wieder[97] – kein systematisch angelegtes philosophisches Werk, auch keine strikte Morallehre, sondern ein von persönlicher Erfahrung ausgehendes Ringen um Werte, nach denen und mit denen es sich in menschlicher Gemeinschaft leben läßt. (Die mißliche Rezeptionsgeschichte des Essays zeigt jedoch, daß er so nicht verstanden wurde, wohl auch nicht verstanden werden konnte: Zu sehr hatte sich Camus' Prestige einer moralischen Leitgestalt verfestigt, zu apodiktisch war er selbst vielleicht auch – da er im Namen unverzichtbarer Werte zu sprechen meinte – als Schreibender und Sprechender aufgetreten; auch erdrückte die Fülle des in dem Essay verarbeiteten Lesestoffs die Äußerungen persönlichen Suchens und Bekennens.)

„Es ist das Anliegen dieses Essays", erklärt Camus in der Einleitung, „einmal mehr die Realität von heute: das Verbrechen aus logischer Überlegung anzuerkennen und seine Rechtfertigungen zu prüfen; dies ist ein Versuch, meine Zeit zu verstehen."[98] Er wolle untersuchen, wie es dazu gekommen sei, und erklärt es für „wichtig", „zu wissen, wie man sich in der Welt, wie sie nun einmal ist, verhalten soll"[99].

Im Anfangs- und Endkapitel werden solche Verhaltensanleitungen für die gegebene Situation entworfen. Im Mittelstück aber, das zwei Drittel des Essays ausmacht, strebt Camus unter den Überschriften „Die metaphysische Revolte" und „Die historische Revolte" eine regelrechte Pathologie der Revolte an, will er zeigen, wie die Revolte sich aufgrund eines ungerechtfertigten Anspruchs in ihr Gegenteil verkehrt habe. Den größten Teil des Essays nimmt also die Darstellung dessen ein, was Revolte nicht ist oder nicht mehr ist. In diesem Teil hat Camus vor allem Leseergebnisse eingebracht; seine umfangreiche Lektüre war – nach Auswahl und Interpretation – von vornherein auf ein Problem hin geordnet: Inwieweit haben die Philosophen, die Dichter, zuweilen auch die literarischen Gestalten oder politisch Handelnden, die Camus hier beurteilt, die Erfordernisse der Revolte erfüllt, das heißt, inwieweit sind die dem Menschenleben als etwas „Absolut-Relativem" treu geblieben und haben nicht nach absoluten Werten Ausschau gehalten?

Die philosophischen Grundlagen kommen Camus wiederum von Platon, Kierkegaard, Nietzsche, Schestow und Jaspers, doch bezieht er jetzt auch Hegel, Marx und Lenin in seine Lektüre ein. In der französischen Literatur interessieren ihn Autoren wie Sade, Sénancour, Lautréamont, Baudelaire, Rimbaud – all die mit den gegebenen Lebensnormen Unversöhnlichen.

Es gibt für Camus zwei Richtungen, in denen die Revolte fehllaufen, sich verlieren, ja, sich in ihr Gegenteil verkehren kann: wenn sie sich an Gott oder ausschließlich am historischen Fortschritt orientiert. In beiden Fällen sehne sich der Revoltierende nach einem absoluten Wert und vergesse in Verfolgung dieses Wertes dessen eigentlichen Zweck, das Leben und das Glück der Menschen.

Von den Gottsuchern, den enttäuschten und daher revoltierenden, spricht Camus in dem Kapitel „Die metaphysische Revolte". Er nennt hier Namen wie Sade, Iwan Karamasow, Nietzsche, Lautréamont und Rimbaud. In ihrer nunmehr hundertfünfzigjährigen Geschichte hätten sie sich gegen Gott als den Urheber des größten Skandals, des Todes nämlich, aufgelehnt und gerade mit dieser Auflehnung Gott anerkannt. Nicht immer zwar trage ihre Sehnsucht den Namen Gottes, sondern könne sich auch als Beharren auf „einer Moral oder etwas Heiligem", „in der Hoffnung eines neuen Gottes"[100] äußern – in jedem Falle aber sei dies ein Glaubensakt, mit dem „sie die Bürde der Revolte abwarfen, der Spannung entflohen, die sie voraussetzt, und sich für die Annehmlichkeit der Tyrannei oder der Knechtschaft entschieden"[101]. Dem stellt Camus sein immer unvollkommenes, immer nur annäherungsweise zu erlangendes Menschenreich gegenüber: „Man muß also das einzige Königreich errichten, das sich dem der Gnade entgegenstellt, dasjenige der Gerechtigkeit, und die menschliche Gemeinschaft vereinigen auf den Trümmern der göttlichen Gemeinschaft."[102] Dieser – wie Camus es versteht – atheistische Gegenentwurf zur christlichen Morallehre schließt die Nähe zu unorthodoxem christlichem Denken keineswegs aus. Gabriel Marcel, ein existentialistischer Philosoph christlicher Richtung, mit dem Camus zuzeiten scharfe Debatten über politische Verhaltensfragen führte, brachte nach dem Tode Camus' eine grundsätzliche Übereinstimmung zum Ausdruck: „Sieht sich der Philosoph gerade in dem Augenblick der Geschichte, an den wir gelangt sind, ... nicht dazu gedrängt, in der Situation des Menschen selbst als Existierendem, ... diesseits aller historischen und transhistorischen Offenbarung die mögliche Grundlage jener unveräußerlichen Würde zu suchen ...? ... Ich kann nicht umhin, hier an Albert Camus zu erinnern. Dies war sein Problem. Kurz vor seinem Tode hatten wir ein ausgezeichnetes Gespräch, in dessen Verlauf wir all das, ... haben feststellen können, was uns jenseits aller offensichtlichen Verschiedenheiten im Grunde verband."[103]

In dem Kapitel „Die historische Revolte" stellt Camus eine weitere Gefährdung seiner Revolte-Auffassung, die bis zur äußersten Entstellung der Revolte fortschreiten könne, dar: Unterdrückung und soziale Not haben, wo immer und wann immer, gerade die wachsten und moralisch sensibelsten Menschen zum Handeln, zum Eingreifen in soziale Prozesse gedrängt. Diesem Handeln wohne jedoch die Gefahr inne, daß es seiner Ursprünge und seines Ziels verlustig gehe, daß sich die Handelnden, indem sie Begriffe wie „Vernunft" und „historischen Fortschritt" zunehmend für ihre persönlichen Zwecke reklamierten, zum Gott, zur Verfügungsgewalt über andere Menschen machten. Von dieser Gefahr sei jedes historisch relevante Handeln bedroht; extremer Beweis dieser Gefahr seien der Terror, die massenhaften Menschenvernichtungen in unserem Jahrhundert. Angesichts dessen entwirft Camus zwei Entwicklungslinien der historischen Revolte; das Zuordnungskriterium für ihn ist, inwieweit die Handelnden noch das eigentliche Ziel, die Verbesserung der gesamten menschlichen Lebensbedingungen, im Auge behalten oder ob sie es als bloßen Vorwand für irrationales persönliches Machtstreben mißbraucht haben. Als bündigstes Unterscheidungskriterium sieht er dabei die Frage an, ob die Handelnden im Notfall bereit sind, das Opfer fremden Lebens mit dem eigenen zu bezahlen. Doch hält Camus die Gefahr, daß historisch relevantes Handeln in Machtstreben ausarte, für immer gegenwärtig. So kann er keine strikte Trennung zwischen den beiden Entwicklungslinien machen, sondern wägt ab, muß oft gleichzeitig zustimmen und zurückweisen. Auf der grundsätzlich zu bejahenden Linie erwähnt und erläutert Camus unter anderem die Königsmörder, die Dekabristen, die russischen Terroristen von 1905, Marx; seinem Verdikt verfallen Bakunin und Netschajew, zwei russische Terroristen des 19. Jahrhunderts, Mussolini und als äußerstes Beispiel der Entartung Hitler.

Solche Depravation des Revolte-Gedankens führt Camus nicht allein darauf zurück, daß historische Zielstellungen als Vorwand zur Durchsetzung persönlicher Machtgelüste mißbraucht werden, sondern er sieht die Gefahr der Entstellung auch in jedem ausschließlich an der Geschichte ausgerichteten Denken und Handeln. Damit diese Gefahr gebannt werde, müßten Geschichte und Mensch oder auch Revolution und Revolte in ein Verhältnis gegenseitiger Begrenzung, gegenseitigen Ausgleichs gebracht werden: „Das Denken, das sich allein an der Geschichte bildet, wie dasjenige, das sich gegen die Geschichte wendet, raubt dem Menschen die Möglichkeit oder den Grund zum Leben."[104] Die Verheißung eines neuen Wertes entstehe auf der Scheidelinie der beiden einander begrenzenden Größen, entstehe durch das – hier taucht ein späterer Zentralbegriff Camus' auf – Ideal des *Maßes*: „Die Geschichte ist zweifellos eine der Grenzen des Menschen; ... Aber der Mensch setzt in seiner Revolte seinerseits der Geschichte eine Grenze. An dieser Grenze steigt das Versprechen eines Werts auf."[105] Camus stellt also ein dualistisches Verhältnis zwischen Geschichte und Mensch her, aus dem durch gegenseitigen Ausgleich ein erträgliches Lebensklima erwachsen soll. Als einen solchen Ausgleich hatte Camus seinerzeit sein eigenes historisches Engagement in der Résistance begriffen, ihm abgefordert durch den Einbruch lebensvernichtender Kräfte in ein bislang als erträglich, zuweilen auch glücklich empfundenes Dasein. Dieses Grunderlebnis schwingt hier noch mit und hat sich für Camus in der Folgezeit immer wieder bestätigt: Geschichte ist für ihn kein ständiges Bewährungsfeld, sondern Einbruch von Bedrohlichem, Vernichtendem, Katastrophalem in das menschliche Leben, dem man mit geringer Aussicht auf Erfolg seine Kräfe entgegensetzen könne und müsse.

Geschichte ist für Camus also ein problematisches Bewährungsfeld revoltierender Haltung. Zwischen der schöpferischen künstlerischen Leistung und der Revolte hingegen stellt er in dem Kapitel „Revolte und Kunst" ein volles Übereinstimmungsverhältnis her (so, wie er das seinerzeit in „Der Mythos von Sisyphos" für das Absurde und die

Kunst versucht hatte). Die Verhaltensgrundregel der Revolte, so behauptet Camus, finde ihren vollen, reinen Ausdruck in der Kunst;[106] andererseits sei alles, was Camus über Kunst denkt und von ihr fordert, tiefster und reinster Ausdruck der Revolte. So, daß Kunst ein Universum, eine neue Ordnung der Welt erstehen lasse, daß sie das Besondere mit dem Allgemeinen versöhne, daß sie Annahme und Zurückweisung des Gegebenen in einem sei, daß sie dem Leben eine Form verleihe, die es ohne sie nicht hat. Ausdrücklich hebt Camus die Übereinstimmung zwischen Revolte und Roman hervor. Insonderheit schreibt er der Kunst zu, daß sie die einzige Kraft sei, die „die hassenswerte Gesellschaft von Tyrannen und Sklaven" zu überwinden vermöge.[107] Damit überfordert Camus die Kunst denn doch unzulässig, drängt ihr entweder eine außerhalb ihres Wirkungsfelds liegende Funktion auf oder – und so ist es wohl eher gemeint – schiebt die Aufhebung aller Ungerechtigkeit in der menschlichen Gesellschaft auf das Feld des Ästhetischen ab. „Indem wir die Schönheit erhalten, bereiten wir den Tag ihrer Wiedergeburt vor, da die Zivilisation in den Mittelpunkt ihrer Gedanken, fern von den formalen Prinzipien und den erniedrigten Werten der Geschichte, jene lebendige Kraft stellen wird, welche die Welt und Menschen gemeinsame Würde begründet ..."[108]

Ebenso wie in „Der Mythos von Sisyphos" beruft sich Camus auch im Schlußkapitel von „Der Mensch in der Revolte" auf die Natur. Ihr werde die Treue bewahrt im „Sonnendenken" des Mittelmeermenschen; das andere, negative Pendant schiebt er der deutschen Schwermut, Sehnsucht und Bücherweisheit zu. Der eigentliche Konflikt unseres Jahrhunderts bestehe „... vielmehr zwischen den deutschen Träumen und der mittelmeerischen Tradition, der Gewalt des ewigen Jünglings und der männlichen Stärke, der Sehnsucht, angestachelt durch das Wissen und die Bücher, und dem im Laufe des Lebens erhellten und erhärteten Mut, der Geschichte schließlich und der Natur"[109]. Geschichte hier als negativer Pol, den die „Mediterranen" im Namen von Natur, Licht, Glück überwinden werden, so daß sie als Heilsbringer erscheinen: „In das gemeinsame Europa geworfen, ... leben wir Mediterranen immer im gleichen Licht. Inmitten der europäischen Nacht erwartet das Sonnendenken … die Morgendämmerung. Aber sie beleuchtet schon die Wege einer echten Überlegenheit."[110] Der Essay schließt mit einer Art lyrischem Appell: „In dieser Stunde, da jeder von uns seinen Bogen spannen muß, um seine Probe wieder abzulegen, mit und gegen die Geschichte zu erwerben, was er schon besitzt, die karge Ernte seiner Felder, die kurze Liebe dieser Erde, in dieser Stunde, da endlich ein Mensch ins Leben tritt, muß man die Epoche und ihre unreifen Rasereien sich selbst überlassen. Der Bogen krümmt sich, das Holz stöhnt. Ist die höchste Spannung erreicht, wird ein durchdringender Pfeil abschnellen, das härteste und freieste Geschoß."[111]

Von der langen Entstehungsdauer, von der schwierigen Situation, in der sich Camus zum Zeitpunkt der Ausarbeitung des Essays befand, war schon die Rede. Diese erklärt zum großen Teil den zwiespältigen Charakter von „Der Mensch in der Revolte": Camus illustriert eine unbedingt zu bejahende, achtenswerte Grundthese mit solch einer Fülle philosophie- und literaturgeschichtlichen – meist negativen – Materials, daß die einfache Wahrheit davon zuweilen erdrückt wird. Und die Beispiele bauen nicht aufeinander auf, bilden keine fortlaufende Linie, sondern schließen sich immer wieder in konzentrischen Kreisen um die Grundthese. Dabei sind Wiederholungen unausbleiblich, womöglich in beschwörender Absicht ausdrücklich gewollt. Auch steht die Fülle des durch Lektüre erarbeiteten Materials im Widerspruch zu Camus' Aussage, mit diesem Essay nur ein persönliches Bekenntnis ablegen zu wollen. Mit den lyrischen Aufschwüngen des Schlußkapitels kontrastiert es bis zur Unverträglichkeit.

In „Der Mythos von Sisyphos" hatte Camus nur seinen persönlichen Lebensantrieb beschrieben; in „Der Mensch in der Revolte" wollte er für alle Menschen sprechen. Die Erlösungsvorstellungen jedoch sind die gleichen geblieben: Kunst und Natur. In „Der Mythos von Sisyphos" konnten diese Vorstellungen überzeugen; weit weniger in „Der Mensch in der Revolte", wo Camus mit ihnen allen Äußerungsformen menschlicher Unterdrückung, von der Herr-Sklave-Beziehung bis zu den Massenvernichtungen im 20. Jahrhundert, beikommen will.

Aber gerade der Wille zu überzeugen war mit dem erhöhten Anspruch enorm gewachsen. Er erklärt zu großen Teilen die beschwörende Argumentation, die ausufernde Struktur der rund dreihundert Seiten starken Schrift, der Camus noch etwa sechzig Seiten der Ergänzung und Erläuterung beigab.[112] Sicherlich trug auch die persönliche Lage der Isoliertheit und Verunsicherung, in der sich Camus zur Zeit der Niederschrift befand, dazu bei, daß er mögliche Einwände vorherzusehen, abzufangen und zu entkräften bestrebt war. In einem Brief an einen Leser spricht er selbst von den „Mißverständnissen", die seine in dem Essay vertretene Position „trotz aller Vorsichtsmaßnahmen ... hervorrufen kann"[113]. Über den konkreten Anlaß hinaus – der Essay legte solche Befürchtungen ja tatsächlich nahe – mag bei Camus' Bedenklichkeiten auch eine Verkrampftheit im Spiel gewesen sein, wie sie sich mit dem Erfolgsdruck einstellt. Davon hoffte er durch den Abschluß der Mammutarbeit frei zu werden. „Mit diesem Buch", so notiert er, „gehen die beiden ersten Zyklen zu Ende ... Und kann das Schaffen jetzt frei sein?"[114] Das neue Tagebuch-Heft, das Camus im gleichen Monat zu schreiben beginnt (und das wie alle Tagebücher des letzten Lebensjahrzehnts bis heute unveröffentlicht ist), enthält nach Aussage eines Forschers, der Einblick darein nehmen konnte, die düstersten Selbstaussagen. „Ich warte geduldig auf eine Katastrophe, die langsam herankommt"[115], wird Camus im Dezember 1951 schreiben.

Hart auf hart

Nicht gerade eine Katastrophe, aber große Mißhelligkeiten brachen mit der Veröffentlichung von „Der Mensch in der Revolte" über Camus herein. – Wenn wir heute die durch den Essay hervorgerufene aufsehenerregende Kontroverse zu rekapitulieren versuchen, müssen wir die damalige scharfe Konfrontation zwischen Ost und West, die Dominanz rechter Kräfte in der öffentlichen Meinungsbildung Frankreichs, das für die Kontrahenten akute Problem des Stalinismus und ihre dementsprechende Erregung in Rechnung stellen. Aus heutiger Sicht erscheinen viele der Feststellungen Camus' zutreffend, erscheint die generelle Tendenz seines Denkens bejahenswert und produktiv – ungeachtet der unglücklichen Form des Essays, ungeachtet einiger nicht nachvollziehbarer Einzelurteile und der kaum nachvollziehbaren Lösungsvorstellungen.

Als der Essay im Oktober 1951 erschien, reklamierte ihn die französische Rechte für sich – indem sie die ihr genehmen Aussagen ausschlachtete und dabei von der grundsätzlichen Denk- und Verhaltensbemühung Camus' absah. Im Lichte dieser Vorgeschichte wird die schlimme Kontroverse zwischen Camus und der Zeitschrift „Les Temps modernes", eigentlich zwischen Camus und Sartre, um vieles verständlicher.

„Temps modernes", 1945 unter Leitung Sartres gegründet, war zur führenden Stimme der nichtkommunistischen progressiven Intelligenz geworden. Mehrere Monate nach dem Erscheinen des vielbesprochenen Camus-Essays, von dem die Zeitschrift ein Kapitel als Vorabdruck veröffentlicht hatte, war eine Rezension überfällig. Doch keiner der Mitarbeiter fand sich aus freien Stücken dazu bereit, da sie alle von dem Essay enttäuscht waren, dem aber nicht recht Ausdruck verleihen mochten. Schließlich beauftragte Sartre mit dieser Arbeit Francis Jeanson, einen Mann Ende der Zwanzig, der schon mit einigen philosophiekritischen Arbeiten hervorgetreten war und dessen Urteil Sartre schätzte. Sartre versuchte, Camus, mit dem er noch immer in lockerer Verbindung stand, auf eine negative Kritik von seiten der „Temps modernes" vorzubereiten; Camus aber nahm die Ankündigung erst nicht recht wahr und reagierte dann sehr betroffen, als Jeansons Kritik mit dem Titel „Albert Camus oder die revoltierende Seele" erschien.[116]

Jeansons Kritik setzte bereits den Akzent, der zu dem grundsätzlichen, unversöhnlichen Aneinandervorbeireden der Kontrahenten führte: Er zeichnete den Weg nach, auf dem Camus zu den getroffenen Aussagen und Forderungen gelangt war, und ergänzte diese Aussagen um die Funktion, die sie nun, im restabilisierten imperialistischen System Frankreichs und in der Konfrontation der beiden Weltmächte, bekamen. Immerhin nannte Jeanson den Essay achtungsvoll „ein großes verfehltes Buch" und schloß mit einer Reverenz vor Camus' schriftstellerischem Werk.

Für Camus bedeutete allein die Tatsache, daß „Les Temps

Jean-Paul Sartre

modernes" eine ablehnende Kritik seines Buches veröffentlichte, einen Verrat; Verrat vor allem deshalb, weil die Besprechung in ihrem funktionsorientierten Vorgehen dem
innersten Anliegen des Essays widerspreche. Er sah sich au-
ßerstande, seine laufenden Arbeiten weiterzuführen, und
schrieb schließlich einen Antwort- und Verteidigungsbrief,
der ebenfalls in den „Temps modernes" veröffentlicht
wurde.[117]

Dieser Brief kommt schon im Formalen einem Abbruch der Beziehungen gleich. Er ist an Sartre adressiert, den Camus – nach jahrelangem freundschaftlichem Umgang – mit „Herr Direktor" anspricht; von dem Schreiber des Artikels ist nie namentlich, sondern stets als von „Ihrem Mitarbeiter" die Rede, ja, Camus spricht Sartre gegenüber von „Ihrem Artikel". Damit suggeriert er von vornherein die Drahtzieherrolle Sartres und spricht Jeanson die Fähigkeit zu eigener Meinungsbildung ab. Kritischen Wert habe der Artikel keinen; er könne nur als Studienobjekt, zum Nachweis inadäquaten, auch unlauteren Vorgehens dienen. Denn weder habe Jeanson seine Grundthesen begriffen und wahrheitsgetreu referiert, noch folge er den Gedanken, mit denen er sich kritisch auseinandersetzt, in angemessener Weise. So fordere Jeanson, obwohl sich Camus in dem Essay erklärtermaßen auf die Behandlung ideologischer Aspekte der Revolution beschränkt habe, deren ökonomische und historische Betrachtung; wenn so der Kritiker etwas fordere, was der Autor absichtlich nicht zu leisten beabsichtigt hat, könne er hemmungslos tadeln. Oder: Jeanson behaupte, daß Camus Geschichte als das vernichtende Prinzip eingesetzt habe. Demgegenüber erinnert Camus an die gegenseitige Begrenzung, die Gleichgewichtsvorstellung zwischen Geschichte und Mensch, wie er sie in „Der Mensch in der Revolte" entwickelt habe. Tatsächlich war Camus in dem Essay allerdings von der Gleichgewichtsvorstellung immer mehr zu einer unterschiedlichen Gewichtung und Bewertung von Geschichte und Mensch hinübergeglitten, so daß sich schließlich Mensch, Kunst und Natur am positiven Pol versammelt und der Geschichte als negativem Pol gegenübergestanden hatten. Die eigenen unterschiedlichen Aussagen zum Thema Geschichte ermöglichen es Camus, sich nun auf seine der Jeansonschen Kritik entgegenlaufenden Äußerungen zu berufen – auch dies Nährboden für einen Streit ohne Ende.

Ohne das recht als solche zu sehen, weist Camus auf eine Gemeinsamkeit zwischen ihm und dem Sartre-Kreis hin – eine Gemeinsamkeit in der generellen Bewußtseinsentwicklung, wenn auch nicht in deren konkreten Konsequenzen: Sartre hatte, von einem dem Camus' sehr ähnlichen Ausgangspunkt herkommend, in der Nachkriegszeit eine

Rechtfertigung des politischen Engagements und Handelns entworfen. Das trieb ihn zu theoretischen Erweiterungen seines Denksystems, die nicht zwingend in diesem angelegt waren. Camus rührt hier an eine Inkonsequenz, zu der sich sowohl Sartre als auch er gedrängt sahen; dem beliebig ausdeutbaren individualistischen Konzept ihrer frühen Zeit Zielsetzungen zum Wohle aller – wobei die Meinungen über diese Zielsetzungen wie über den Inhalt dieses Wohls bei Sartre und Camus weit auseinandergingen – aufzusetzen. Genau das hat auch Camus getan, nur war der Umschwung in seinem Denken von moralischen Prämissen, der Umschwung im Denken Sartres vom Kriterium politischer Handlungsfähigkeit bestimmt. Für sich selbst charakterisiert Camus diese Entwicklung so: „... wenn es eine Entwicklung vom ‚Fremden‘ zur ‚Pest‘ hin gibt, hat sie sich auf Solidarität und Anteilnahme hin vollzogen."[118] Das Vorgehen Sartres hingegen nennt er: „Den Menschen von jeder Fessel zu befreien, um ihn dann praktisch in einer historischen Notwendigkeit gefangenzusetzen ..."[119] Nicht mehr dem Kritiker Jeanson, sondern „Ihrem" [also Sartres] „Artikel" macht Camus abschließend den weitreichenden Vorwurf, der ihn einzig zum Schreiben des Briefes gezwungen habe: „... nicht ich bin es also, dem er nicht gerecht geworden ist, sondern unseren Antrieben zum Leben und zum Kampf und unserer legitimen Hoffnung, unsere Widersprüchlichkeiten zu überwinden."[120]

Damit ist Sartre auf den Plan gerufen,[121] so daß sich nun die eigentlichen Kontrahenten gegenüberstehen: die beiden populärsten derzeitigen Denker Frankreichs. Und Sartre hakt sofort bei diesem Schlußsatz ein, den er für ungerechtfertigte Anmaßung hält: „Aber sagen Sie mal, Camus, wie soll das zugehen, daß man nicht über Ihre Bücher diskutieren kann, ohne die Menschheit ihrer Daseinsgrundlage zu berauben?"[122] An diesen beiden Sätzen wird die ganz unterschiedliche Bedeutsamkeit des Essays für die Kontrahenten offenkundig: Camus meint, für den Fortbestand der Menschheit entscheidende Fragen formuliert, verfolgt und einer Lösung nähergebracht zu haben; in solch konkrete Auseinandersetzung mit der Welt nimmt er, auch wenn er nur persönliche Ansichten vorträgt, die gesamte Menscheit auf. Daher das Ernsthafte, Schwere, auch Unduldsame im

Essay wie im Verteidigungsbrief. Sartre hingegen nimmt den Essay als intellektuelles Produkt, in dem er reiche Kenntnisvoraussetzungen, Logik, Stringenz, eine möglichst zwingende Diskussionsanregung sucht. Darin freilich mußte ihn „Der Mensch in der Revolte" enttäuschen; so fragt er bei Camus an: „Wenn ihr Buch lediglich ein Zeugnis philosophischen Unvermögens wäre? Wenn nur oberflächliches, aus zweiter Hand zusammengekratztes Wissen dahintersteckte? ... Und wenn Sie gar nicht so ganz logisch dächten? Wenn Ihre Gedanken unbestimmt und banal wären?"[123] Auch reizt Sartre der schwere, menschheitsvereinnahmende Ton an Camus' Essay; er fordert Camus auf, doch um Himmels willen nicht im Namen der Menschheit oder aller Erniedrigten und Beleidigten, sondern nur im eigenen Namen zu sprechen. – Ein weiterer fundamentaler Unterschied in Camus' und Sartres Haltung ist der: Für Camus zählt vor allem die Absicht eines Gedankens oder einer Handlung, für Sartre deren Wirkung, Funktion, Verwertung.

Aus der so unterschiedlichen Einstellung zu dem Essay und den in ihm verhandelten Problemen – und diese unterschiedliche Einstellung hatte grundsätzliche, im Biographischen begründete Ursachen – konnte keine Verständigung erwachsen. Die beiden Kotrahenten sprechen wortreich (Camus' Brief umfaßt zwanzig Seiten, Sartres Artikel dreißig), drängend, so drastisch wie möglich aneinander vorbei. Auf eine Gemeinsamkeit legt Sartre allerdings Wert: Er betont zu wiederholten Malen, daß Camus ein Bourgeois, ein Privilegierter wie er sei, daß seine Überlegungen zu Leben und Tod, zu Erde, Revolte und Gott nichts anderes als „jeux de prince" (Aristokratenpossen) seien.[124] Aus Sartre spricht hier das schlechte Gewissen des hochprivilegierten Intellektuellen, das er auf Camus so doch nicht übertragen kann – zumal er an anderer Stelle wieder seine intellektuelle Überlegenheit ausspielt.[125] Sartre, der illustre letzte Sproß einer langen intellektuellen Ahnenreihe, war in der Welt der „Wörter" ganz anders beheimatet als Camus, der Parvenu; der wieder hatte durch seine Kindheit in Armut und seine Krankheit fundamentale Lebenstatsachen am eigenen Leibe verspürt. „Ich bin jedenfalls unfähig, zu sagen, zu benennen, zu beschreiben, was ich nicht persönlich erfahren habe", heißt es in einem Brief Camus' von 1955.[126] Dieser Unterschied prägt auch – und gerade – diese Kontroverse.

Andererseits trifft Sartres Bemerkung zu, daß Camus' Pochen auf die Armut von einst, seine Sprecher-Rolle für die Elenden nun, da er doch selbst in – zumindest intellektuellem – Komfort lebe, etwas Steriles, Unglaubwürdiges an sich habe. Dabei läßt sich Sartre auch zu Spötteleien, Bissigkeiten, Anschuldigungen hinreißen – so der wiederholten, daß Camus die Meinungsbildung „terrorisiere"[127], oder der gänzlich ungerechtfertigten, Camus' Zurückweisung der Geschichte habe „vor jeder Erfahrung" stattgefunden[128]. Zu Camus' Umgang und Erfahrung mit Geschichte äußert sich Sartre dann allerdings weitaus differenzierter: Mit „Der Mensch in der Revolte" gebe Camus der Sehnsucht Ausdruck, sich in eine Gesellschaft zurückzuziehen, die „auf einer niedrigeren Stufe technischer Entwicklung stehengeblieben" ist.[129] In einer solchen ist Camus aufgewachsen, und in ihr hatte er Glück erfahren im statischen, scheinbar außergeschichtlichen Dasein in der Natur. Herausgerissen aus diesem Dasein, habe sich Camus in der Résistance den historischen Erfordernissen durchaus gestellt, aber „Ihr erster Kontakt mit der Geschichte nahm für Sie die Gestalt eines *Opfers* an ..., haben die Umstände dieses Kampfes Ihnen die Vorstellung nahegebracht, daß man manchmal der Geschichte Tribut zollen muß, wenn man das Recht erwerben will, später zu seinen wahren Pflichten zurückzukehren."[130] Letztlich habe Camus stets die Rückkehr in den einstigen unproblematischen Glückszustand als diese „wahre Pflicht" verstanden. Allerdings sei durch diese Glücksvorstellung Camus' Résistancehaltung zu einer Einheitlichkeit von Person, Werk und Aktion gelangt, die sie zu etwas so Strahlkräftigem, Beispielhaftem gemacht habe, daß Camus' Leben „eine Zeitlang" als „Abbild einer Wahrheit" empfunden worden sei.[131] Dieses Bild, unter ganz besonderen Umständen entstanden und mit ihnen zerronnen, möchte Camus nun aufrechterhalten, und dies gar als verbindliche Glücksvorstellung für alle. „Sie wollten in sich und durch sich das Glück aller mit Hilfe einer *moralischen* Spannung erreichen ..."[132] Das war als Rüge gedacht, erscheint aber heute als Anerkennung, denn *auch* die moralische Spannung wird für das Glück aller gebraucht ...

Zum Zeitpunkt der Kontroverse sind die Positionen nichtsdestoweniger unvereinbar. Sartre schließt seinen Artikel mit der Ankündigung des Schweigens: „... von mir bekommen Sie keine Antwort mehr. Ich habe gesagt, was Sie mir einst bedeuteten und was Sie jetzt für mich sind. Wie immer Sie mir auch in Wort oder Tat entgegentreten wollen, ich lehne es ab, mit Ihnen zu kämpfen. Ich hoffe, unser Schweigen läßt diesen Streit in Vergessenheit geraten."[133]

Solch generelle Absage an jede weitere Kommunikation widersprach dem Grundgestus beider Kontrahenten, Camus' wie auch Sartres, sich offenzuhalten für Austausch und Dialog und sich so – mühsam, widerspruchsreich, aber eben auf dem einzig gangbaren Weg – den für jeden von ihnen wichtigen Zielen zu nähern. Wenn diese Aussagen auch zu unterschiedlichen Zeitpunkten getroffen wurden – das Schweigen verurteilen sie beide. Camus hatte kurz nach Kriegsende geschrieben: „Das Gegengewicht zum Absurden bildet die Gemeinschaft der Menschen, die dagegen ankämpfen. Und wenn wir uns dafür entscheiden, dieser Gemeinschaft zu dienen, entscheiden wir uns dafür, dem Dialog zu dienen, ... aller Politik der Lüge oder des Schweigens zum Trotz."[134] Und Sartre hat in den siebziger Jahren geäußert: „Das Schweigen ist reaktionär ... es ist Ablehnung von Kommunikation, ist der Wunsch, aus Stein zu sein ... Die Kommunikation hingegen schließt notwendigerweise Wahrheit und Fortschritt ein."[135]

Am Ende der Debatte aber war erst einmal Camus der Vernichtete. Nicht nur, weil nach Meinung der Öffentlichkeit Sartre als Sieger auf dem Schlachtfeld zurückgeblieben war, sondern vor allem, weil es ihm mit diesem Buch so ungemein Ernst war, er diesen Ernst aber nicht mitzuteilen vermocht hatte. Und überdies war eine Freundschaft in die Brüche gegangen, auf die Camus gesetzt hatte.

Leben lernen

*Ich möchte überhaupt kein Genie sein, bereitet es
mir doch schon genug Mühe, ein Mensch zu
sein.*

(Albert Camus, Tagebuch)

Heimkehr nach Tipasa

1952 ist kein gutes Jahr für Camus. Die Polemik um „Der
Mensch in der Revolte" erschöpft und verbittert ihn. In der
ersten Jahreshälfte zieht er sich wieder nach Le Panelier zurück, das kleine südfranzösische Dorf, in dem er schon
1942 Linderung seines körperlichen Leidens gefunden
hatte. Von dort schreibt er an den befreundeten Dichter
René Char: „Die Wahrheit ist, daß ich nicht aus dem Loch
herauskomme, in dem ich seit Monaten vegetiere und in
dem ich ganz besonders während dieser letzten Wochen in
Paris nach Atem gerungen habe. Ich brauche eine grundsätzliche Veränderung – eine große Entscheidung, die
mich wirklich von all dem ablöst, von dem ich mich theore-
tisch schon getrennt habe. Wenn das nicht gelingt, werde
ich altern."[1] Camus empfindet es als lebensnotwendig, sich
dem Pariser Literaturbetrieb, den zerstreuenden Repräsen-
tationspflichten, den irritierenden, weil zu vielfältigen und
oft nicht aufrichtigen Kontaktangeboten, dem wirkungslos
leerlaufenden Literatengeschwätz zu entziehen und sein eigenes Gravitationszentrum wiederzufinden.
Algerien war für Camus der Boden, auf dem er zu sich
selbst, zu den Anfängen und den prägenden Kräften seiner
Persönlichkeitsentwicklung zurückzufinden hoffte. „... die
Rückkehr nach Algerien weckt in mir das gleiche Gefühl
wie die Betrachtung eines Kindergesichts"[2], heißt es um
1945 in seinem Tagebuch. Camus spielte immer wieder mit
dem Gedanken, sich in Algerien anzusiedeln, wovon ihn
dann doch – ein Brief an Grenier zeigt das – neben der
Wohnungsfrage die schwelend feindselige Stimmung zwischen Franzosen und Algeriern abhielt: „Wenn man nur
weniger Feindseligkeit zwischen Arabern und Franzosen
verspüren würde, dann könnte man sich hierher zurückzie-

hen. Wohnungen allerdings findet man nicht, und ein Haus zu kaufen ist sagenhaft teuer."[3] 1948 rief ihn eine Operation der Tante, die ihm in seiner Jugend beigestanden hatte, nach Algier; durch die Krankheit der Tante für eine gewisse Zeit an die regnerische Stadt – es war um den Jahreswechsel – gebunden, fühlte er sich diesmal gar nicht heimisch, fand die Freunde gealtert und konnte sich nicht überwinden, der Mutter von seinen persönlichen Schwierigkeiten zu sprechen. Unzufrieden mit sich selbst war er damals aus Algier abgereist und hatte sich vorgenommen, so selten wie möglich dorthin zurückzukehren.

Jetzt, gegen Ende des Jahres 1952, verspricht eine Fahrt in das Geburtsland die erhoffte Wende. Camus will diesmal die grandiosen Oasenstädte der Sahara – Laghouat, Ghardaïa – sehen. Im wiederum verregneten Algier angekommen, erfährt er aber, daß die Abreise nach dem Süden wegen vereinzelter Aufstände in dieser Region in den nächsten Tagen nicht ratsam sei, und nutzt einen so gewonnenen Tag, um nach Tipasa, eine Ruinenstadt 60 km westlich von Algier, zu fahren.

Dieser Ort war für Camus schon in der Jugend zum Inbegriff dafür geworden, wie er Algerien erlebte und was ihm dieses Land gewährte. In dem Essay „Hochzeit in Tipasa" aus der Sammlung „Hochzeit des Lichts" hatte Camus die am Meer gelegene, sonnenüberflutete Ruinenstadt als den Anreiz zu stärksten, zusammenklingenden Sinneseindrükken, als den Ort, an dem Leben etwas ganz Selbstverständliches, Lust- und Glücksbetontes ist, an dem er in unendlicher Liebe zu einer harmonischen Welt eins mit ihr werden wollte, gefeiert. Dieses Glückserleben hat in seiner Höhe und Stärke nichts Exaltiertes, sondern kommt wahrhaftig aus dem großen, einfachen Daseinsangebot dieser begünstigten Region. Es wird von all denen bestätigt, die ohne quälende materielle Not in Nordafrika leben konnten und später nach Europa gehen mußten. So die in Algerien aufgewachsene französische Schriftstellerin Marie Cardinal: „Woanders als dort zu leben hat für mich den Sinn des Wortes ‚leben' verändert. Woanders zu leben ist für mich zum Synonym geworden für: mein Leben aufbauen, mein Leben organisieren und strukturieren, mein Leben vorausplanen. Dort unten hieß leben eben leben, hieß, sich den

Die Ruinen von Tipasa

der Menschheit gemäßen Bewegungen anzuvertrauen, ohne daran zu leiden; sie zu beklagen oder sich ihrer zu erfreuen, aber sie zu akzeptieren, wie sie eben sind. Seit ich nicht mehr in Algerien lebe, gibt es für mich nur noch Arbeit, Erholung, Kampf. Es gibt keinen Augenblick mehr, da ich, ohne jede Einschränkung, in völliger Harmonie mit der Umwelt lebe."[4]

Nun, Arbeit und Kämpfe hatte Camus zur Genüge hinter sich; selbst tödliche Gefährdung, in deren Schatten noch immer stehend er bei Kriegsende nach Tipasa zurückgekehrt war, ohne damals die erlösende Glückserfahrung wiederholen zu können: „Doch die Ruinen waren jetzt mit Stacheldraht umzäunt, und man durfte sie nur durch erlaubte Eingänge betreten ... Wie aus Zufall regnete es an jenem Morgen über den Ruinen."[5]

Auch diese Vorgeschichte seiner Rückkehr gibt Camus in dem Essay „Heimkehr nach Tipasa" (Retour à Tipasa) von 1953[6]; der Essay erschien 1954 als einer der – so Camus – „Sonnenessays"[7] aus fünfzehn Jahren, die die Sammlung „L'Eté"[8] bilden. Camus faßt dann in Worte, wie er Tipasa als Heimstätte unbelasteten Glücks wiedergefunden hat. „Und im glorreichen Dezemberlicht, wie es nur ein- oder zweimal in einem dadurch erfüllten Leben geschieht, fand ich genau das, was ich gesucht hatte und was mir, der Zeit und der Welt zu Trotz, allein dargebracht wurde in dieser verlassenen Natur ... In diesem Licht und in diesem Schweigen zerrannen langsam die Jahre der Raserei und der Nacht. Ich lauschte in mir einem fast vergessenen Klang, als finge mein Herz nach langem Stillestehen ganz sachte wieder zu klopfen an ... Es war mir, als sei ich endlich in den Hafen zurückgekehrt ... Der Tag nahm seinen Lauf wieder auf und sollte mich bis zum Abend tragen."[9] Hier wird nicht nur das Leben, das sich für Camus mehr und mehr, zuweilen hoffnungslos, kompliziert hatte, leichter und einfacher; es erfüllt sich auch mit den Inhalten, auf die die schlichten, eigentlichen Bedürfnisse des Menschen gerichtet sind: „... ich ... löschte jenen zwiefachen Durst, den man nicht lange hinhalten kann, ohne daß unser Wesen ausdörrt: zu lieben und zu bewundern."[10]

Tipasa läßt das Leben zu Camus zurückkehren. Er fühlt es physisch, wie die Kruste von Pflichterfüllung, Exaktheit,

Bedienung fremder Erwartungen, falschen, von außen aufgezwungenen Lebens um ihn aufbricht und er sich dem großen und einfachen Verlangen überlassen kann, das nie tot war in ihm, aber übertäubt werden mußte: sich hinzugeben, einzugehen in eine Welt der Ruhe, der Harmonie, der Schönheit, und diese Welt mit aller Kraft zu lieben. Aber diesem Verlangen kann sich Camus jetzt nicht mehr naiv hingeben: Auf ihm lastet die Erfahrung von Faschismus, Okkupation und Krieg, lastet das Wissen um die Ungeheuerlichkeiten, zu denen Menschen fähig sind und denen man nur entgegentreten kann, wenn man sich diszipliniert, beherrscht, ja verhärtet. Unter der Last dieser Erfahrung wird Tipasa wertvoller als je zuvor: „Im Geschrei, in dem wir leben, kann die Liebe nicht sein, und auch die Gerechtigkeit genügt nicht. Damit sich die Gerechtigkeit nicht verhärte ..., entdeckte ich in Tipasa von neuem, daß man in sich eine Frische unberührt bewahren soll, einen Quell der Freude, und den Tag lieben, der dem Unrecht entrinnt, und mit diesem Licht in den Kampf zurückkehren."[11]
Von nun an will er das Wissen um das Vorhandensein beider Seiten immer in sich lebendig halten und aus dem bewußt genossenen Glück Kraft gewinnen, um dem Unglück standzuhalten und das Unrecht zu bekämpfen. „Ja, es gibt die Schönheit, und es gibt die Erniedrigungen. Wie schwer es auch sei, ich möchte weder der einen noch den anderen untreu werden."[12]

Theaterarbeit

Äußerer Anstoß und innere Neigung führten dazu, daß sich Camus seit 1953 wieder in starkem, auffällig starkem Maße dem Theater zuwandte. Wer Camus nichts mehr zutraute, mochte darin wohl einen Rückzug auf eingefahrene Geleise, ins Handwerklich-Nachgestaltende, in die Routine sehen; diese Meinung teilte Camus nicht, und dies keineswegs nur in Selbstverteidigung. Freilich konnten oder wollten die Beobachter seines Schaffens, die seiner Theaterarbeit nur eine zweitrangige, Lücken ausfüllende Bedeutung zubilligten, nicht verstehen, welchen – vor allem emotionalen – Wert die Bühnenarbeit für Camus hatte. Er empfand die Zusammenarbeit mit Schauspielern an einem gemeinsamen Vorhaben als ein Wiederaufleben des Zusammengehörigkeitsgefühls, das ihn in der Résistance getragen hatte: „... es gibt Dinge, an die ich sehnsüchtig zurückdenke, zum Beispiel die Kameradschaft in der Résistance oder bei ‚Combat‘. Wie fern ist das alles! Aber auf dem Theater finde ich diese Freundschaft und dieses gemeinsame Abenteuer wieder, die ich brauche und die noch immer eines der anständigsten Mittel sind, nicht allein zu sein.“[13] So ist das Theater für ihn „eine der Stätten meines Glücks“[14] – eine schlichte, aber hinreichende Erklärung seiner Neigung. Doch deutet sie Camus auch selbst gern noch genauer: Die Theaterarbeit nimmt ihn zeitweilig aus dem Literaturbetrieb heraus, enthebt ihn seiner gewöhnlichen Verpflichtungen, auch der, im Clan der Pariser Intellektuellen seine Rolle zu spielen. Reizvoll ist für ihn die handwerkliche, die konkrete Seite der Theaterarbeit, die Einsatz aller physischen und psychischen Fähigkeiten, Einsatz der ganzen Person fordert: „... das Theater hilft mir, der Abstraktion zu entgehen, die jeden Schriftsteller bedroht. So, wie ich als Journalist lieber in der Druckerei am Umbruch arbeitete als an jener Art Predigten, die wir Leitartikel nennen, so liebe ich es, wenn im Theater das Werk Wurzel faßt inmitten der Scheinwerfer, der Kulissen, der Tücher und Gegenstände. Ich weiß nicht, wer das gesagt hat, daß man nur dann gut inszenieren kann, wenn man das Gewicht der Kulissen in den eigenen Armen gespürt hat. Das ist eine wichtige Regel in der Kunst, und ich liebe diesen Beruf, der mich zwingt, gleichzeitig an die Psychologie der Gestalten und die Plazierung einer Lampe oder eines Geranientopfes zu denken ...“[15] So ist Theater für Camus kein Ersatz, sondern, wie er 1958 sagt, „geradezu das höchste der literarischen Genres und auf jeden Fall das universellste.“[16]

Sehr verlockend mußte Camus im ersten Augenblick ein Vorschlag von seiten der französischen Kolonialregierung in Algier erscheinen, ein „Theaterfestival von Tipasa und Algier“ zu organisieren. Hier konnten sich, so glaubte Camus, seine beiden innigsten Neigungen miteinander vereinigen. Er schlug für die erste Aufführung eine Bühnenfassung von Dostojewskis „Dämonen“ vor, ein Vorhaben, das ihm schon lange am Herzen lag. Die Geldgeber aber hatten

Camus, María Casarès und Serge Reggiani auf dem Festival von Angers 1952

an etwas leichter Verdauliches gedacht; andererseits rieten politisch wache Freunde Camus von jeder Zusammenarbeit mit der französischen Kolonialadministration ab. So verlief dieses Projekt im Sande, während durch traurigen Zufall ein anderes, nicht minder großes, an Camus herantrat: Marcel Herrand, ein gewiegter Theatermann, hatte 1952 erstmals im Schloß von Angers, am Ufer der Maine im Westen Frankreichs gelegen, ein grandioses „Festival der dramatischen Kunst" unter freiem Himmel veranstaltet. Zwei der wuchtigen Rundtürme des Schlosses, eines Bauwerks aus dem 13. Jahrhundert, begrenzten die Spielfläche, der sich die Zuschauer über die Zugbrücke näherten – solch imposantes Dekor sicherte schon zum großen Teil den Erfolg eines Unternehmens, das sich auch durch seine künstlerische Ausführung rechtfertigte. Herrand aber war schwer krank, überließ die Vorbereitung des Festivals von 1953 schon weitgehend Camus und starb eine Woche vor Beginn der Aufführungen. Am 14. Juni 1953 öffnete sich im Schloß von Angers der Vorhang für Calderóns großes, tief religiöses Stück „Die Andacht zum Kreuze" (La devoción de la cruz). Die Übersetzung ins Französische hatte Camus im Auftrag Herrands besorgt. Camus war der Vorlage pietätvoll gefolgt und hatte sich der Hilfe spanischer Freunde, besonders María Casarès', versichert. In Calderóns Stück entbrennt ein Zwillingspaar, das um seine Verwandtschaft nicht weiß, in Liebe zueinander und lädt geharnischte Sünden auf sich. Nach großen Wirrnissen wird es im Zeichen des Kreuzes erlöst und erhöht. Was Camus an diesem Stück tief berührt, schreibt er in seinem Vorwort: „... Calderón sprach ... in ‚Die Andacht' das ‚Alles ist Gnade' aus, das im gegenwärtigen Bewußtsein auf das ‚Gerecht ist nichts' der Ungläubigen zu antworten versucht."[17] In dieser ernsten, ehrfürchtigen Haltung hatte Camus, wie die Kritik bemerkte, in seiner Übersetzung die dramatischen Passagen gut bewältigt, die burlesken Zwischenspiele aber nicht in ihrem vollen parodistischen Kontrast herauszuarbeiten vermocht. Dem Universellen, Gegensätze Aufreißenden und miteinander Verbindenden des Calderónschen Stückes war er mithin einiges schuldig geblieben.[18]

Zwei Tage später wurden „Die Geister" (Les Esprits), eine französische Komödie aus dem 16. Jahrhundert in der Art

Aufführung von „Die Andacht zum Kreuze" auf dem Festival von Angers, Juni 1953

Probe im Freilichttheater. Neben Camus seine beiden Kinder

der Commedia dell'arte, aufgeführt. Camus hatte das Stück bereits 1940 bearbeitet und es nun für den besonderen Anlaß des Festivals von Angers eingerichtet. Dem Autor, Pierre de Larivey, gegenüber konnte sich Camus mehr Freiheiten herausnehmen; er hatte die Anzahl der Akte und der Personen reduziert, dafür aber eine stumme Rolle für María Casarès hinzugefügt, in der sie ihr tänzerisches und pantomimisches Können beweisen konnte. In dem Stück geht es um zwei vorerst verhinderte Liebespaare – in dem einen Fall, weil der krankhafte Geiz seines Vaters dem jungen Mann jede Annäherung unmöglich macht, im anderen, weil sich das Mädchen, obgleich schon schwanger, hinter Klostermauern befindet. Ein pfiffiger Diener regelt alles – entlockt dem Vater Geld, damit sein Haus von vorgeblichen bösen Geistern befreit werde, führt dem Sohn die Angebetete ins Bett und verkündet dem anderen Schmachtenden die Geburt von Zwillingen.

Beide Aufführungen fanden Anerkennung bei Publikum und Kritik, wurden allabendlich vor mehr als zweitausend Zuschauern gespielt – Camus sah sich mit dem Theatererfolg seiner eigentlichen Bestimmung nahe. „Es scheint mir, ich hätte Schauspieler werden und in diesem Beruf zufrieden sein können"[19], gesteht er später. Aus dem Gefühl der Verbundenheit mit den Theaterleuten entstehen freundschaftliche Bindungen; es fördert aber auch die sachliche Zusammenarbeit an dem gemeinsamen Vorhaben, so, wie das mehrere seiner Mitarbeiter bezeugen. Der bekannte Regisseur und Schauspieler Jean Vilar sagt über Camus: „Er kannte unseren Beruf, unser Schicksal ganz ausgezeichnet. Tatsächlich war er wie verliebt in unsere Stimmungen, in unsere Aufschneidereien genauso wie in unsere Ängste."[20] Und María Casarès bekennt: „Die Bühne ist der Ort der Wahrheit. Im Laufe der Proben kommt es zu einem merkwürdigen Augenblick: wenn der Schauspieler sein Textbuch weglegt, seinen Text aber noch nicht gut beherrscht. Er muß dann einen bestimmten Zustand erreichen, nicht künstlich, sondern von wahrem Gefühl getragen – dieses Gefühl ist nötig, damit die Gestalt vor ihm entsteht. Der Schauspieler ist dann völlig nackt, wehrlos, einfältig. In diesem Moment hatte Camus für ihn sehr viel Respekt und Zartheit."[21]

Das Gefühl, geborgen oder gar am Ziel angelangt zu sein, kann bei Camus jedoch nie lange vorhalten. Als er im November dieses Jahres seinen vierzigsten Geburtstag begeht und sich veranlaßt sieht, seine derzeitige Arbeit zu überschauen, kann er sich dem Argument mißgünstiger Beobachter nicht verschließen: Er übersetzt und bearbeitet andere Autoren, schreibt hier und da einen Gelegenheitstext, aber nichts von der Originalität und Bedeutung seiner früheren Bücher. Hat er sich verbraucht, oder steht ihm noch Großes zu leisten bevor? Pläne sind vorhanden, aber werden die sich jetzt, in der Zerrissenheit zwischen tausend Verpflichtungen, in der Zerrissenheit auch zwischen äußerem Rollenverhalten und innerem Wollen, zu der Einfachheit und Gültigkeit seiner früheren Werke führen lassen? Als ob man diese Befürchtungen offiziell bestätigen wolle, wird zu Ehren seines vierzigsten Geburtstages eine Ausstellung über Camus' Lebensgang und Werk eröffnet – eine Ehrung, die ein derart mit Zweifeln Belasteter schlecht verträgt. Camus verbringt seinen vierzigsten Geburtstag in melancholischer Stimmung. Die Vierzig bedeuten ihm den Abschied von der Jugend – ein schwerer Schritt für einen der Sonne, der physischen Anstrengung, der jugendlichen Schönheit Verhafteten wie ihn.

Das nächste Stück, das Camus zur Bearbeitung übernahm, sah anders aus als die früheren: „Un caso clinico" des italienischen Gegenwartsautors Dino Buzzati, „Ein interessanter Fall" in der Übersetzung. Es zeigt den zwanghaften Weg eines Großindustriellen aus seiner Geschäftswelt, in der er souverän regiert, in die Behandlungsmaschinerie der Medizin, die ihn zermürbt, zu einem Nichts macht. Camus konnte sich, was den sachlichen Inhalt des Stückes betrifft, auf eigene bittere Krankenerfahrungen beziehen; vom übergreifenden Gehalt und vom Kolorit her zog ihn dieses Stück an, weil Buzzati für ihn einer jener jüngeren italienischen Autoren ist, die „durch die enge Pforte, die ihnen Kafka und Dostojewski zeigen, … mit ihrer ganzen fleischlichen Schwere treten. Und das Schwarze leuchtet noch bei ihnen."[22] Camus' Nähe zu Autor und Stoff ließ das Stück zu einer großen bedrohlichen Parabel für die Lebenssituation des heutigen Menschen werden: Verstrickt in funktionalisierte Geschäftigkeit, auf Beherrschen, nicht Verstehen seiner Umwelt getrimmt, wird der Großindustrielle Corte zum hilflosen Opfer der ebenso durchfunktionalisierten, machtberauschten Ärztewelt, als die ihn an einem existentiellen Schwachpunkt, der Sorge um seine Physis, zu packen bekommt. Anteilnahme, Mitleiden wird ihm von niemandem zuteil, so wie er dessen selbst nie fähig war, außer von seiner Mutter, die ihn im letzten Augenblick aus dem Bannkreis der Ärzte befreien will: Corte kann diesen Schritt nicht gehen, da er ja mit der Welt, die ihn zerbricht, innerlich übereinstimmt – er bleibt als williges Opfer zurück. Das Stück wurde im März 1955 in einem Pariser Theater uraufgeführt und, seinem Inhalt entsprechend, mit betroffener Ablehnung bedacht. „Ich habe niemals, verstehen Sie mich recht, niemals ein so schreckliches Stück gesehen", schrieb der Kritiker des „Figaro", „so grausam sadistisch, so niederdrückend, so erschreckend, so scheußlich, so unerträglich."[23]

Auf einer Reise nach Griechenland, der ersten, lang ersehnten seines Lebens, hält Camus in Athen einen Vortrag über „Die Zukunft der Tragödie"[24]. Der Vortrag gestaltet sich weitaus umfassender, als sein Titel verheißt – kommt in ihm doch Camus' Meinung über die geschichtliche Lage, in der sich die Menschheit in der Mitte des 20. Jahrhunderts befindet, und seine Hoffnung auf die Literatur, insbesondere die Dramatik, in dieser Lage zum Ausdruck. Camus stellt eingangs die Frage, ob die Tragödie in der Moderne noch möglich sei. Zur Beantwortung dieser Frage untersucht er die beiden Epochen, in denen seiner Meinung nach die Tragödie zur Blüte gelangt war: im vorchristlichen Griechenland zum einen und im 16./17. Jahrhundert mit dem Elisabethanischen Theater in England, dem Goldenen Zeitalter Spaniens und der französischen Klassik zum anderen. Beide Epochen charakterisiert er als Umbruchssituationen, in denen „das kosmische Denken, ganz geprägt von dem Begriff des Göttlichen und des Geheiligten", übergehe in „andere Denkformen, die … aus individueller und rationalistischer Reflexion gespeist werden"[25] Jeweils auf diesem schmalen Umbruchsgrat nun könne die Tragödie entstehen in ihrer Eigenart, die einander widerstrebenden Kräfte als schicksalhaft, als gerechtfertigt zu zeigen, Mysterium und Vernunft, Revolte und Ordnung die gleiche, einander begrenzende Berechtigung zuzuerkennen. Mit dem Spannungsabfall der Denkformen zu einseitig rationalistischer Reflexion hin versiege die Tragödie. Nun aber, im Jahre 1955, sei wieder eine solche Umbruchssituation erreicht, diesmal aber in umgekehrter Weise, im Sinne eines Übergangs vom analytischen Denken zu kosmischer Erfassung des Ganzen also. Auf diese Hypothese gründet Camus seine Behauptung, daß eine neuerliche Blüte der Tragödie bevorstehe, und führt zum Beweis dessen – mit Lektürebeispielen – das dramatische Schaffen Gides, Giraudoux', Montherlants, Claudels an. Zweifellos versteht er auch sein eigenes dramatisches Schaffen als Teil dieser Programmatik. Darüber hinaus will er sogar – und hier geht seine Kunstprogrammatik in soziale über – die gegenwärtige Gesellschaft auf dem gleichen Weg der Rückkehr zum großen Ganzen, zu universellem Denken sehen.

Was diese Gesellschaftsprognose betrifft, so gibt Camus selbst an anderer Stelle, zumal in seinen journalistischen Arbeiten, darüber andere Auskünfte als in diesem Vortrag. Auch die Stücke – eigene und fremde –, die er als Unterpfand der von ihm beschworenen Entwicklung anführt, lassen Zweifel an der Berechtigung seiner Ansichten aufkommen: Ihnen allen haftet etwas Gequältes, etwas von gewollter Größe an – die Darstellung dessen, wie sich das Individuum einem großen Sinnzusammenhang ein- und unterordnet, bekommt leicht etwas Forciertes, wenn sich der Mensch tatsächlich in einer verwalteten Welt zu verlieren droht.

Bescheidener, leidvoller, weil unauflösbar sind die Verstrickungen, in die Camus die Gestalten seiner nächsten Dramenbearbeitung stellt: die Adaption von Faulkners „Requiem für eine Nonne". Dieses Werk hatte bereits der verstorbene Marcel Herrand auf die Bühne bringen wollen; Camus nahm sich des Projektes um so lieber an, als er in Faulkner den „einzig wahrhaft tragischen Dramatiker dieser Epoche"[26] sah. Faulkners Werk ist zum Teil in Prosa, zum Teil im dramatischen Dialog geschrieben; in den Prosateilen wird die Entwicklung eines kleinen Fleckens in den Südstaaten der USA zur prosperierenden Stadt dargestellt, in der dann die – im Dialog verfaßte – menschliche Tragödie zwischen der schwarzen Kindesmörderin Nancy und der Mutter des Kindes, der weißen Lady Temple Drake, abrollt. Camus hat diesen individuell-dramatischen Teil des Faulknerschen Werkes im wesentlichen getreu übernommen: Hier wie da wird eingangs der Urteilsspruch über die Schwarze gefällt, den diese dankbar annimmt; hier wie da wird dann der Hergang der Tragödie enthüllt, im wesentlichen durch Temples langen nächtlichen Leidensmonolog vor dem Gouverneur, in dem sie ihre Schuld am Tode des Kindes eingesteht: ihre Einwilligung in eine finanzielle und sexuelle Erpressung, an der das Kind qualvoll zugrunde gegangen wäre. Mit diesem Schuldbekenntnis will Temple das Leben des schwarzen Kindermädchens retten. Rettung für Nancy aber ist nicht mehr möglich; einzig wichtig werden Leid und Buße Temples, die sie innerlich lebendig erhalten können, nachdem Nancy in Größe und Gefaßtheit von ihr weg-, der bevorstehenden Hinrichtung entgegengegangen ist. Nancy hat Temple den Sinn des Leidens – das Überleben im äußerlichen Untergang – gewiesen.

Camus studierte das Stück 1956 als erste eigenständige Inszenierungsarbeit mit einer Truppe ihm verschworener Schauspieler am Pariser Théâtre des Mathurins ein. Sein persönlicher Einsatz für diese Arbeit war bedingungslos – er nahm ein Zimmer in der Nähe des Theaters, denn die Proben dauerten bis tief in die Nacht; nach zehn Stunden intensiver, fordernder Zusammenarbeit mit den Schauspielern konnte sich Camus noch mit den Theatertechnikern über Beleuchtungs- und Requisitenfragen beraten. Der Erfolg entsprach diesmal seiner Anstrengung – das Publikum folgte atemlos der Enthüllungsstrategie des Stückes, und am Schluß brach rasender Beifall los. Selbst die professionelle Kritik zeigte sich Camus gewogen und bedachte besonders seine schauspielerische Neuentdeckung, Catherine Sellers in der Rolle der Temple Drake, mit Lob.

Das Theatervorhaben, das Camus zeitlebens beschäftigt hatte und das ihm mehr als jedes seiner eigenen Werke am Herzen lag, wurde 1958 endlich Wirklichkeit: Es begannen die Proben zu Camus' Bühnenbearbeitung von Dostojewskis Roman „Die Dämonen", bei Camus „Die Besessenen" (Les Possédés). Dostojewskis Werk auf die Bühne zu bringen, scheint beinahe unmöglich – zeigt Dostojewski doch an einer Fülle höchst ausgeprägter Charaktere und Schicksale, welch bedenkliche Saat aus dem nihilistischen

Camus und Cathérine Sellers, Hauptdarstellerin in „Requiem für eine Nonne"

Denken des 19. Jahrhunderts aufgegangen war, und werden in dem Panorama des gigantischen Romans gesellschaftliche Entwicklungsströme im kollektiven Geschick spürbar. Unweigerlich mußte Camus den Roman in mehreren Dimensionen verkürzen – so konnte er das über dem gesamten Roman lastende Katastrophenbewußtsein nur in Einzelschicksalen vorführen oder die hochdifferenzierten Charaktere Dostojewskis meist nur in einer hervorstechenden Eigenart zeigen. Auch dann noch sah sich Camus genötigt, sein Stück weiter und weiter zu beschneiden – die erste Fassung hätte fünf Stunden Spieldauer erfordert, und auch nach vielen Kürzungen blieb es noch ein personenreiches, anforderungsvolles Stück von annähernd vier Stunden Länge. – Ein Erzähler verbindet die wechselnden Handlungsstränge, Personengruppen und Szenerien durch Zwischentexte – dies eine Notlösung, wie sie die Romanvorlage nahelegt. Hauptgestalt ist Nikolai Stawrogin, ein mit großen Fähigkeiten ausgestatteter junger Mann, der keine Möglichkeit positiver Verwirklichung sieht und seine Gaben so an die Verneinung, an das Laster, ja an das Verbrechen wendet. Ob er will oder nicht – er zieht alle, die mit ihm in Berührung kommen, ins Verderben: die Frauen, die er zeitweise begehrt hat und die ihm für immer verfallen sind, die Freunde seiner Jugend, die seinem geistigen Einfluß erlegen sind, ohne die Folgen tragen zu können. Ein Grüppchen fragwürdiger Weltumstürzler, zumal deren perfider Anführer, möchte Nikolai Stawrogins negative Autorität für seine trüben Machenschaften nutzen – dazu gibt sich Stawrogin nicht her, aber er vereitelt auch nicht den Mord der Gruppe an einem gläubigen, reinen Menschen; den Mord an Maria Lebjadkina, einer Gottesnärrin, die Stawrogin einst im Hohn auf gesellschaftliche Normen und Gesetze geheiratet hatte, begünstigt er sogar. Nachdem Stawrogin seinen Leidensweg abgeschritten hat, auf dem so viele andere leiden und sterben mußten, bleibt ihm nur der Selbstmord.

Trotz dieses bitteren Ausgangs ist Dostojewski für Camus ein Autor, der uns „heute noch zu leben und zu hoffen hilft"[27]. So hat Camus Dostojewskis Werk mit größter Sorgfalt und Hochachtung bearbeitet – für die Bühnenfassung benutzte er auch die außerhalb des Romans, später veröffentlichte Beichte Stawrogins und Dostojewskis Notizbücher zu „Die Dämonen". An die von ihm selbst besorgte Inszenierung stellte er höchste Ansprüche. Die Generalprobe im Januar 1959 war glanzvoll – Kulturminister André Malraux teilte seine Loge mit Georges Pompidou; Elsa Triolet und Louis Aragon waren im Publikum. Trotz günstiger Pressestimmen aber lief das Stück im Théâtre Antoine dann nicht gut: Das Publikum des Theaters, auf Boulevardstücke eingestellt, war dem Gehalt dieses Werkes nicht recht gewachsen.

Camus beabsichtigte dann, mit dem Stück in neuer Besetzung eine Tournee anzutreten und dabei selbst den Part des Erzählers zu übernehmen. Im letzten Moment aber stand er von diesem Vorhaben ab, das ihn womöglich vor dem Unfalltod bewahrt hätte – am 4. Januar 1960, dem Unglückstag von Villeblevin, spielte seine Truppe im Norden von Frankreich.

Mit André Malraux, 1955

Vorerst aber hegte Camus noch eine Menge von Theater-
projekten. Werke von Shakespeare, Tschechow, Pirandello,
Racine, Corneille, Stücke des spanischen Goldenen Zeital-
ters und des Elisabethanischen Theaters stehen an der
Spitze seiner Projekt-Liste; sie werden ergänzt von Tragö-
dien der griechischen Antike, Stücken von Molière, Méri-
mée und Svevo, Einzelprojekten, unter anderen zu Strind-
berg („Der Traum"), Ibsen („Der Volksfeind"), Chateaubriand („Moses"), Puschkin („Don Juan"), Simone Weil
(„Das gerettete Venedig").[28]
Für die Verwirklichung dieser Vorstellungen, von denen

sich Camus Neuentdeckungen, Experimente, überhaupt eine Belebung der Pariser Theaterszene versprach, suchte er nach einem eigenen kleinen Theater. Darüber verhandelte er mit Kulturminister Malraux, legte ein fünfseitiges Programm mit dem Titel „Theoretische Vorschläge für ein neues Theater" vor, in dem er detaillierte Angaben zu den Auswahlkriterien der Stücke, zur Anzahl der jährlichen Inszenierungen und Aufführungen, der Größe des Theaters, seiner Besetzung, zu seinem eigenen Verantwortungsbereich, ja sogar schon zum Umfang der jährlichen Subventionen machte. Die Entscheidung darüber wurde aber erst einmal im bürokratischen Apparat verschleppt, und Camus war nicht der Mann, hier durch geduldiges Antichambrieren nachzuhelfen. – Malraux, der wohl wußte, wie nötig ein solches Theater war, rang der Regierung schließlich die erforderliche Summe ab; in der ersten Januarwoche 1960 wollte er sich mit Camus zu einer abschließenden Besprechung treffen – aber da war Camus nicht mehr am Leben.

Dialog im Krieg?

Was Camus 1947 über seine Bindung an Algerien schrieb – eine Bindung, die er mit der an eine geliebte Frau verglich –, galt für sein ganzes Leben: „So verbindet mich mit Algerien eine alte Liebe, die zweifellos niemals enden wird und die mich daran hindert, ihm gegenüber ganz klarblickend zu sein."[29] Als untergründiger Kraftstrom bestimmte diese Liebe Camus' Fühlen und Denken; und er suchte ständig nach Gelegenheiten, ihr Ausdruck zu geben. So hatte er sich Ende der vierziger Jahre zusammen mit einigen Freunden an ein Filmprojekt herangewagt, das Algerien einmal anders denn als malerisch-exotische Staffage des Kommerzfilms zeigen sollte. Sie wollten „ein gesundes und richtiges Filmwerk" hervorbringen, „das dem Land, das wir lieben, als Wohltat zugute kommt"[30]. Diese redliche Absicht geriet mit der kolonialen Realität in Konflikt. So starb das Vorhaben.

Wann immer Camus von Unrecht und Repressionen Kolonisierten gegenüber erfuhr, legte er sich ins Mittel. So schrieb er 1953 einen Brief an „Le Monde", in dem er die von den Behörden bagatellisierten Schüsse auf demonstrierende Algerier als Blutbad bezeichnete. Er forderte gründliche Untersuchung des Vorfalls, Bestrafung der Schuldigen und Verfolgung der „uralten Verschwörung von Dummheit, Schweigen und Grausamkeit, die die algerischen Arbeiter entwurzelt, ihnen ein elendes Barackendasein zuweist und sie entmutigt, bis sie Gewalt anwenden, um sie dann töten zu können"[31]. 1954 erschien ein kurzer Artikel Camus' mit der Überschrift „Terrorismus und Amnestie", in dem eingangs ein Sprecher für algerische Autonomie zitiert wird, der Camus kurz nach Kriegsende gesagt hatte: „Unsere schlimmsten Feinde sind nicht die kolonialistisch eingestellten Franzosen, sondern gerade Franzosen wie Sie. Denn die Kolonialisten geben uns eine empörende, aber richtige Vorstellung von Frankreich. Sie aber, Sie geben uns eine trügerische, weil versöhnliche. Sie schwächen uns in unserem Willen zum Kampf. Sie sind es, die uns am meisten schaden."[32]

Camus akzeptierte dieses Argument. Während französische Liberale, so fügte er selbst hinzu, den Algeriern von Brüderlichkeit sprechen, mache die Kolonialmacht sie mit Gummiknüppeln nieder. Aus der hoffnungslosen Lage der Kolonisierten, aus dem Bewußtsein, daß ihnen von außen keine Hilfe kommen könne, sei der Terrorismus entstanden; auch er gehe daher aufs Konto des französischen Kolonialismus und der liberalen Schönredner in Frankreich. – Diese Einsicht Camus' sollte bald auf eine harte, im Laufe der Jahre immer härtere Probe gestellt werden.

Am 1. November 1954, zu Allerheiligen, griff die algerische Befreiungsbewegung „Front de libération nationale" schlagartig und überraschend militärische und industrielle Stützpunkte der Kolonialmacht an. Obwohl Paris die unvermutete Attacke zu bagatellisieren versuchte, hatte der – vorerst noch schwache und schlecht ausgerüstete – F. L. N. mit diesem Angriff sein Ziel erreicht: die Franzosen durch die Existenz und die konzentrierte Schlagkraft einer bisher unbekannten bewaffneten Widerstandsorganisation zu beeindrucken und die algerische Bevölkerung für den Kampf um nationale Unabhängigkeit zu mobilisieren. So wurde der 1. November zum Beginn des siebeneinhalbjährigen algerischen Befreiungskampfes. Ein kleiner Kern bewußter

Kämpfer hatte ihn ausgelöst, und er wurde in unausweichlicher Verhärtung der Fronten zu einem Volksbefreiungskrieg, den Frankreich nur durch Aufgabe seiner kolonialistischen Ansprüche beilegen konnte.

Bis dahin aber war es ein weiter Weg. Zu Beginn des Krieges, als die Metropole noch nicht einmal gesonnen war, ihn ernst zu nehmen, war Camus bereits von der Schwere der Ereignisse durchdrungen – hatte er doch seit zwanzig Jahren auf die Explosivität der Lage hingewiesen, daher auf Reformen gedrängt, und sah er jetzt seine schlimmsten Befürchtungen bestätigt. Denn Camus, der sich mit den Algeriern und den kleinen französischen Siedlern gleichermaßen verbunden fühlte, empfand diesen Krieg als Bruderkrieg. „Ich leide in diesem Moment an Algerien, wie andre an der Lunge leiden"[33], schrieb er an einen algerischen Freund. Camus' Meinung nach müssen, sollen und können Algerier und Europäer in Algerien friedlich und zu beiderseitigem Nutzen zusammenleben – er spricht von „den bei-

Festnahme von zwei Algeriern

den algerischen Bevölkerungsteilen"[34], sogar von „ein und derselben tragischen Familie"[35]. Camus geht hier auf die Eindrücke seiner frohen, dürftigen Jugendzeit zurück, da er sich den kleinen europäischen Siedlern wie den Algeriern im materiellen Mangel – der dennoch graduell sehr verschieden war – verbunden gefühlt hatte; dementsprechend und ganz zutreffend, solange er für sich selbst spricht, schreibt er 1955: „Ich gehöre zu denen, die sich nicht damit abfinden können, zu sehen, wie dieses große Land für immer in zwei Teile zerbricht."[36] Aber war es denn für die Algerier je ein Ganzes gewesen? Hatten sie nicht täglich die Praxis des Kolonialismus erfahren, sie zu Menschen zweiter Ordnung zu stempeln, sie in ihrer psychischen und physischen Existenz zu schmälern, wenn nicht gar zu vernichten? Für diese unaufhebbare Spaltung bezeichnend, weil persönlichstes Verhalten betreffend, ist eine von Grenier vermerkte Tatsache: „... es gab keine Vermischung mit arabischem Blut in Algerien, denn es gab keine Mischehen. Das überraschte mich; Albert Camus auch ... Auf seinem Tisch sah ich eines Tages (es war während des Algerienkrieges) eine Statistik der Mischehen – in dem Moment, als er das Problem der Koexistenz studierte, deren entschiedener Anhänger er war."[37] Solcher Tatsachen ungeachtet gibt Camus seine – persönlich nur zu berechtigte – Wunschvorstellung als Realität aus: „Die französisch-arabische Gemeinschaft ... existiert schon für mich wie für viele Algerienfranzosen. Wenn ich mich beispielsweise einem arabischen Bauern, einem kabylischen Schäfer näher fühle als einem Händler aus unseren nördlichen Städten, so darum, weil ein gleicher Himmel, eine beherrschende Natur, die Gemeinsamkeit der Schicksale stärker gewesen sind ... als die natürlichen Schranken oder die künstlichen Gräben, die die Kolonisation zwischen uns aufgerissen hat."[38] Was Camus als „künstliche Gräben" erschien, das hatten die Algerier als das absolut Unversöhnliche zwischen Kolonialisten und Kolonisierten erfahren – ein lang angestautes Bewußtsein, das sich im Kampf ständig bestätigte und verfestigte. Diesen gebrannten Kindern wollte Camus – guten Willens und guter Absicht – eine harmonische Lösung anbieten, die seinem persönlichen Wunsch und Willen entsprach. Das Problem der Kolonisierten, das er nie am eigenen Leibe erfahren hat, erfaßt er damit nicht; und für die französischen Reaktionäre und Ultras wird er mit seinen Versöhnungsbemühungen zu einem Stein heftigen politischen Anstoßes.

Da Camus seinen Vorstellungen Publizität und Breitenwirkung verschaffen wollte, drängte es ihn wieder zu journalistischer Tätigkeit. Dem kam ein Angebot Jean-Jacques Servan-Schreibers entgegen, der in seinem Wochenblatt „L'Express" die Spitzen der französischen Intelligenz versammeln wollte: Mauriac, Sartre, Merleau-Ponty – Camus sollte da nicht fehlen. Der gibt für seine Rückkehr zum Journalismus zu diesem Zeitpunkt drei Gründe an: „Der erste ist, daß ich einsam bin in meiner Epoche. Ich bin auch … solidarisch mit ihr, und dies ganz stark. Der zweite, daß mir der Journalismus immer als die für mich erfreulichste Art des Engagements erschienen ist … Der dritte endlich, daß ich dazu beitragen will, Pierre Mendès-France wieder an die Macht zu bringen."[39] Liberale Gegner der „harten" Kolonialpolitik wie Servan-Schreiber oder Camus setzten ihre Hoffnungen auf den Radikalsozialisten Mendès-France, der ihnen in der Front unerschütterlicher Kolonialismusverfechter als Bresche erschien, da in seiner Regierungsperiode Tunesien die innere Autonomie zugestanden und das Genfer Indochina-Abkommen unterzeichnet worden war. Mendès-France, einer der von den Ultras meistgehaßten Männer, kam bei den Wahlen von 1956 jedoch nicht durch; die Unterdrückung der algerischen Befreiungsbewegung durch französisches Militär wurde immer schärfer, steigerte sich zur systematischen Anwendung der Folter.

Aus den Artikeln, die Camus von Juli 1955 bis Februar 1956 für „L'Express" schrieb, spricht aufrichtiges Mit-Leiden mit dem Elend der Algerier (die Camus durchweg „Araber" nennt): „… das arabische Volk lebte ohne Hoffnung, und in der Erniedrigung."[40] Dieser Zustand habe schon lange nach Reformen verlangt, und er habe beständig darauf hingewiesen. Nun aber, da der Konflikt ausgebrochen ist, bangt Camus besonders um die mittellosen europäischen Siedler in Algerien, da sie die Rechnung für das von anderen begangene Unrecht zu zahlen hätten. „Es gibt nur eine Handvoll Repräsentanten der algerischen Reaktion, und die leben in den großen Städten, nicht auf ihren Gütern. Die riesige

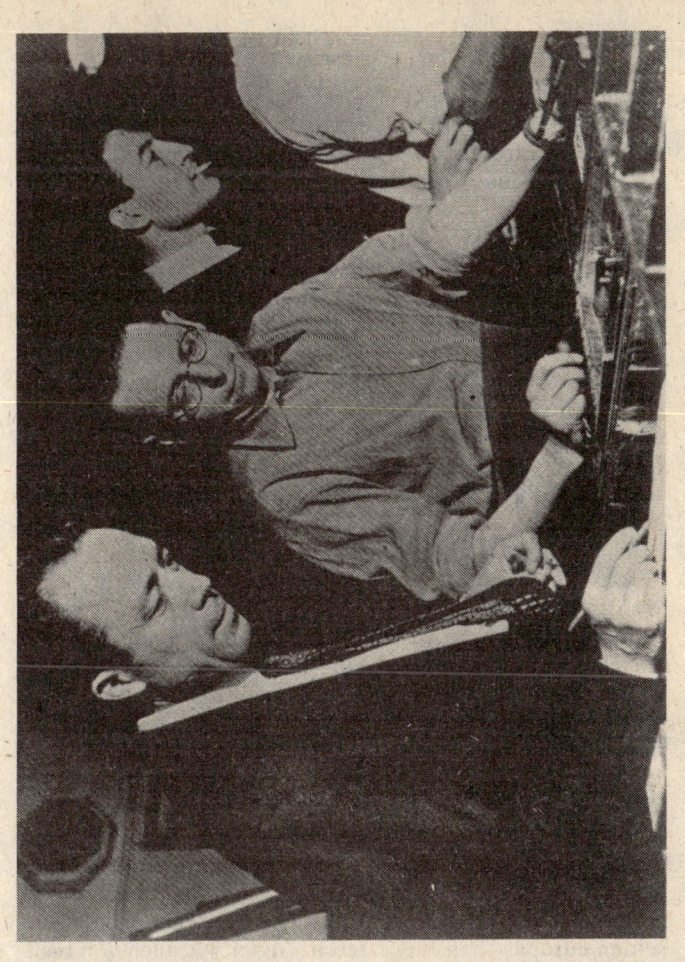

Camus in der Druckerei von „L'Express"

Mehrheit der Algerienfranzosen hingegen müht sich und arbeitet, in tödlicher Angst ..."[41]

Solche Sicht des Konflikts ließ Camus auf einen Verständigungsspielraum hoffen. Dringlich mahnt er zu „eine(r) freie(n) Konfrontation der einander gegenüberstehenden Kräfte im Zuge eines entscheidenden Zusammentreffens"[42], und dies um so dringlicher, als jede Verzögerung mit Blut bezahlt werde. – Diese Vorstellung eines freien Dialogs, dessen Voraussetzung doch die Gleichberechtigung und gegenseitige Anerkennung der Austauschpartner ist, war in dieser Situation und zu diesem Zeitpunkt illusionär. Besonders verstieß sie gegen das Selbstverständnis der französischen Kolonialisten, Reaktionäre und Ultras, die sich noch uneingeschränktes Herrenrecht in Algerien anmaßten. Die Position des F. L. N. hingegen wurde durch Camus' Auftreten gestärkt – zum einen, weil die algerischen Befreiungskämpfer damit als reale, dialogfähige Gegenkraft anerkannt wurden, zum anderen, weil das persönliche Prestige Camus' bei liberal gesinnten Franzosen das tiefere Verständnis des Konflikts oder zumindest seine Wahrnehmung förderte.

Eine aus verständigungswilligen Franzosen und Algeriern bestehende „Vereinigung von Freunden des arabischen Theaters", deren Aktivitäten den Theaterbereich bald überschritten und der einige Freunde Camus' aus früherer algerischer Zeit angehörten, lud den Schriftsteller im Januar 1956 zu öffentlichem Auftreten nach Algier ein. Camus nahm die Einladung dankbar an, vor allem, um sein politisches Zwischenlösungs-Projekt eines Waffenstillstands für die Zivilbevölkerung, also der Verschonung französischer und algerischer Zivilisten von allen Kampfhandlungen und Attentaten, zu propagieren. Camus' Auftreten wurde von seinen europäischen Freunden in Algier wie auch von maßgeblichen Angehörigen des F. L. N. (die sich freilich nicht als solche zu erkennen geben konnten) vorbereitet. Für den 22. Januar war eine Zusammenkunft geladener Gäste aus beiden Bevölkerungsteilen im Rathaus von Algier angesetzt. Camus und die Veranstalter erfuhren aber von gefälschten Einladungskarten in den Händen der Ultras, von zu erwartenden Provokationen. Die Veranstalter beratschlagten daraufhin aufs neue mit Camus, der sich schon fragte, ob er angesichts der drohenden Zusammenstöße nicht besser von seinem Vorhaben abstehen solle. Die Veranstalter versprachen sich aber von Camus' Auftreten eine Meinungsänderung bei der europäischen Bevölkerung Algeriens sowie auch in Frankreich selbst zugunsten des F. L. N., somit eine Stärkung für den Befreiungskampf. Das Treffen wurde also ins Gebäude einer muslimischen Organisation am Rande der Kasbah verlegt und ein wirksamer, auch für den Schutz des Redners verantwortlicher Ordnungsdienst aufgestellt. Trotz gehäufter Attentatsdrohungen der Ultras erklärte Camus nun: „Ich werde sprechen, um jeden Preis."[43]

In dem zum Bersten gefüllten Versammlungssaal hatten sich neben Franzosen und Algeriern auch Vertreter unterschiedlichster ethnischer und religiöser Gruppierungen Algeriens eingefunden – eine solch gemischte Versammlung erschien zu diesem Zeitpunkt, an diesem Ort wie ein Wunder. Auf dem großen Platz vor dem Gebäude drängten sich Tausende von Menschen; gefaßt und ruhig, unter dem Schutz der F. L. N.-Leute, standen dort Algerier, die keinen Einlaß hatten finden können, und lauthals und aufgebracht randalierten die Ultras. „Camus an den Galgen!", „Mendès an den Galgen!", „Nieder mit den Juden!" – unter solchen Haßschreien rang Camus um Verständigungsbereitschaft.[44] Eingangs erwähnte er, was ihn zum Reden befähige und zwinge: „Meine einzige Berechtigung, zu diesem Thema das Wort zu ergreifen, liegt in der Tatsache, daß ich das algerische Unglück als persönliche Tragödie erlebe und mich im besonderen an keines Menschen Tod freuen kann, welchem Lager er auch angehört."[45] Seinen Vorschlag eines Waffenstillstands für die Zivilbevölkerung formulierte er dann so: „Was wollen wir erreichen? Daß die arabische Bewegung und die französischen Behörden – ohne deswegen miteinander in Verbindung treten zu müssen und ohne jegliche andere Verpflichtung – gleichzeitig eine Erklärung abgeben, wonach während der ganzen Dauer der Unruhen die Zivilbevölkerung immer und überall in Frieden gelassen und beschützt wird."[46] Zum Schluß beschwor Camus noch einmal seine intensive Bindung an Algerien, derzufolge er sich nie in das Unglück und den Haß, der das Land jetzt heimgesucht habe, ergeben könne: „Was mich betrifft, so

Ein Opfer der französischen Ultras

habe ich dieses Land, in dem ich geboren wurde, immer leidenschaftlich geliebt; alles, was ich bin, habe ich aus ihm
geschöpft, und nie habe ich einen der Menschen, die hier
leben … aus meiner Freundschaft ausgeschlossen. Obwohl
ich seine vielen Nöte kenne und geteilt habe, ist es für
mich das Land des Glücks, der Tatkraft und der Schöpfung

Französische Patrouille in einem algerischen Dorf

geblieben. Und ich kann mich nicht damit abfinden, es für lange Zeit das Land des Unglücks und des Hasses werden zu sehen."[47]

Als die Ultras schließlich den Polizeikordon durchbrachen und das Gebäude mit Steinen zu bombardieren begannen, las Camus seinen Text hastig zu Ende und verzichtete auf die vorgesehene Diskussion. Die Furcht, sein Appell könne gewaltsame Ausschreitungen nach sich ziehen, war berechtigt – glücklicherweise bestätigte sie sich in diesem Falle nicht. Vor seiner Abreise hatte Camus noch eine Unterredung mit dem französischen Generalgouverneur Jacques Soustelle, der ihn auf die Handicaps eines „Waffenstillstands für die Zivilbevölkerung" hinwies: Zum ersten werde man sich trotz aller Vereinbarungen nicht daran halten, zum zweiten seien die Grenzen zwischen Kämpfenden und Zivilisten in der algerischen Bevölkerung gar nicht abzustecken. Der radikale Nachfolger Soustelles, Lacoste, erteilte Camus' algerischen Gesinnungsfreunden, die sich weiterhin um das Projekt bemühten, eine eindeutige Abfuhr: „Meine kleinen liberalen Freunde, ich warne euch: Wenn ich euch auf meinem Weg finde, werde ich euch zerbrechen wie die anderen."[48]

Nicht der F. L. N., sondern Frankreich hatte den Waffenstillstand für die Zivilbevölkerung abgelehnt. Für Camus war das eine tiefe persönliche Enttäuschung. Seine Mitarbeit bei „L'Express" stellt er nun ein. Er fühlt, daß ihm die Hände gebunden sind – er will für die Gerechtigkeit wirken (so bezeichnet er jetzt die Sache der algerischen Befreiungskämpfer), aber er bangt auch um seine Mutter. Sie war während des Krieges in Algerien geblieben, und die Vergeltungsattentate von algerischer Seite hätten eines Tages auch sie treffen können. Diese Zerrissenheit faßt Camus in Äußerungen wie: „Wenn ein Terrorist eine Handgranate auf den Markt von Belcourt wirft, auf dem meine Mutter ist, und wenn er sie tötet, dann wäre ich für den Fall, daß ich mit der Gerechtigkeit auch den Terrorismus verteidigt hätte, dafür verantwortlich. Ich liebe die Gerechtigkeit, aber ich liebe auch meine Mutter."[49] Für sich selbst notiert Camus im Februar 1957: „Ich habe mich, was Algerien betrifft, zum Schweigen entschlossen, um sein Unglück nicht zu vermehren und zu den Dummheiten, die man darüber schreibt, nichts hinzuzufügen."[50]

Den Konflikt, in den er persönlich so stark verstrickt war, konnte Camus nicht durchdringen. Er handelt in ihm aber mit Anstand, Hilfsbereitschaft und Aufrichtigkeit. So stellte er – und oft mit Erfolg – viele Gesuche um Begnadigung oder Haftentlassung algerischer Befreiungskämpfer. Zu Mohamed Lebjaoui, einem Führer des F. L. N., der die Beziehung zu Camus immer aufrechterhalten hatte, habe Camus 1959 nach einem gemeinsamen Essen in Algier gesagt: „Lebjaoui, ich wohne in der Rue Madame. Mein Haus gehört Ihnen. Sie können dort Zuflucht finden, wenn es Ihnen nötig erscheint."[51]

Doch sich von Unbekannten für seine Zerrissenheit zur Rede stellen zu lassen, lehnte Camus ab. So erinnert sich seine Sekretärin an einen Zusammenstoß zwischen Camus und einem algerischen Besucher, der Camus über die Gründe seiner politischen Abstinenz im Algerienkonflikt befragte und, als sich Camus auf seine Ablehnung von Gewalt und Mord berief, diesem sein ganz anderes Verhalten unter der faschistischen Okkupation vorhielt. Camus schickte den Besucher ärgerlich weg, sagte aber zu seiner Sekretärin: „Es ist wahr, daß ich vom Widerstand gegen die Nazis nicht schockiert gewesen bin, weil ich Franzose war und weil mein Land besetzt war. Ich müßte auch den algerischen Widerstand akzeptieren, aber ich bin Franzose …"[52]

1957, nach der Verleihung des Nobelpreises, wurde Camus bei einer Diskussion mit Stockholmer Studenten von einem jungen Algerier gefragt, warum er die kritische Schärfe, mit der er die Länder Osteuropas beurteile, nicht auch in der algerischen Frage an den Tag lege. Camus führte, blaß und sichtlich betroffen, ins Feld, daß er der einzige französische Journalist sei, den man seinerzeit wegen seines Eintretens für die Algerier aus Algerien vertrieben habe, daß er so lange offiziell seine Stimme erhoben habe, wie der Konflikt dadurch noch nicht verschärft worden sei, und daß womöglich gerade Kameraden seines unbekannten Befragers dank seines nunmehr verborgenen Wirkens noch am Leben seien.[53] Auf die tendenziöse Darstellung dieses Vorfalls in der Zeitung „Le Monde" hin erklärte Camus in einer Zuschrift: „Zu dem jungen Algerier, der mich befragt hat, möchte ich noch sagen, daß ich mich ihm näher fühle als vielen Franzosen, die von Algerien sprechen, ohne es zu kennen. Er wußte, wovon er sprach, und sein Antlitz war nicht das des Hasses, sondern der Hoffnungslosigkeit und des Unglücks. Ich teile dieses Unglück, sein Antlitz ist das meines Landes."[54]

1958 gibt Camus als Antwort auf die dringliche Aufforderung, sich zum Algerienkrieg zu äußern, die „Algerischen Chroniken" (Chroniques algériennes) heraus, eine Sammlung seiner im Laufe von zwanzig Jahren entstandenen Schriften zum Thema Algerien.[55] An den Möglichkeiten zur Beilegung des Konflikts ist er zu diesem Zeitpunkt, wie ein Brief an Grenier zeigt, schon fast verzweifelt: „Ich glaube wie Sie, daß es zweifellos zu spät für Algerien ist. Das habe ich in meinem Buch nicht gesagt, denn nicht immer trifft das Schlimmste ein (sic), denn man muß dem historischen Zufall seine Chance lassen, und man schreibt auch nicht, um zu sagen, daß alles verloren ist. In diesem Fall schweigt man. Ich stelle mich darauf ein.“[56] In den jüngsten Artikeln der Sammlung und dem 1958 verfaßten Vorwort schwankt Camus zwischen Resignation und Forderung: Er bekennt sich zu seinem Leid um Algerien, zum Mißerfolg seiner Bemühungen, glaubt aber, die Ziele der algerischen Befreiungsbewegung in legitime und illegitime aufteilen zu können. Als berechtigt erkennt er die Ablehnung des Kolonialismus an, die nunmehrige Zurückweisung der beständig in Aussicht gestellten und nie realisierten Assimilation, die Revolte gegen die Ungerechtigkeit in der Verteilung der Löhne und landwirtschaftlichen Erträge und den Hinweis auf die seelische Leidenssituation der Kolonisierten; die Forderung nach nationaler Unabhängigkeit aber erklärt er für affektgeladen und illegitim; als künftiges algerisch-französisches Staatsgebilde entwirft er ein konföderatives System. Die „Algerischen Chroniken“ wurden, sofern sie überhaupt Beachtung fanden, kühl aufgenommen. Doch haben auch sie Anteil – einen begrenzten und widersprüchlichen – an der kritischen Haltung der französischen Intelligenz im Algerienkrieg, wie Camus sie vor den Lesern einer englischen Zeitung als einzigartig herausstreicht und anerkannt wissen will: „Kennen sie“ [die Leser der Zeitung „Encounter“, an die Camus 1957 diesen Brief richtete – B. S.] „ein einziges Land, in dem bei Verwicklung in einen Krieg … ein bedeutsamer Teil der öffentlichen und intellektuellen Meinung in großherzigen Überzeugungen die Kraft fände, die in diesem Krieg praktizierten Methoden öffentlich anzuklagen und, oft in innerer Zerrissenheit, gerade jenen Gerechtigkeit widerfahren zu lassen, die unerbittlich gegen die eigene Nation kämpfen.“[57]

Dafür fanden sich in Frankreich während des Algerienkriegs eindeutige und entschiedene Beispiele: So hatte Raymond Aron, einst Freund und Streitgenosse Sartres, nun dessen Kontrahent und einer der großen Geschichtsphilosophen und Soziologen dieser Generation, schon 1957 und 1958 zwei Bücher veröffentlicht, in denen er für die Anerkennung eines souveränen Algerien eintrat.[58] Er setzte sich darin auch mit der Position Camus' auseinander, erklärte, daß dieser trotz aller Gerechtigkeitsliebe und Generosität nicht über die Haltung des „Kolonisators guten Willens" hinauskomme. 1958 erschien in Frankreich ein aufsehenerregendes Buch, das sogleich in viele Sprachen übersetzt wurde: „Die Folter" („La Question"), ein Bericht des Journalisten Henri Alleg über das, was ihm in algerischen Gefängnissen von seinen Landsleuten zugefügt worden war. Alleg hatte seit 1950 die traditionsreiche Zeitung „Alger républicain" herausgegeben; 1955 wurde sie verboten und die Mehrzahl der Mitarbeiter inhaftiert. Alleg konnte sich verbergen, bis im Juni 1957 auch er verhaftet wurde. Einen Monat lang hielt man ihn in einem Vorort von Algier gefangen und verhörte ihn. Den Bericht dieser Haft konnte Alleg, nachdem er in ein Lager gebracht worden war, nach Frankreich gelangen lassen. Er schreibt eingangs, daß sein Fall nur in Hinblick auf das Aufsehen, das er erregt hat, eine Ausnahme sei; die geschilderten Praktiken seien die alltägliche Vorgehensweise des französischen Militärs „in diesem grauenhaften und blutigen Krieg"[59]. Und er würde die Erinnerungen an die Qualen und Demütigungen nicht noch einmal aufrühren, wenn das nicht „eine Hilfe für den Waffenstillstand und für den Frieden"[60] sein könnte. Diese Hoffnung hat das Buch erfüllt: Es wurde zu einem entscheidenden Bewußtseinsanstoß für die französische Öffentlichkeit, sich gegen den Krieg in Algerien und die mit ihm verbundenen Foltermethoden zu wenden. Denn Alleg schildert mit aller Nüchternheit die grauenhaften Folterungen mit Strom und Wasser, denen er selbst ausgesetzt war, den unendlichen Haß und die Erniedrigung, die er beim Schreien der Gefolterten empfunden hat, den Intellektuellenhaß, der ihm von seiten seiner Folterer entgegenschlug, die Selbstmordempfehlungen, mit denen die Verhöre abschlossen. Aber dieses Martyrium stellte die echte Verbindung zwischen Franzosen und Algeriern her. Alleg schreibt: „Sie" [die Algerier – B. S.] „verstanden, daß ich wie sie gefoltert worden war, und sie grüßten mich im Vorbeigehen: ‚Mut, Bruder!' Und in ihren Augen sah ich eine Solidarität, eine Freundschaft, ein so bedingungsloses Vertrauen, daß ich mich stolz fühlte, gerade weil ich Europäer war, meinen Platz in ihrer Mitte zu haben."[61]

Sartre, der das Vorwort zu Allegs Buch geschrieben hat,

spricht von dem nationalen Schamgefühl angesichts des Algerienkriegs, von dem Alleg entlaste: „Es geschah in unserem Namen, daß er gemartert wurde, und wir finden seinet-
wegen endlich wieder ein wenig von unserem Stolz: Wir
sind stolz, daß er Franzose ist."[62] Doch Sartre delegiert das
Schreiben und Handeln gegen den Kolonialismus nicht nur
an andere. 1957 und 1958 hatte er in „Les Temps modernes" Artikel veröffentlicht, die das systematische Ver-
nichtungswerk des Kolonialismus den kolonisierten Völkern gegenüber darstellten und analysierten.[63] Francis
Jeanson, Camus' anfänglicher Kontrahent in der Debatte
um „Der Mensch in der Revolte", baute in Paris eine Hilfs-
organisation für den F. L. N. auf und mußte infolgedessen
ab 1957 in der Illegalität leben. Als dem „Vaterlandsverrä-
ter" Jeanson 1960 der Prozeß gemacht wurde, bezeigten
hunderteinundzwanzig französische Intellektuelle, unter
ihnen Sartre, in der „Erklärung über das Recht zur Kriegs-
dienstverweigerung im Algerienkrieg"[64] ihre Solidarität mit
Jeanson; denn sie bezeichneten darin nicht nur die Kriegs-
dienstverweigerung als berechtigt, sondern erklärten Hilfeleistungen für das algerische Volk zur Pflicht der Franzosen. Ganz entschieden bekannten sich Sartre, Vercors,
Claude Simon und viele andere vor Gericht zu dieser Meinung; Sartre erklärte den F. L. N. geradezu zum Garanten
der algerischen wie der französischen Freiheit. Simone de
Beauvoir stand unterdessen einem Komitee vor, das, ausgehend von dem Fall der gefolterten algerischen F. L. N.-
Kämpferin Djamila Boupacha, die Öffentlichkeit hartnäckig
mit dem Skandal der Folter konfrontierte.
Mutmaßungen, ob Camus sein öffentliches Schweigen im
Verlauf dieser Meinungsentwicklung doch noch gebrochen
hätte, müssen unbeantwortet bleiben. Nach Aussage Mohamed Lebjaouis aber habe Camus 1959 in einem langen Gespräch „ein viel besseres Verständnis für die Bestrebungen
des algerischen Volkes" gezeigt.[65]

Algerien frei!

In „Die Heimkehr nach Tipasa" hatte Camus 1953 geschrieben: „… wird eines Tages nichts mehr zur Bewunderung hinreißen, alles ist bekannt, das Leben vergeht in Wiederholungen. Es ist die Zeit des Exils, des dürren Lebens, der toten Seelen."[66] An diesem Punkt etwa sah sich Camus, als er mit der Arbeit an der Novellensammlung „Das Exil und das Reich" (L'Exil et le royaume) begann. Seit 1952 trug er sich mit einigen Motiven für Erzählungen, die er unter der Überschrift „Novellen des Exils" vereinigen wollte. Mehrere Jahre hindurch ging er mit diesem Projekt um, arbeitete zuweilen konzentriert daran, gab eine Erzählung „Der Fall" (La Chute), die sich zu einem längeren Stück ausgeweitet hatte, gesondert heraus. 1957 brachte er die Novellen in die Endfassung, fragte sich aber immer noch, ob sie das zum Ausdruck brächten, was er sagen wollte.

Die Novellen mit dem nunmehrigen Titel „Das Exil und das Reich" wurden vom Publikum mit Zurückhaltung aufgenommen – man fand hier nicht den Camus, den man suchte: den eindeutigen moralischen Wegweiser. Denn Camus stellt im Lichte der schlichten, alltäglichen Lebensgegebenheiten die großen Postulate zur Daseinsbewältigung, die er früher ausgegeben hatte, in Frage; nicht, daß er sich von ihnen lossagte – er zeigt nur ihre Bedrohtheit, ihre Einengung und Relativierung durch alltägliche Existenzzwänge. Damit kommt ungeheuer viel an konkreten Lebenstatsachen, ungeheuer viel an Stimmungswerten und seelischen Reaktionen in das Werk hinein; hier offenbart Camus wieder seine Fähigkeit, in lapidarer Aussage und kontrastierendem großem Aufschwung die Spannweite zwischen Gebundenheit ans Alltägliche und Sehnsucht nach Grenzüberschreitung und Ausbruch erlebbar zu machen. Die Novellen entsprechen dem, was Camus als das Wesentliche beim Schreiben versteht: „Um zu schreiben, muß man die großen Grundwahrheiten in sich aufgenommen haben und sein Werk auf eine von ihnen oder auf alle zugleich hin orientieren. Die Schriftsteller, die nicht vom Stolz, von der Ehre, vom Schmerz zu schreiben verstehen, sind unbedeutend, und ihr Werk wird mit ihnen oder vor ihnen sterben."[67]

„Ein einziges Thema, … das des Exils, ist hier sechsmal auf verschiedene Weise behandelt worden"[68], schreibt Camus in seinem kurzen Vorspruch zu den Novellen. Ja, all die Menschen, die in den Novellen leben, leiden und handeln, sind im Exil; daß sie es aber als solches empfinden, daß ihnen Sehnsucht und Ahnung eines anderen Lebens geblieben sind, macht sie lebendig und verheißungsvoll.

Das überwältigende, fremde Land und mehr noch seine unzugänglichen Bewohner lösen in einigen Novellen einen Umbruch im Leben der Helden aus, entfremden sie ihren bisherigen Gewohnheiten und eröffnen ihnen andere Horizonte. Die „Ehebrecherin", die Heldin der Eingangsnovelle, macht mit ihrem geschäftstüchtigen Mann eine Fahrt durch die Oasenstädte Algeriens. In loser Gedanken- und Reaktionsfolge offenbart sie ihre Lebenslage: An den Mann war sie vor zwanzig Jahren geraten, weil er sich ihr eben anbot, weil er sie liebte und ihr damit das Gefühl des Gebrauchtwerdens gab. Ihr gemeinsames Leben ist in Alltäglichkeit versackt, was der Mann ganz in der Ordnung findet, die Frau aber mit einem vagen Gefühl der Leere registriert. Die Frau beobachtet den Mann nüchtern, sympathielos – auch hier Leere, für die sie den Mann halb verantwortlich macht. Die Fahrt auf den kalten, sandgepeitschten Wüstenstraßen ist unbequem, die Unterhandlungen des Mannes mit algerischen Stoffhändlern bleiben erfolglos. Niedergedrückt von all diesen Mißlichkeiten erklimmt die Frau mit dem widerwillig folgenden Mann ein Fort, von dem aus sie die unbewegliche, großartige Wüste überblickt und Menschen wahrnimmt, für die es solche Mißlichkeiten nicht gibt: „Über die trockene … Erde dieses Landes ohne Maß zog seit jeher ruhelos eine Handvoll Menschen, die nichts besaßen, aber niemandem hörig waren, elende und freie Herren eines fremdartigen Reiches."[69] In der Nacht kehrt die Frau allein zu dem Fort zurück und erlebt sich dort; in der kalten Wüstennacht, als befreit von den sozialen Zwängen, als einverständnisvollen Teil der Natur. „Sie atmete frei, sie vergaß die Kälte, die menschliche Schwere, das wahngepeitschte oder erstarrte Dasein, die lange Bangigkeit des Lebens und des Sterbens. Nachdem sie so viele Jahre lang, vor der Angst fliehend, blindlings und ziellos dahingestürmt war, hielt sie nun endlich inne. Gleichzeitig hatte sie das Gefühl, zu ihren Wurzeln zurückzufinden … Da begann mit unerträglicher Milde das Wasser der Nacht Janine zu erfüllen, es begrub die Kälte unter sich, von dem geheimen Mittelpunkt ihres Wesens stieg es nach und nach empor und drang in ununterbrochener Flut bis in ihren von Stöhnen übergehenden Mund. Im nächsten Augenblick breitete der kalte Himmel sich über ihr …"[70] Nur – was bleibt Janine übrig, als danach zu ihrem schlafenden Mann zurückzukehren und ihn, als er verständnislos ihre Tränen bemerkt, mit Nichtigkeiten zu beschwichtigen?

Ohne Abbruch, in aufsteigender Linie, nähert sich hingegen der Held der letzten Novelle, „Der treibende Stein", dem Reich. D'Arrast, ein französischer Ingenieur, will in Brasilien einen Staudamm bauen, viel mehr aber noch ein anderes, besseres Leben finden. Vorerst hat er eine Menge der kleinen – lächerlichen bis unangenehmen – Erlebnisse zu bestehen, die Camus selbst von seiner Südamerika-Reise mitgebracht hatte. D'Arrast sucht ständig und hartnäckig Zugang zu den Menschen des Landes – nicht zu den Honoratioren, die ihn servil-lauernd umgeben, sondern zur Masse, zu den Armen, die sich mißtrauisch vor ihm zurückziehen. Als D'Arrast eine Hütte besichtigen will, stößt er auf spontane Ablehnung – für die Armen ist es demütigend, den Herren ihren letzten Schlupfwinkel als Schauobjekt preisgeben zu müssen. Doch D'Arrast läßt nicht locker, sucht er doch echten, gleichberechtigten Kontakt. Zwar wird er zu der Macumba, dem rituellen Tanzfest, zugelassen, aber weggeschickt, als dieses auf seinen Höhepunkt zustrebt. Das Erlebnis der Gemeinsamkeit, der Brüderlichkeit, das D'Arrast in Brasilien suchte, läßt auf sich warten. Doch am nächsten Tag findet eine Prozession statt, in der ein Seemann zum Dank für seine Errettung aus Seenot einen mächtigen Stein zur Kirche tragen will. D'Arrast verfolgt gespannt den Schmerzensweg des Steinträgers, dessen Freundschaft er am Vortag gewonnen hatte; als dieser mit dem Stein zusammenbricht, nimmt D'Arrast die Last auf, trägt sie aber nicht zur Kirche, sondern in die Hütte, in die man ihn anfangs nicht einlassen wollte. Jetzt, nach dieser beherzten, symbolträchtigen Tat, sagt man zu ihm: „Setz dich zu uns."[71]

Von einer sozialen Kluft, die kein guter Wille überwinden kann, spricht Camus in der Novelle „Die Stummen". In einer Böttcherwerkstatt wird nach einem erfolglosen Streik die Arbeit wiederaufgenommen – und sie ist für die Arbeitenden nur Last, Demütigung, Verneinung. Was Arbeit bedeutet, aus der keine Freude und Selbstbestätigung erwächst, hatte Camus seit je beschäftigt und zu Tagebuchnotizen wie dieser bewegt: „Ich weiß, was der Sonntag für einen Mann bedeutet, der arm ist und arbeitet. Ich weiß vor allem, was der Sonntagabend bedeutet, und wenn ich fähig wäre, meinem Wissen einen Sinn und eine Gestalt zu verleihen, könnte ich aus einem armen Sonntag ein Werk der Menschlichkeit schaffen."[72] Das ist Camus mit dieser Novelle gelungen. Die Böttcherei kannte Camus im handwerklichen Detail, weil einer seiner Onkel Böttcher war und er ihn als Junge oft an seinem Arbeitsplatz besucht hatte. Bekannt war ihm auch, daß dieses Handwerk im Aussterben begriffen war. Die Lage der Böttchereiarbeiter in der Novelle ist somit besonders kränkend: Ihre manuelle Geschicklichkeit ist nicht mehr gefragt – sie sind entbehrlich, angewiesen auf das Wohlwollen ihres Chefs. Dieser Stand der Dinge geht dem Böttcher Yvars durch den Kopf, als er nach den Streikwochen erstmals wieder zur Arbeit fährt. Er meidet dabei den Anblick des Meeres, die Erinnerung an das, was früher das Leben für ihn ausmachte. Diese Freuden sind schon lange der Notwendigkeit von Überstunden am Wochenende gewichen. Während der Arbeit kommt dann doch das Wohlgefühl des Schaffens und Gelingens auf, wird aber wieder zerstört, als der Chef joviale Verständigungsangebote macht, denen die Arbeiter nur in ohnmächtiger, zorniger Stummheit begegnen können. Als der Chef in ganz anderer Lage wieder auf die Arbeiter zutritt – sein Kind ist plötzlich gefährlich erkrankt, er sucht Mitgefühl und Hilfe –, werden sie davon zwar innerlich berührt, finden aber kein Wort, keine Geste, die das zum Ausdruck zu bringen vermöchte. Die Verständigung im rein menschlichen Bereich von gegensätzlichen sozialen Fronten aus gelingt nicht.

Aus dem verhalten-abwägenden, „gemischten" Tonfall der Novellensammlung fällt ein Stück wegen seiner Extremlage heraus: „Der Abtrünnige oder Ein verwirrter Geist". Der

Camus (sitzend, zweiter von links) in der Böttcherwerkstatt seines Onkels

Abtrünnige, ein früherer katholischer Geistlicher, liegt in der Wüste auf der Lauer, um den ihm nachfolgenden Missionar zu erschießen. Dabei erinnert und reflektiert er seine Geschichte: Sein Leben stand von Anfang an im Zeichen des Hasses. Religion hatte er als eine Möglichkeit zur triumphalen Unterwerfung der Menschen verstanden, und am meisten reizte ihn dazu Taghâza, die Stadt im Salz, die keinen Fremden duldet. Hier aber findet er seine Meister: Die Herren der Salzstadt greifen ihn auf, sperren ihn ein, schlagen und quälen ihn im Namen ihres Gottes, eines Fetischs des Bösen. Ganz rasch und willig nimmt der „Missionar" die neue Botschaft an: Nach Unterwerfung unter das Böse als unter das Prinzip, das allein Vollkommenheit gestattet, hatte es ihn eigentlich seit je gelüstet. Die Erzählung ist eine einzige Haßtirade dieses menschlichen Monstrums gegen alles Menschliche – bis ihm seine Herren mit einer Handvoll Salz den Mund stopfen.

So losgelöst diese Novelle vom Erlebnishintergrund ihres Autors erscheint, so stark und sichtbar sind die beiden restlichen Stücke damit verbunden. „Der Gast", eine Novelle, bei der es Camus vormals auf die Situation des zum Tode Verurteilten ankam, erhielt durch die Zeitereignisse des Algerienkriegs und die dementsprechenden Sinnveränderungen, die Camus vornahm, beklemmend präzisen Aussagewert über Camus' eigenes Dilemma. – Daru, ein Lehrer französischer Abstammung, lebt und arbeitet in einem algerischeh Elendsgebiet, denn „überall sonst fühlte er sich als Fremdling"[73]. Ein Polizist will Daru einen algerischen Gefangenen zur Aufbewahrung für eine Nacht und zur anschließenden Weitergabe übergeben. Daru weist solche Handlangerdienste für die Kolonialmacht zurück; der Polizist aber charakterisiert drastisch die Situation: „Wenn sie sich erheben, ist keiner sicher, wir sitzen alle im gleichen Boot."[74] Zwischen Daru und dem Gefangenen entsteht eine heikle Beziehung: Das primitive Verbrechen, das man dem Algerier anlastet, empört Daru; andererseits traut er der offiziellen Version nicht ganz, vermutet politische Motive; vor allem aber will er den Algerier menschlich behandeln und hofft, daß der ihn durch nächtliche Flucht des Entscheidungszwanges enthebt. Der Gefangene erscheint stumpf, so, als ob er die Vorgänge nicht begriffe, und zeigt doch plötzlich in den an Daru gerichteten Worten „Komm mit uns"[75] Bewußtsein. Jeder ist für den anderen eine unwägbare Größe. Am Morgen, im Moment der Entscheidung, schiebt Daru diese dem Gefangenen zu – nicht ohne einen Fingerzeig freilich. Er erklärt ihm den kurzen Weg zur Gendarmerie und den längeren in die Freiheit, gibt ihm Proviant für zwei Tage und Geld. Der Gefangene will Eindeutiges von Daru hören, der aber wendet ihm den Rücken und sieht dann mit Betroffenheit, daß der Algerier dem Gefängnis zustrebt. Zurückgekehrt in seine Schule, liest Daru an der Wandtafel: „Du hast unseren Bruder ausgeliefert. Das wirst du büßen."[76] Darus verständnisheischender Fingerzeig hinter dem Rücken der Kolonialmacht hat nicht ausgereicht. In der zweigeteilten Welt des Kolonialismus vertritt jeder Angehörige der herrschenden Nation, solange er nicht mit Wort und Tat ins andere Lager übertritt, die Seite der Herrschenden – mag er sich subjektiv noch so sehr um das Überbrücken des Grabens mühen. Das muß Daru erfahren, und „in diesem weiten Land, das er so sehr geliebt hatte, war er allein"[77].

Selten ist Camus der direkten Selbstaussage so nahe gewesen wie in der Novelle „Jonas oder Der Künstler bei der Arbeit". Der Maler Jonas begegnet, nachdem er vom Kunstbetrieb entdeckt und groß herausgebracht wurde, den bis zur Selbstaufgabe reichenden Gefährdungen künstlerischer Schaffenskraft. Das biblische Motto aus der Geschichte des Propheten Jonas „Nehmt mich und werft mich ins Meer ... Denn ich weiß, daß solch groß Ungewitter über euch kommt um meinetwillen"[78] spricht Jonas' zwangsläufige Versäumnisse den Nächsten gegenüber an, ja das Unheil, das er mit seiner Besessenheit über die Seinen bringt; genauso klagt Camus in einem Brief von 1953: „Um allen gerecht zu werden, brauchte ich heute drei Leben und mehrere Herzen."[79] Dabei ist Camus (wie Jonas) selbst der Stützung, der freundschaftlichen Hilfe bedürftig, bedürftiger als manch anderer, saugt doch sein künstlerisches Werk den größten Teil seiner Lebensenergie auf. In den Notizen von 1952 findet sich der Passus: „Alle auf mir, um mich zu zerstören. Pausenlos fordern sie ihren Anteil, ohne mir jemals, jemals die Hand zu reichen, mir zu Hilfe zu kommen, mich zu lieben endlich für das, was ich bin und damit ich bleibe, was ich bin. Sie halten meine Energie für unbegrenzt und meinen, daß ich sie an sie verteilen, sie damit leben lassen müsse. Aber ich habe all meine Kräfte in die erschöpfende Passion des Schaffens gelegt, und ansonsten bin ich das entblößteste und bedürftigste Wesen."[80]

Der Untertitel „Der Künstler bei der Arbeit" deutet ironisch auf den Titel eines Porträts hin, für das Jonas in Arbeitspose Modell steht, als er tatsächlich schon nicht mehr zu arbeiten vermag. Dem entspricht eine Briefstelle des ruhmbeladenen Camus: „Aber das schlimmste ist, daß ich weder die Zeit noch die innere Ruhe mehr habe, meine Bücher zu schreiben … Seit einigen Jahren … hat mein Werk mich nicht frei gemacht, sondern mich unterjocht."[81]

Jonas' äußeren Auf- und inneren Abstieg schildert Camus nicht schwermutsvoll, sondern mit ironischer Distanz, eine Stilhaltung, die er seit dem „Fremden" nicht mehr eingenommen hatte. Die Ironie hat hier zwei Gesichter: Sie ist bitter und entblößend, wo sie Jonas' soziales Umfeld – die Kunsthändler, die Wohnungsmakler, die Bewunderer und Bewunderinnen, die Kritiker und Schüler – trifft; sie ist liebevoll-aufklärend Jonas' wahrem menschlichem Umfeld gegenüber, seiner Frau, seinem Freund, seinen Kindern, seiner Arbeit, auch ihm selbst.

Jonas ist anfangs ein bescheidener, unbekümmerter Mensch, für den es nichts gibt außer der Malerei. Frau und Kinder fallen beinahe unbemerkt in sein Leben ein, fordern aber, einmal vorhanden, ihren Platz, so, wie Camus das für sich selbst Grenier ironisch mitteilt: „Der Kampf zwischen meinen Kindern und mir ist schließlich für sie ausgegangen: ich arbeite nicht mehr zu Hause, versuche, es in meinem Büro bei der NRF zu tun. … Die Sieger nehmen jetzt das gesamte eroberte Terrain ein und führen sich dort auf wie alle Sieger – zynisch."[82] – Die Rechte an seinen zukünftigen Bildern hat Jonas sorglos gegen ein Fixum an einen Kunsthändler verkauft – das geht gut, solange Jonas' Malerei „zieht", und läuft sehr schlecht, als sein Stern beim Publikum sinkt. In seiner engen Wohnung macht sich ein snobistischer, übelwollender Künstlerklüngel breit, hindert Jonas am Arbeiten, sperrt ihn ab von seiner Familie und dem Freund. Nachdem Jonas gutmütig-unbewußt in diese unerträgliche Situation hineingeschlittert ist, flieht er vor ihr – er beginnt zu bummeln, zu trinken, außer Haus zu schlafen. Von all seinen positiven Kräften schließlich zur Umkehr gezwungen, richtet sich Jonas auf einer Art Hänge-boden in einem der hohen Räume seiner Wohnung ein, nimmt dorthin seine Malutensilien mit, schließlich auch das Essen und das Bett. Er sitzt dort unbeweglich im Dunkeln, gibt an, er arbeite. Als ihn die Familie besinnungslos in sei-nem Schlupfwinkel findet, steht auf der weißen Leinwand nur ein Wort, das „solitaire" oder „solidaire", „einsam" oder „gemeinsam" heißen kann. Der Arzt versichert, Jonas werde genesen – ob er aber nur physisch überlebt oder seine Er-fahrung schöpferisch verarbeitet, ob er das Dilemma zwi-schen Einsamkeit und Gemeinsamkeit lösen kann, bleibt of-fen. Camus jedenfalls hatte schon kurz nach dem Krieg in sein Tagebuch geschrieben: „... nach und nach trennt die Schöpfung uns von allen und verstößt uns in die Ferne, ohne einen Schatten von Liebe."[83]

Im Ungemach

„La Chute", „Der Fall" im Sinne von Sturz, sollte eine der „Novellen des Exils" werden. Im Sommer 1955 schrieb Ca-mus aus Italien an Grenier, daß er diese in einer ersten Fas-sung fertiggestellt habe, und fuhr dann fort: „Dann werde ich einen ‚direkten' Roman zu schreiben versuchen, ich will sagen, der nicht, wie die vorhergehenden, eine Art organi-sierter Mythos ist."[84] Diese Charakteristik könnte – und auch der Zeitpunkt spricht dafür – für „Der Fall" zutreffen. Die Erzählung scheint schnell und spontan entstanden und aus den anderen „Novellen des Exils" herausgewachsen zu sein. Den für Camus' Werk so ausgefallenen Handlungs-ort – das neblige, sonnenlose, von langer europäischer Kul-turtradition erfüllte Amsterdam – hatte Camus 1954 auf ei-ner kurzen, trübseligen Reise nach den Niederlanden kennengelernt. Anders als bei allen anderen Werken finden sich zu diesem Vorhaben keine Notizen im Tagebuch,[85] und auch im Bekanntenkreis sprach Camus kaum darüber. Nichtsdestoweniger ist das Buch sprachlich und formal wohldurchdacht, ja raffiniert ausgearbeitet; auch existieren mehrere Versionen. Im Februar 1956, also noch vor der Novellensammlung, war der kleine Roman abgeschlossen und gelangte im Mai des gleichen Jahres als selbständiges Buch auf den Markt.

Schon die rasche, beinahe eruptive Hervorbringung des Romans spricht von der persönlichen Notwendigkeit, mit der hier geschrieben wurde. Innerlich wie äußerlich befand sich Camus in einer beklemmenden Lage: Seine Frau war krank, schleppte ein schwer definierbares neuralgisches Leiden mit sich herum, an dem sich Camus nicht schuldlos fühlte; in der bösen Polemik um „L'Homme révolté" war Camus der öffentlichen Meinung nach der Unterlegene geblieben – eine Demütigung, die er schwer verwand und die ihn dahin führte, den Sartre-Kreis illoyalen Verhaltens, ja des Verrats zu beschuldigen. – Als Titel der Erzählung erwog Camus auch „Der Schandpfahl", „Ein Puritaner unserer Zeit" oder „Ein Held unserer Zeit"; in diesen Überschriften ist der polemische Unterton noch stark. In den endgültigen Titel „Der Fall" hingegen ist neben den bitteren Erfahrungen mit seinen einstigen Gesinnungsfreunden auch eine aufrichtige Eigenkritik hineingenommen. Denn Clamence, die Hauptgestalt, spricht in seinem Dauermonolog auch von der unvergleichlichen Selbstbefriedigung, die hochherzig-moralisches Verhalten gewährt: „… ich befand mich auf der richtigen Seite, das genügte für meinen Seelenfrieden. Das Bewußtsein des guten Rechts, der Genugtuung, recht zu haben, das Hochgefühl der Selbstachtung – das, Verehrtester, sind Triebfedern, mächtig genug, uns Haltung zu geben oder vorwärtszubringen."[86] Wenn Simone de Beauvoir daraufhin, daß Camus mit seinem eigenen Moralisten-Image ins Gericht geht, erfreut schreibt: „Ich fand die Schlichtheit herzzerreißend, mit der er" [Camus – B.S.] „sich bloßstellte …"[87], so vereinfacht sie in doppelter Hinsicht: Zum einen hat Camus keineswegs nur sich selbst, sondern auch die ihm nun feindlich gesinnte Pariser Intellektuellenszene und deren exklusives Meinungsdiktat bloßzustellen versucht und vermocht; und zum anderen ist die Identifikation Camus' mit seinem Helden unzulässig. Camus hat sich dagegen ausdrücklich verwahrt: „… dieser Jean-Baptiste Clamence, mit dem man mich hartnäckig zu identifizieren versucht"[88].

Daß reale Vorkommnisse aus Camus' Leben, daran geknüpfte Empfindungen und Überlegungen, auch das Urteil über vergangene Lebensabschnitte in die Haupt- und einzige Gestalt der Erzählung eingeflossen sind, ist unverkennbar. Über all das geben aber weder Camus noch selbst sein Held ungebrochen-eindeutig Auskunft. Camus schafft – und eben darin besteht seine gestalterische Leistung – aus den „Rohmaterialien" seines eigenen Lebens eine selbständige Gestalt mit eigener Verhaltenslogik. Dieser Jean-Baptiste Clamence begegnet uns in einer Amsterdamer Hafenkneipe, wo er als eine Art Rechtsberater der Unterwelt sein Leben fristet. Nicht dort aber liegt der Schwerpunkt seiner Existenz, sondern in den Bewußtseinsprozessen, die unaufhörlich in ihm abrollen, die ihn einst zum radikalen Bruch mit seiner Vergangenheit bewogen hatten, die ihn jetzt diese Vergangenheit be- und verurteilen lassen und die er in seinem perversen „Dialog" mit einem stummen Zuhörer exhibitionistisch ausstellt. – Clamences Lebensbeichte ist ein monotoner Singsang der Negation. Hinter all seinen Handlungen, den niedrigen wie den hochherzigen, den Unterlassungen wie den Hilfeleistungen, macht er die gleiche egoistische Motivation aus. Früher war er Anwalt, Fürsprecher der Armen und Rechtlosen, ein hochgeachteter, erfolgreicher Mann; jetzt nennt er sich „juge-pénitent", Richter und Büßer in einem also, verurteilt sich und seine Mitmenschen, führt ein lichtscheues, geducktes Dasein. So extrem diese Existenzformen der gesellschaftlichen Beurteilung nach voneinander unterschieden sind, sie ergeben sich aus den gleichen Persönlichkeitskonstanten: dem Wunsch und Willen, zu urteilen und zu verurteilen, leichten, immer gültigen Wahrheiten anzuhängen, in der absoluten Bejahung oder absoluten Verneinung Ruhe zu finden, den täglich neu und anders auftretenden Anforderungen menschlicher Bewährung mit solchen Stereotypen aus dem Wege zu gehen. Hämisch macht sich Clamence über die Lüge seines früheren „geglückten Lebens"[89] lustig; aber auch seine jetzige Lebensform ist unwahr, beruht auf der Falschheit absoluter Negation. Clamence ist aus menschlichem Maß herausgefallen – er will das Absolute. Da ihm absolute Schuldlosigkeit nicht gegeben sein kann, verbohrt er sich in das Bekenntnis absoluter Schuld. Und mit seiner vielschichtigen Beichte – vielschichtig, da er sich zu persönlichem Versagen, zu Hochmut und Selbstgefälligkeit, zu politischer Wankelmütigkeit, ja schließlich auch zu einem kriminellen Delikt bekennt – verfolgt er ein vertracktes Ziel: Gesteht er nicht eigentlich, um seine Fehler abermals zu begehen, um in Lüge und Negativität – als dem, wie er behauptet, Lebensraum aller – verharren zu können? Fordert er mit seinem schlau-vereinnahmenden Monolog nicht geradezu die allgemeine Anerkennung der Negativität und wirft er sich als deren Verkünder nicht schließlich zum Diktator auf?

Clamences Monolog läßt viele Deutungen, viele Schlußfolgerungen zu. Der Sprechende gibt sich ja nicht in Handlungen zu erkennen, sondern in Worten allein – hinter denen er sich auch wieder verbergen, mit denen er alles im Vagen belassen kann. Wie Dostojewski in „Aufzeichnungen aus dem Untergrund" – diese Parallele wird zu Recht immer wieder gezogen – setzt Camus „das Wort des Helden über sich selbst und über seine Welt" und macht damit „das Selbstbewußtsein" in all seinen Brechungen zur „künstlerischen Dominante der Konstruktion des Helden …"[90]. Da der Autor kein abrundendes, endgültiges Urteil über den Helden fällt, sondern dessen ganzes Sein über das Selbstbewußtsein vermittelt, ist das letzte Wort nicht gesprochen und der Leser zu eigener versuchsweiser Stellungnahme aufgerufen. Ein Werk von solcher Offenheit und Vieldeutigkeit, das die jedermann verständliche Handlungsanleitung etwa der „Pest" vermissen ließ, mußte geringeren Anklang beim breiten Publikum finden. Kennern aber war sogleich klar, daß mit der Veröffentlichung von „Der Fall" ein literarisches Ereignis stattgefunden hatte. Hans Magnus Enzensberger schrieb 1957: „Es ist ein Bekenntnis, das sich selbst parodiert und der Exhibition gefährlich nahekommt, eine Beichte, die der Reinigung nicht mehr dient, da Reinigung unmöglich geworden ist … Jede tragische Einsicht wird alsbald wieder weggewischt und ersäuft im Jargon. Furchtbare Anektoden stehen neben billigen Witzen, mesquines Kalkül neben Äußerungen qualvoller Desillusion. Das Buch hat Fußangeln und Hinterhalte, Falltüren und Strickleitern. Scheinbar regellos wechseln Episoden und Reflexionen, Abschweifungen und Maximen, Rahmen- und Erzählhandlung miteinander ab. Camus, so scheint es, ist von der klassischen Schreibweise zu haltloser Causerie abgesunken. Sieht man genauer hin, so stellt sich die Täuschung schnell heraus. Der Anschein des Chaotischen ist sehr bewußt geplant. Noch die mindeste Abschweifung ist Teil einer strengen Komposition. Kein Detail, das ohne Funktion in der Erzählung wäre, das nicht wieder erschiene, wenn die Ökonomie des Gebildes es verlangt. Die Tonfälle, elegant oder vulgär, schneidend oder lyrisch, werden mühelos beherrscht. Falsche Vertraulichkeit, monströse Kälte, metaphysische Clownerie und höhnische Selbstbezichtigung werden in einer stilistischen tour de force beispiellos in eins gefaßt und durchgehalten. Technisch betrachtet ist ,Der Sturz'[91] ein Meisterstück."[92]

Nicht nur in sich ist das Werk vielschichtig und beziehungsreich; aus zwanzigjährigem Abstand, im Lichte schlimmster Erfahrungen der europäischen Zivilisation, der Erfahrung von Faschismus und Konzentrationslagern, scheint „Der Fall" die negative Antwort auf die Erzählung „Der Fremde" zu sein. Dort gab es einen bewußtlosen Mörder, der immerhin intakt genug war, sich den Mechanismen gesellschaftlicher Deformation zu verweigern; jetzt gibt es einen Retter der Entrechteten, dessen erst glückliches und dann unglückliches Bewußtsein ihn zur bloßen Funktion im gesellschaftlichen Mechanismus macht. Daß Camus zu diesem Zeitpunkt einen solchen Helden hervorbrachte, zeigt, daß der Absturz ins Ungemach ihm selbst nicht fremd war.

Womit sich doch noch einmal die Frage der biographischen Anstöße, der Lebenssubstanz, die in dieses Werk eingeflossen ist, stellt. – Es ist eine Frau, eine Selbstmörderin, die Clamence zu Bewußtsein bringt, welch verlogene Schaustellung sein „geglücktes Leben" ist. Nachdem er ihr, die sich bei Nacht in die Seine gestürzt hat, nicht zu Hilfe gekommen ist, wird ihm seine ständige lustvolle Hilfsbereitschaft bei Tage suspekt – ein Lachen verfolgt ihn nun, wenn er nächtens die Seine überquert. In diesem Lachen manifestiert sich das Bewußtsein der schuldhaften Diskrepanz zwischen der der Außenwelt sichtbaren Lebensleistung und dem tatsächlichen Beistandsvermögen dem Nächsten gegenüber. Und so muß es schließlich auch in Camus gelacht haben.

Aber nicht nur die Hingabe an die tausend Verpflichtungen des moralischen Fürsprechers zogen Camus von seinen Nächsten ab: Vor allem und als erstes war es sein künstlerisches Schaffen. Dieser Konflikt stand für Camus so, wie er ihn 1953 in einem kurzen pantomimischen Stück mit dem Titel „Das Leben des Künstlers" zum Ausdruck gebracht hatte: Ein Maler richtet hier über seiner Arbeit seine Familie zugrunde; als schließlich die Frau stirbt, bricht er zusammen, erhebt sich aber dann, küßt seine tote Frau und beginnt, sie zu malen.

Der Nobelpreis

In den vergangenen Jahren war Camus schon mehrmals für die Verleihung des Nobelpreises im Gespräch gewesen, jedesmal aber vor allem aus Altersgründen zurückgestellt worden; dennoch war, als das Gerücht 1957 schließlich zur Gewißheit wurde, dies für Camus ein kaum zu verkraftender Schlag. Der Nobelpreis „traf" ihn in einer tiefen moralischen und schöpferischen Krise. „Ich habe nichts getan in diesem Sommer, auf den ich doch so sehr gerechnet habe. Und diese Sterilität, diese plötzliche Unempfindlichkeit greift mich sehr an"[93], hatte Camus kurz vorher geschrieben. Nun sieht sich der von tiefen Selbstzweifeln, von Schreibunfähigkeit bedrohte Autor im Zentrum des durchaus nicht immer wohlwollenden öffentlichen Interesses; dieses Interesse wäre wohl auch nicht zu dämpfen gewesen, wenn Camus den Preis abgelehnt hätte, wie er es in der ersten Nacht nach Erhalt der Nachricht erwogen haben soll. Am unbehaglichsten fühlte sich Camus Malraux gegenüber, den er als überlegenes Vorbild betrachtete, dem er also den Preis vor sich zuerkannt hätte.[94] Außerdem hatte Camus Kandidaten wie Sartre, Beckett, Saint-John Perse und Pasternak aus dem Felde geschlagen, was um so mehr überraschte, als der Nobelpreis im allgemeinen für ein literarisches Gesamtwerk verliehen wurde, das die Juroren als abgeschlossen, vollendet betrachten konnten. – Nun also die Auszeichnung „für" – so die offizielle Begründung der Schwedischen Akademie – „sein bedeutsames literarisches Schaffen, das mit klarsichtigem Ernst die Probleme des menschlichen Gewissens in unserer Zeit beleuchtet"[95]. Wohl war Camus nicht bei dieser verpflichtenden Charakterisierung seines Schaffens, der er in der gegenwärtigen Situation nicht gerecht zu werden vermeinte; wohl war ihm vor allem nicht bei der Aussicht auf die Zeremonien der Preisverleihung, den Reklamerummel, die gehässigen Kommentare. Die ließen tatsächlich nicht auf sich warten: „Der Nobelpreis krönt ein beendetes Werk", stand zum Beispiel als Schlagzeile über einer Karikatur, die Camus im Spielzeug-Cowboyanzug zeigte.[96] Auch suggerierte die prokolonialistische Rechte, für die Camus ein Fürsprecher der algerischen „Rebellen" war, diplomatische Verwicklungen: Da es die Schwedische Akademie unterlassen habe, das französische Außenministerium zu konsultieren, habe sie sich mit Camus' Wahl in die inneren Angelegenheiten Frankreichs eingemischt und die französischen Interessen in Algerien geschädigt.

Trotz all dieser Mißhelligkeiten und des eigenen Mißbehagens konnte Camus den Preis schlechterdings nicht ablehnen. Denn für ihn, das Kind armer Leute, die Halbwaise, den Stipendiaten, war diese Ehrung doch auch Genugtuung, und er wollte es den wenigen Menschen, die ihn in der Kindheit und Jugend gestützt hatten, ermöglichen, den Stolz mit ihm zu teilen. Seiner Mutter telegrafierte er, daß sie ihm nie so gefehlt habe wie in diesen Tagen; sie soll Journalisten gegenüber gesagt haben: „Ich habe lange darauf gewartet, glücklich zu sein ... jetzt bin ich es!"[97] An Louis Germain, seinen ersten Lehrer und Förderer, schrieb Camus im November: „... als ich die Nachricht erhielt, galt mein erster Gedanke, nach meiner Mutter, Ihnen. Ohne Sie, ohne diese liebevolle Hand, die Sie dem armen kleinen Kind ... gereicht haben, ohne Ihre Unterweisung und Ihr Beispiel wäre nichts von alledem geschehen. Ich mache kein großes Aufheben von dieser Art Ehrung. Aber sie ist zumindest eine Gelegenheit, Ihnen zu sagen, was Sie für mich waren und immer sind, und um Ihnen zu versichern, daß die Anstrengungen, die Arbeit und die Großherzigkeit, die Sie bewiesen haben, immer lebendig bleiben bei einem Ihrer kleinen Zöglinge, der trotz seines Alters nicht aufgehört hat, Ihr dankbarer Schüler zu sein."[98] Camus bezeigt Dankbarkeit für die Ausbildung und Bildung, die ihn zu

Für den Nobelpreis designiert – Camus mit seiner Frau im Garten
des N.R.F.-Gebäudes

Camus' Mutter 1957

diesem Höhepunkt geführt hat; ganz anders Sartre, dem mit seiner bürgerlichen Erziehung das Recht auf Bildung und gesellschaftlichen Aufstieg als selbstverständlich beigebracht worden war. Bekanntlich hat Sartre den Nobelpreis einige Jahre später abgelehnt, und der Kernsatz seiner Begründung dafür war: „Diese Haltung beruht auf meiner Vorstellung von der Arbeit eines Schriftstellers. Ein Autor, der politisch, gesellschaftlich und literarisch Stellung bezieht, sollte nur mit seinen eigenen Mitteln handeln, das heißt mit dem geschriebenen Wort ... Der Schriftsteller sollte sich also weigern, sich in eine Institution verwandeln zu lassen."[99]

Die Protokollawine rollte nun auf Camus zu. Als erstes fand bei Gallimard ein Empfang zu Ehren des künftigen Nobelpreisträgers statt. Hier präsentierte sich Camus den Erwartungen gemäß – er posierte willig für die Fotografen und beantwortete die Frage, wie er die Nachricht aufgenommen habe, nicht ganz wahrheitsgemäß so: „Mit großer Überraschung und guter Laune."[100] Zu den Empfängen in die Schwedische Botschaft nahm Camus einen alten Freund aus Oran mit – solch echte freundschaftliche Bindungen, wie er sie in Algerien hatte, sollten ihm in dem mondänen Milieu den Rücken stärken. Die Schwedische Akademie schickte Camus eine Liste der für jede Zeremonie vorgeschriebenen Kleidungsstücke, und Camus machte sich mit seiner Sekretärin auf zum Frackverleih. Roger Martin du Gard gab aus eigener Erfahrung dem jüngeren Kollegen Hinweise, wie die Nobelpreisrede abzufassen sei.

Am Abend des 7. Dezember fuhr Camus in Begleitung seiner Frau, der beiden Ehepaare Gallimard und der Frau seines amerikanischen Verlegers Knopf mit dem Zug nach Schweden ab. Sie trafen am Morgen des 9. Dezember in Stockholm ein, und schon 11.30 Uhr gab Camus eine Pressekonferenz in der Französischen Botschaft. Er mußte darauf gefaßt sein, daß das politische Interesse an seiner Person das literarische überwiegen würde und daß wegen seiner nunmehrigen Zurückhaltung im Algerienkonflikt auch feindselige Stimmen laut werden könnten. Ein junger Attaché des Schwedischen Außenministeriums, der von einem zweijährigen Parisaufenthalt her Camus' Werk und die Problematik des Algerienkriegs kannte, begleitete Camus; er sollte in heiklen Situationen vermittelnd eingreifen. Camus antwortete, auf das „engagement" des Schriftstellers hin befragt, daß dies keine beliebig wählbare Haltung sei, sondern eine unausweichliche Verpflichtung; der Künstler könne sich von seiner Zeit nicht lösen, müsse aber seine Souveränität und Freiheit bewahren. Zum Thema Algerien entwickelte er wiederum seine Vorstellung einer französisch-arabischen Gemeinschaft. Damit verließen die Journalisten das heikle politische Gebiet, und Camus konnte über seine literarischen Vorbilder und Freunde sprechen: Er erwähnte Grenier, junge algerische Autoren (mit denen er solche arabischer und auch französischer Herkunft meinte) und René Char, den er einen „Bruder" nannte. – Auf ein neues Werk hin befragt, erklärte er, abergläubischerweise nicht von dem Roman „Der erste Mensch" sprechen zu wollen, zumal er sich auf dem damit beschrittenen Feld des traditionellen Romans nicht sehr sicher fühle; zudem sei er das Werk seiner Reife, dem er gefühlsmäßig große Bedeutung zuschreibe – also belasse man dieses Vorhaben besser im glücklichen Zustand des Ungewissen. – Auf eine Frage zu seinem Auftreten gegen die Todesstrafe hin – Camus hatte zu Beginn des Jahres einen Essay, „Reflexionen über die Guillotine" (Réflexions sur la guillotine), geschrieben[101] – nahm er die Gelegenheit wahr, noch einmal die Prämissen seiner politischen Haltung zu umreißen: Er bleibe insofern ein „unverbesserlicher Optimist", als er der drohenden Zerstörung der Welt nach wie vor mit dem Bemühen entgegentrete, menschliche Würde zu bewahren und zu verteidigen. Und die Freiheit sei der sicherste und erhabenste Garant dafür.

Der nächste Tag, der 10. Dezember, war der der großen Zeremonie. In dem alten Konzertsaal im Geschäftsviertel Stockholms, dem Ort der Preisverleihung, nahmen König Gustav VI., die Mitglieder der königlichen Familie, die Preisträger mit ihren Familien, die Mitglieder der Schwedischen Akademie, das diplomatische Korps und die Spitzen der schwedischen Gesellschaft die ihnen traditionsgemäß zugewiesenen Plätze ein. Der Festakt begann wie immer mit einer Gedenkrede für Alfred Nobel, den Stifter des Preises; darauf wurden die Preisträger mit Ansprachen in ihrer Muttersprache geehrt; der König überreichte sodann die Diplome, Medaillen und Schecks. Während der König einem jeden Preisträger die Hand drückte, sprach er lächelnd ein paar Worte mit ihm; die Unterhaltung mit Camus soll etwas länger gedauert haben, wie Camus' Begleiter befriedigt vermerkten.

Auf diesen Festakt folgte ein offizielles Bankett im Rathaus, an dem die königliche Familie teilnahm und auf dem Camus seine Dankrede zu halten hatte.[102] Camus erklärte, daß Kunst für ihn lebensnotwendig sei, daß er sich durch sie

Die Verleihung des Nobelpreises

aber nicht über das Leben aller hinausgehoben fühle, sondern ihm besonders intensiv und verantwortungsbewußt verbunden bleibe. In diesem Zusammenhang gab Camus einer neuen Angst und einer neuen Hoffnung Ausdruck, die ihn nun nicht mehr verlassen werden: der Angst vor nuklearer Weltvernichtung und der Hoffnung auf deren bewußte Verhinderung. „Jede Generation sieht zweifellos ihre Aufgabe darin, die Welt neu zu erbauen. Meine Generation jedoch weiß, daß sie sie nicht neu erbauen wird. Aber vielleicht fällt ihr eine noch größere Aufgabe zu. Sie besteht darin, den Zerfall der Welt zu verhindern." [103] Anschließend fand sich die studentische Jugend Stockholms zu einem Ball ein, auf dem sich Camus einmal mehr als leidenschaftlicher Tänzer hervortat. An Grenier schreibt er in diesen Tagen: „Die Corrida geht gerade zu Ende, der Stier ist tot, oder beinahe." [104]
Zwei Tage später fand eine Diskussion mit Studenten der Stockholmer Universität statt, auf der sich in dem heftigen

Das Bankett am 10. Dezember 1957 anläßlich der Nobelpreisverleihung

Wortwechsel mit einem jungen Algerier die politische Spannung um den Preisträger entlud.

Von da an ging es harmonischer zu. Am nächsten Tag, dem kürzesten des Jahres, servierten einer schwedischen Tradition gemäß weißgekleidete junge Mädchen mit brennenden Kerzen im Haar den Camus' das Frühstück. Der Preisträger wurde zu Kolloquien, Empfängen, Interviews herumgereicht. Am 14. Dezember hielt Camus in der ältesten Universitätsstadt Schwedens, in Uppsala, eine Rede mit dem

Titel „Der Künstler und seine Zeit"[105]. Camus stellte eindringlich die nie zuvor so starke Verunsicherung des Künstlers dar, die daraus entsteht, daß er an der Berechtigung seiner Existenz, ja an der Notwendigkeit der Kunst schlechthin zweifelt, wenn nicht verzweifelt. Denn: Welche Berechtigung hat die Kunst angesichts des ungeheuren Elends, das die Welt beherrscht? Zerstört man die Eigengesetzlichkeit der Kunst, wenn man sich diesem Elend zuwendet? Oder ist nicht vielmehr alles, was diesem Elend nicht Rechnung trägt, Lüge? Für dieses Dilemma des heutigen Künstlers gebe es keine Patentlösung; der Künstler müsse ständig um das schwierige Gleichgewicht zwischen eigengesetzlichen Anforderungen der Kunst und den Forderungen der Realität ringen. Gradmesser des Gelingens sei das Ideal der „unmittelbaren, allumfassenden Verständigung"[106]. An dieser Stelle drängt es Camus zur Auseinandersetzung mit dem Realismus, besonders dem sozialistischen Realismus, den er als die literarische Ausmalung ideologischer Forderungen begreift (und sicher auch erfahren hat). In dieser Funktion – und eine andere sieht Camus nicht – lehnt er den sozialistischen Realismus ab, da dieser die Kunst in eine dem revolutionären Kampf untergeordnete Rolle dränge. – In der Definition der Kunst, um die Camus dann in seiner Rede ringt, stellt er die Beziehung zwischen Kunst und Wirklichkeit folgendermaßen dar: „… der Künstler will … nichts anderes, als der Wirklichkeit eine veränderte Gestalt geben, während er gleichzeitig gezwungen ist, diese Wirklichkeit beizubehalten, weil sie die Quelle seines Empfindens darstellt. In dieser Beziehung sind wir alle Realisten, und doch ist es keiner. Die Kunst ist weder die völlige Ablehnung noch die völlige Zustimmung, und darum kann sie nichts anderes sein als ein stets neues Hin- und Hergerissenwerden."[107] Das Grundmotiv Camusschen Schaffens, das Zwischen-Ja-und-Nein-Stehen, leuchtet in der treffenden Aussage über das Wesen der Kunst auf: „Vielleicht rühren wir hier endlich an die Größe der Kunst, die in dieser ständigen Spannung zwischen Schönheit und Schmerz besteht, zwischen der Liebe zum Menschen und dem Wahn der Schöpfung, der unerträglichen Einsamkeit und der zermürbenden Menge, der Ablehnung und der Bejahung."[108]

Gegen Ende seiner Rede sagt Camus einen Satz, den ihm schweres eigenes Erleben ins Fleisch gebrannt hat und zu dem er nun konsequent steht: „Die Zeit der verantwortungslosen Künstler ist vorbei."[109] Camus ist sich, wie ein in dieser Zeit gegebenes Interview zeigt,[110] der schlimmsten Bedrohung in der Menschheitsgeschichte voll bewußt und fordert zu einer Haltung dem noch fast Unfaßbaren gegenüber auf: „Es stellt sich nur die Frage, ob wir der Atomrakete zuvorkommen. Und leider vollzieht sich die Reifung des Geistes nicht mit der Fluggeschwindigkeit der interkontinentalen Geschosse. Aber da der Atomkrieg jede Zukunft ihres Sinnes beraubte, verleiht er uns im Grunde genommen eine gewisse Handlungsfreiheit. Wir haben nichts zu verlieren oder alles. Darum wollen wir vorwärtsgehen. Das ist die Wette unserer Generation. Wenn wir scheitern sollten, ist es auf alle Fälle besser, sich auf seiten derer gestellt zu haben, die leben wollen, und nicht auf seiten derer, die vernichten."[111] Am 15. Dezember trat Camus mit seinen Begleitern die Rückreise nach Paris an.

Einkehr und Rückkehr

Dank der mit dem Nobelpreis verbundenen Geldsumme konnte sich Camus nun ein eigenes Haus kaufen. Er fand es nach langem Suchen in Lourmarin, einem kleinen, damals vom Tourismus noch unberührten Ort in der Provence, zwischen Marseille und Avignon gelegen. Lourmarin ist eingebettet in ein hügeliges Weinanbaugebiet und zählte damals an die sechshundert Einwohner. Für Camus hatte dieser Ort Geschichte: Sein Lehrer und Freund Jean Grenier hatte sich Ende der zwanziger Jahre in Lourmarin trauen lassen, mehrere Sommer dort verlebt und 1930 ein Buch mit dem Titel „Die Weisheit Lourmarins" (Sagesse de Lourmarin) veröffentlicht. Camus selbst war 1947 schon einmal hier gewesen und hatte in seinem Tagebuch notiert: „Lourmarin. Der erste Abend nach so vielen Jahren. Der erste Stern über dem Lubéron, das gewaltige Schweigen, die Zypresse, deren Wipfel in der Tiefe meiner Müdigkeit bebt. Ein Land, feierlich und herb – trotz seiner überwältigenden Schönheit."[112] Nun, im Herbst 1958, schreibt er an Grenier:

Camus' Haus in Lourmarin

„Ich habe in Lourmarin etwas gefunden (ich trete in Ihre Fußtapfen). Nach einigem Nachdenken habe ich dieses hübsche Haus gekauft."[113] Mehrfach geteilt, von unterschiedlicher Höhe, hatte das ziegelgedeckte Haus zur Dorfseite hin ein malerisch-mittelalterliches Aussehen und war zur Landseite hin von einer Terrasse umgeben. Von dort aus blickte man aufs Tal, das mittelalterliche Schloß von Lourmarin und den Friedhof. Zu dem Haus gehörten auch ein Garten, ein Pferdestall und eine Garage. Hier stellte Camus seinen alten Citroën ein, in den Pferdestall aber einen Esel, den ihm ein Freund aus Algerien geschenkt hatte. Er prägte dem Haus seine persönliche Note auf, meißelte eine Sonne in das Mauerwerk über der Eingangstür und brachte seinen Schreibtisch in dem größten Raum des Obergeschosses unter.

Camus versprach sich von dem Leben in Lourmarin Erlösung aus einer sehr schwierigen und belasteten Lebenssituation. Das schlimmste war, daß er sich arbeitsunfähig fühlte. An Grenier hatte er kurz vor dem Hauskauf geschrieben: „... ich bin in dem Maße entmutigt, daß ich es nicht mehr wage, mich vor ein weißes Blatt zu setzen."[114] Hinzu kam, daß ihm seine Lunge bedrohlich zu schaffen machte und er sich dadurch auf erniedrigende Weise verwundbar und ausgesetzt fühlte; es war so weit gekommen, daß ihn seine Sekretärin zuweilen auf der Straße begleiten mußte, weil er sich vor dem Erkannt- und Angesprochenwerden, vor Übergriffen der Außenwelt fürchtete, weil er aus Platzangst auch nicht mehr mit der Metro fahren konnte. „Ich will Paris verlassen, wo ich immer mehr ersticke"[115], hatte Camus im November an René Char geschrieben.

Im Mai 1959 konnte er sein neues Haus endlich für längere Zeit beziehen. Arbeitslust nach allen Richtungen hatte ihn erfaßt: Die Vormittage widmete er der Einrichtung des Hauses, am Nachmittag wollte er schreiben, und der Abend gehörte der Lektüre. Anders als in Paris suchte Camus das Gespräch mit Dorfbewohnern, war liebenswürdig und offenherzig zu jedermann, aß gern in der Gaststätte des Ortes und begann schließlich sogar, die Fußballmannschaft von Lourmarin zu finanzieren. Mit seinem Gärtner schien er einen glücklichen Griff getan zu haben: Der war ein Aussteiger, Autodidakt, Wehrdienstverweigerer, und Camus konnte sich mit ihm über viele Dinge, die ihn ständig beschäftigten, austauschen. Das Schloß von Lourmarin, das Camus oft mit seinen Gästen besuchte, hatte einige Maler in den Ort gelockt – Camus war also auch von menschlichen Kontakten nicht entblößt.

Eines aber – und das war ja das Eigentliche – erfüllte sich vorerst nicht: In der Verwirklichung seiner schriftstellerischen Pläne kam Camus nicht oder zumindest nicht nach Wunsch voran. Schon trug er sich mit dem Gedanken, die Schriftstellerei, die ihn isolierte, die ihn in ständiger unguter Spannung hielt, aufzugeben zugunsten des Theaters, das ihn mit anderen Menschen zusammenführte, das ihm raschere Erfolge (oder auch Mißerfolge), auf jeden Fall aber fortwährenden Spannungswechsel verschaffte – das aber konnte er nicht, ohne seinem entschiedenen schriftstellerischen Vorsatz untreu zu werden. Als Zwanzigjähriger, so sagte er einem Freund, habe er sich ein Arbeitsprogramm aufgestellt, das noch nicht einmal zu einem Viertel bewältigt sei, das im wesentlichen noch der Verwirklichung harre. Und dieses Arbeitsprogramm hatte Camus auf einer der Diskussionen in Stockholm so umrissen: „... ich wollte zuerst die Negation zum Ausdruck bringen. In drei Formen. Der romanesken: das war ‚Der Fremde‘. Der dramatischen: ‚Caligula‘, ‚Das Mißverständnis‘. Der ideologischen: ‚Der Mythos von Sisyphos‘. Ich hätte nicht von ihr sprechen können, wenn ich sie nicht erlebt hätte; ich habe keinerlei Vorstellungskraft. Aber das war für mich, wenn Sie so wollen, Descartes' methodischer Zweifel. Ich wußte, daß man in der Negation nicht leben kann, und ich kündigte das im Vorwort zu ‚Der Mythos von Sisyphos‘ an; ich sah das Positive wiederum unter drei Formen ab. Der romanesken: ‚Die Pest‘. Der dramatischen: ‚Der Belagerungszustand‘ und ‚Die Gerechten‘. Der ideologischen: ‚Der Mensch in der Revolte‘. Ich ahnte schon eine dritte Schicht, gruppiert um das Thema der Liebe."[116]

Das war es, worum Camus jetzt rang: um den Roman der Reife, der Erfüllung, der Liebe, um die Rückkehr zu seinen Ursprüngen und die daraus erwachsende Kraft zur Erneuerung. All das steckte für ihn in dem Romanvorhaben, mit dem er sich 1958 herumschlug und dem er den Titel „Adam" und später „Der erste Mensch" (Le Premier homme) gab. Daß ein solches Vorhaben einst die Erfüllung seines Werkes sein sollte, hatte Camus schon lange vorausgesehen. 1949 schrieb er in sein Tagebuch: „Von meinen ersten Büchern (‚Hochzeit des Lichts') bis zu ‚Der Strick'" [d. i. „Die Gerechten" – B. S.] „und ‚Der Mensch in der Revolte' habe ich mich eigentlich immer bemüht, mich zu entpersönlichen (jedesmal in einem anderen Ton). Nachher werde ich in meinem eigenen Namen sprechen können"[117], und kurze Zeit später heißt es dort: „In den Mittelpunkt werde ich wie hier" [in ‚Licht und Schatten' – B. S.] „das bewundernswerte Schweigen einer Mutter stellen, die Suche eines Mannes, der eine Liebe wiederfinden möchte, die diesem Schweigen gleicht, sie schließlich findet, sie verliert und durch die Kriege, den Wahn der Gerechtigkeit, den Schmerz hindurch zu jenem Einsamen und Stillen zurückkehrt, dessen Tod ein glückliches Schweigen ist."[118]

Leider, das muß gleich gesagt sein, liegt von diesem Werk Camus' nichts im Druck vor; die ersten hundertfünfundvierzig Seiten, die Camus zum Zeitpunkt seines Todes in Erstfassung geschrieben hatte, wurden von der Familie nicht zur Veröffentlichung freigegeben. So müssen wir uns, was dieses überaus wichtige Werk betrifft, mit schriftlichen oder von Freunden übermittelten Absichtserklärungen Camus' begnügen.

Seit 1958 hatte Camus sporadisch an dem Roman gearbeitet, im Sommer 1959 aber nahm sein Arbeitsprogramm bindende Konturen an. Er versuchte, Fotografien und Briefe seines Vaters ausfindig zu machen. Mit einem Freund und seinem in Algerien lebenden Bruder Lucien bereitete er eine Reise nach Algerien vor, die ihn aus direkter, innerer Anschauung mit der gegenwärtigen politischen Situation vertraut machen sollte und während der er, zusammen mit seinem Bruder, sein Geburtshaus in Mondovi aufsuchen wollte. Ein Gesprächspartner Camus' gibt folgende Aussage von ihm wieder: „Nein, ich habe für 1960 alles zurückgewiesen und werde alles zurückweisen. Das wird das Jahr meines Romans sein. Ich habe den Plan aufgestellt und mich ernsthaft an die Arbeit gemacht. Es wird langwierig sein, aber es wird mir gelingen."[119] Für 1961 hatte Camus die Fertigstellung des Romans vorgesehen.

Zum Handlungsgerüst des Buches läßt sich nur wenig sa-

gen – zum einen, weil es in unfertigem Stadium verblieben
ist, vor allem aber, weil es weit, episch, intrigenlos geplant
war. Den ersten Teil hatte Camus „Die Suche nach dem Vater", den zweiten „Der Sohn oder der erste Mensch" genannt. In beiden geht individuelle Lebensgeschichte in
übergreifende Zeitgeschichte ein, in die Kolonialgeschichte
Algeriens, die Camus nicht in konkreten Details, sondern als
großen mythischen Hintergrund handhabt. In einem Interview aus dieser letzten Zeit erinnert Camus – hier sieht er
zweifellos eine Parallele zu seinem entstehenden Werk – an
die unübersehbare Bedeutung des Südens für Faulkner.
Der Roman trug die Widmung: „Für Dich, die Du niemals
dieses Buch wirst lesen können"[120] – für die Mutter also.
Auf der konkretesten Verständnisebene wollte Camus seiner Familie ein Denkmal setzen, den „... Angehörigen, denen es sozusagen an allem mangelte und die sozusagen
nichts mit mißgünstigen Augen betrachteten. Durch ihr
bloßes Schweigen, ihre Zurückhaltung, ihren natürlichen,
schlichten Stolz haben die Meinen, die nicht einmal lesen
konnten, mir damals die vornehmsten, heute noch in mir
nachwirkenden Lehren erteilt."[121] So kommen in der Geschichte des Jungen, der bei Abbruch des Manuskripts vierzehn Jahre alt ist, direkte familiengeschichtliche Details
vor: der Tod der tyrannischen Großmutter, der Rausschmiß,
durch den ein Onkel die Mutter des Jungen mit ihrem Liebhaber entzweit. In dieser Familiengeschichte wollte Camus
den großen epischen Stoff, die „Algerien-Saga", durchschei-
nen lassen. Denn er sucht nach seiner Mitte: „... kommt im
Leben eines Künstlers immer die Zeit, da er seine Lage bestimmen, sich seinem eigenen Mittelpunkt nähern muß, um
nachher zu versuchen, sich dort anzusiedeln."[122] Wenn dieses Zentrum gefunden, wiedergefunden ist, dann wird Camus, wie er in dem zwischen 1949 und 1954 verfaßten Vorwort zu „Licht und Schatten" schreibt, seinen Roman
vollenden können: „... an dem Tag, da sich zwischen dem,
was ich bin, und dem, was ich sage, das Gleichgewicht einstellt, an dem Tag kann ich vielleicht, und ich wage es kaum
auszusprechen, das Werk schaffen, von dem ich träume.
Hier wollte ich bloß sagen, daß es auf diese oder jene Weise
‚Licht und Schatten' gleichen und von einer gewissen Art
Liebe handeln wird."[123]

271

Camus 1959 in Venedig, anläßlich der Aufführung von „Die Besessenen"

Parallel zu dem Romanvorhaben sann Camus auch über einen Essay nach, der dem dritten Schaffenszyklus, dem der Versöhnung und Vollendung, angehören sollte und der sich, wie die Romane, stufenweise aus dem Vorausgegangenen entwickeln müsse: „I. Der Mythos von Sisyphos (Absurdes). – II. Der Mythos von Prometheus (Revolte). – III. Der Mythos von Nemesis."[124] Nemesis, die Göttin des Maßes, ist für Camus die Kraft, die die Grenze zwischen Ja und Nein bestimmt, beidem, Affirmation und Negation, seinen Raum zubilligt, die Verabsolutierung einer der beiden Seiten verhindert. Damit und nur damit entstehe ein dem Mensch gemäßer Lebensraum.

Der Tod

Den Sommer und Herbst 1959 verlebte Camus in Paris, kehrte aber Mitte November nach Lourmarin zurück – per Eisenbahn und bereits im Besitz einer Rückfahrkarte. In Lourmarin nahm Camus das im Frühjahr erprobte Leben umgänglicher Zurückgezogenheit wieder auf, und die schriftstellerische Arbeit machte nun gute Fortschritte. Ab und an ließ er sich aus seiner Einsamkeit herauslocken, so zu einer Aufführung der „Besessenen" in Marseille oder zu einer Diskussionsrunde mit ausländischen Studenten in Aix-en-Provence. Über diese Diskussion, die als Camus' letztes öffentliches Auftreten im nachhinein besondere Bedeutung erhielt, hat der Leiter einen Bericht geschrieben.[125] Danach sei Camus den Studenten nicht als überlegener Denker und ruhmbedeckter Autor, sondern als ein älterer Bruder, der mit ähnlichen Problemen wie sie ringt, gegenübergetreten. Schreiben sei, so habe er gesagt, sein geliebter Beruf, ein menschlicher Beruf wie jeder andere, kein Gnadenakt der Inspiration. Die Position des Absurden habe er immer mehr, das sei aus allem Gesagten hervorgegangen, um positive Momente – um die Haltung der Revolte, aber auch um einige gute Gewißheiten wie Solidarität, Brüderlichkeit, Zärtlichkeit, Liebe – ergänzt. So antwortete Camus auf die Frage, die sich durch seine Essays zieht und die ihm jetzt auch von seiner Zuhörerschaft gestellt wurde, warum das Leben der Mühe wert sei, gelebt zu werden, mit den wenigen, durch Schweigen voneinander getrennten Worten: „Die Liebe, die Sonne, das Meer, das Leben …"[126] Auf eine Frage nach der Stellung der Frau in der Welt des Intellekts hin schnitt Camus ein grundsätzliches Problem an: In der heutigen Situation, da Intelligenz oft Kälte, pure Spekulation mit dem technisch Machbaren bedeute, seien alle Kräfte gefordert, die an die unterschiedlichen Seiten der menschlichen Existenz – auch die emotionalen, dunklen,

Eine der letzten Aufnahmen Camus', Lausanne im November 1959

geheimnisvollen – erinnern. Und vielleicht könnten Frauen dem Empfinden Ausdruck verleihen, daß die intellektuelle Aktivität nicht unbedingt die sinnvollste und damit die am höchsten zu veranschlagende sei ...

Zu den Weihnachtsferien stellte sich Camus' Frau mit den Zwillingen ein, die mittlerweile vierzehn Jahre alt waren.

274

Camus mit Michel Gallimard (Vordergrund)

Francine Camus unterrichtete an einer Pariser Schule, die ein alter Bekannter aus Oran leitete. In der Nähe, in Cannes, waren auch Michel Gallimard und seine Frau; sie hatten den Camus' vorgeschlagen, sie zu besuchen, von ihnen aber eine Gegeneinladung nach Lourmarin erhalten, so daß die beiden Ehepaare und die Kinder Neujahr in Camus' Haus feierten. Zum Jahreswechsel hatte Camus auch an Jean Grenier und María Casarès geschrieben und der Mutter in Aussicht gestellt, daß er sie im kommenden Jahr für den ganzen Sommer nach Frankreich holen wolle. Seine Glückwunschkarte für Janine Gallimard endete mit den Worten: „Und mögen wir das Jahr beenden, wie wir es begonnen haben – gemeinsam."[127] Camus hatte für das kommende Jahr viele, zum Teil schon ganz konkrete Pläne: Er wollte die erste Fassung von „Der erste Mensch" abschließen, sein eigenes Theater übernehmen, faßte auch die Mitarbeit an einem Film (die männliche Hauptrolle in „Moderato cantabile" nach der Erzählung von Marguerite Duras) ins Auge und sann weiteren literarischen Vorhaben nach.

Am Sonnabend, dem 2. Januar, mußte Francine Camus mit den Kindern nach Paris zurückkehren, und da schlugen die Gallimards Camus vor, mit ihnen einen Tag später im Auto zu reisen. Camus nahm den Vorschlag an, und nach einem gemeinsamen Mittagessen brachten alle Francine und die Zwillinge nach Avignon zum Zug.

Am darauffolgenden Tag brachen die Gallimards und Camus von Lourmarin auf. Sie wollten die 750 km lange Strecke bis Paris in zwei Tagen bewältigen. Das Auto, das Michel Gallimard fuhr, ein Sportwagen der Marke Farcel Vega, ließ hohe Geschwindigkeiten zu, so daß man für die Strecke mehrere ausgiebige kulinarische Erholungspausen vorsehen konnte. Am Abend des ersten Reisetages fand ein regelrechtes Festessen statt, denn die Tochter der Gallimards war an diesem Tag achtzehn Jahre alt geworden. Man brachte Toasts auf sie aus, war guter Dinge, Camus schmiedete Zukunftspläne für das Mädchen, und der Aufbruch am nächsten Morgen, dem 4. Januar, verzögerte sich etwas. In Sens, etwa 100 km vor Paris, aß man zu Mittag; von dort aus ging es auf der alten Nationalstraße 5 durch eine Reihe kleiner Dörfer weiter nach Paris. Wie auf dem größten Teil der Strecke war die Straße auch bei dem Dorf Villeblevin von

Bäumen gesäumt. Ohne ersichtliche Ursache geriet der Wagen dort ins Schleudern, stieß erst gegen einen Baum und dann mit voller Wucht frontal gegen einen zweiten, dreizehn Meter entfernten. Außer Camus wurden alle durch den Anprall aus dem Wagen geschleudert; Michel Gallimard lag am Boden, war schwer verletzt, blutete stark und wurde mit den Frauen, die keine sichtbaren Verletzungen aufwiesen, ins Krankenhaus gebracht. Camus war gegen die Heckscheibe geprallt, sein Kopf hatte sie durchschlagen; man brauchte zwei Stunden, um den Körper aus dem Unfallwagen zu befreien. Dennoch wies er keine sichtbaren Verletzungen auf. Der Arzt stellte einen Schädelbruch und einen Bruch der Wirbelsäule fest. Der Tod mußte augenblicklich eingetreten sein. Wie die polizeiliche Untersuchung ergab, wurde der Unfall durch ein technisches Versagen, einen geplatzten Reifen oder einen Achsenbruch, verursacht. Michel Gallimard, der Neffe und fähige Mitar-

Villeblevin, 4. Januar 1960

beiter des Verlagsgründers, starb sechs Tage später in Paris
an Gehirnblutungen, ohne daß er von Camus' Tod erfahren
hatte. –

Camus wurde im großen Saal der Bürgermeisterei von Villeblevin aufgebahrt. Bevor die Angehörigen und Freunde Camus' eintrafen, übernahmen Gemeindeangestellte die To-
tenwache. Von den Pariser Bekannten hörte zuerst die
Familie des Schulleiters, bei dem Francine Camus arbeitete,
von dem Unfall; Francines alte Freunde waren nicht imstande, ihr das Unglück mitzuteilen. So kehrte Camus' Frau
nach dem Unterricht nach Hause zurück, durchquerte die
Gruppe der wartenden Journalisten, die ihr ebenfalls nichts
zu sagen wagten, und murmelte dabei, ihr Mann sei noch
nicht zurückgekehrt. Nach Aussage von Camus' Sekretärin
war es diese, die Camus' Frau schließlich die schlimme Botschaft überbrachte. Von einer motorisierten Eskorte begleitet, fuhr Camus' Sekretärin mit Francine Camus nach Villeblevin, wo sie am späten Abend des Unglückstages
eintrafen. Neben vielen anderen kamen engste Freunde Camus' wie Jean Grenier und Emmanuel Roblès hinzu, die
dann an der Bahre des Verunglückten wachten. Als man
den Leichnam am nächsten Morgen zur Überführung nach
Lourmarin vorbereitete, weinte Grenier unverhohlen.
Schulkinder, Ortsansässige und Freunde Camus' bildeten
das Ehrenspalier, durch das der Sarg im Regen davongetragen wurde.

Die Beerdigung fand am Mittwoch, dem 6. Januar 1960, in
Lourmarin statt. Das war ein sonniger Wintertag. Nicht alle
Freunde Camus' hatten es ermöglichen können, ihm das
letzte Geleit zu geben; dennoch war der Trauerzug, an dessen Spitze Francine Camus, Lucien Camus und René Char
gingen, gewaltig: Vor allem Journalisten aus Paris und von
der Regionalpresse sowie Dorfbewohner bildeten den
Strom der Trauernden. Unter ihnen war auch der algerische
Angestellte Hodent, den Camus vor mehr als zwanzig Jahren durch sein mutiges journalistisches Auftreten vor der
Verurteilung durch die voreingenommene koloniale Justiz
bewahrt hatte. Man trug den Sarg nicht, wie gewöhnlich, in
die Kirche, sondern direkt auf den Friedhof, der Camus'
Haus gegenüberlag.

Die letzte Entscheidung war gefallen für den, der auch die

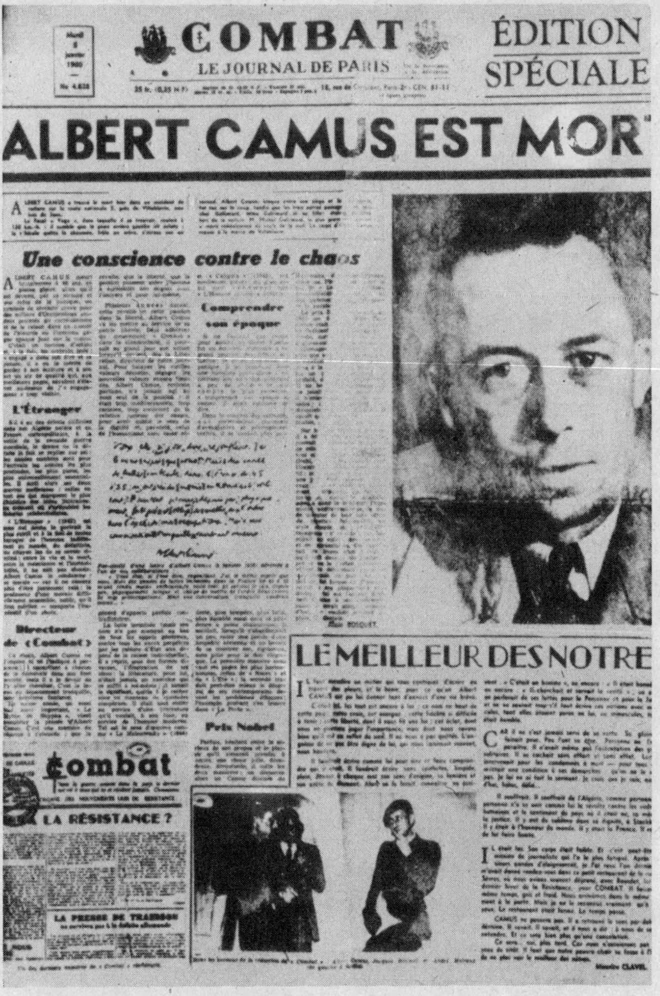

COMBAT

LE JOURNAL DE PARIS

ÉDITION SPÉCIALE

ALBERT CAMUS EST MOR

Une conscience contre le chaos

Comprendre son époque

L'Étranger

Directeur de « Combat »

Prix Nobel

LE MEILLEUR DES NOTRE

combat

LA RÉSISTANCE ?

LA PRESSE DE TRAHISON

Maurice CLAVEL

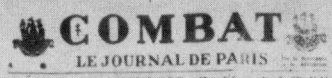

„Combat" vom 5. Januar 1960

Möglichkeiten seines Todes nicht eindeutig bejahen oder verneinen wollte: „Zuweilen wünschte ich mir einen gewaltsamen Tod – gleichsam einen Tod, der es entschuldbar

Der Trauerzug, Lourmarin am 6. Januar 1960

macht, wenn man gegen das Herausreißen der Seele aufbegehrt. Zu anderen Zeiten träumte ich von einem langen, völlig bewußt erlebten Ende, damit wenigstens nicht gesagt werden könne, ich sei überrascht worden – in meiner Abwesenheit – mit einem Wort, um zu wissen ...“[128]

Eine Beziehung, eine Bindung zu Camus zu finden, ohne ihn auf eine Tendenz festzulegen, bleibt seinen Lesern aufgegeben. Den Weg dahin hat Sartre, Camus' Freund und Kontrahent, in seinem Nekrolog gewiesen: „Er verkörperte innerhalb dieses Jahrhunderts ... den lebenden Erben jener langen Reihe von Moralisten, deren Werke vielleicht das Originellste darstellen, was die französische Literatur hervorgebracht hat. Sein hartnäckiger, zugleich enger und reiner, zugleich strenger und sinnlicher Humanismus stand in einem ungleichen Kampf gegen die gewaltigen, ungestalten Ereignisse unserer Zeit. Aber eben durch seine beharrliche Weigerung legte er inmitten dieser Epoche ... Zeugnis ab von der Existenz des moralischen Gesetzes.

Er *war* gewissermaßen dieses unerschütterliche Zeugnis ...“[129] Als wacher, verletzlicher, aber nichtsdestotrotz unbeugsamer Zeuge eines moralischen Gesetzes hätte Camus uns heute viel zu sagen.

Camus' Grab

Die Albert-Camus-Straße in Lourmarin

Die Inschrift auf der Erinnerungsstele von Louis Bénisti: „Hier verstehe ich, was Herrlichkeit heißt: das Recht, maßlos zu lieben"

Stele für Camus in Tipasa, gemeißelt von Louis Bénisti

JE COMPRENDS ICI CE
QU'ON APPELLE GLOIRE
LE DROIT D'AIMER SANS
MESURE. ALBERT CAMUS

Die Albert-Camus-Straße in Mondovi

Algerien, das Land, in dem Camus so tief verwurzelt war, das er schmerzlich und vereinnahmend geliebt hat und dem er so nicht gerecht werden konnte, hat Camus ein Andenken bewahrt. Die Mutter, Camus' stärkste Bindung an Algerien, hat ihren Sohn nicht lange überlebt; sie starb am 20. September 1960. Andere Zeugnisse von Camus' Dasein und Wirken sind geblieben; eine Erinnerungsstele, die Freunde 1961 in Tipasa aufstellten, oder die nach Camus benannte Hauptstraße von Mondovi, die diesen Namen auch nach der Befreiung Algeriens behielt.

Anmerkungen

Die umfangreichen und vielfältigen Recherchen „vor Ort", die sich in der Camus-Biographie des amerikanischen Autors Herbert R. Lottman (franz. Paris 1978; amerikan. New York 1979; deutsch Hamburg 1986) niedergeschlagen haben, machten diese zur unentbehrlichen Voraussetzung des vorliegenden Buches. Da ich indirekte Bezüge auf dieses Werk nicht ausdrücklich ausgewiesen habe, sei Herbert R. Lottman an dieser Stelle besonders erwähnt und bedankt.

B. S.

Die am häufigsten zitierten Bücher werden in den Anmerkungen unter folgenden Abkürzungen geführt:

Albert Camus: Théâtre, récits, nouvelles, Paris 1962	*TRN*
Albert Camus: Essais, Paris 1965	*E*
Albert Camus: Tagebuch Mai 1935 – Februar 1942, Reinbek bei Hamburg 1963	*TB I*
Albert Camus: Tagebuch Januar 1942 – März 1951, Reinbek bei Hamburg 1967	*TB II*
Albert Camus, Jean Grenier: Correspondance 1932–1960, Paris 1981	*A. C.-J. G.: Corr.*
Herbert R. Lottman: Albert Camus, Paris 1978	*Lottman*

Nur die Quellen, von denen es keine deutschen Übersetzungen gibt, werden ausschließlich französisch angeführt.

Die Aussagen Camus' und alle anderen Zitate, von denen keine deutschen Übersetzungen vorliegen, wurden von der Autorin unter Angabe der Originalquelle ins Deutsche übertragen.

In einer zweigeteilten Welt

1 Vgl. die exakten Lohnangaben in: Fragments d'un combat. 1938–1940. Alger Républicain, Soir Républicain. Edition établie, présentée et annotée par Jacqueline Lévi-Valensi et André Abbou (= Cahiers Albert Camus 3, 2 Bde.), Paris 1978, S. 230 f.

2 Albert Camus: Les Voix du quartier pauvre. In: Paul Vialla-

neix: Le Premier Camus suivi de Ecrits de jeunesse d'Albert
Camus, Paris 1973, S. 274 (= Cahiers Albert Camus 2).

3 TB I, S. 11.
4 Vgl. Fragments d'un combat, a. a. O., S. 101.
5 Zitiert nach: Carl A. Viggiani: Notes pour le futur biographe
    d'Albert Camus. In: Revue des lettres modernes, Nr. 170–174,
    S. 205.
6 TB II, S. 156.
7 TB I, S. 11.
8 TB I, S. 11 f.
9 TB I, S. 11.
10 Albert Camus: Vorwort zu „Licht und Schatten". In: Ders.:
    Zwischen Ja und Nein. Frühe Schriften. Hrsg. von Brigitte
    Sändig, Leipzig und Weimar 1986, S. 7.
11 Mouloud Mammeri: L'Opium et le bâton, Paris 1965, S. 8 f.
12 Zitiert nach: Lottman, S. 52.
13 Zitiert nach: Lottman, S. 58.
14 Zitiert nach: Lottman, S. 61.
15 TB I, S. 12.
16 Zitiert nach: Jean Grenier: Albert Camus. Souvenirs, Paris
    1968, S. 65.
17 Paris 1968.
18 A. C.-J. G.: Corr., S. 179.
19 Vgl. Max-Pol Fouchet: Mémoire parlé. In: Magazine littéraire,
    Nr. 8, Juni 1967, S. 6.
20 Albert Camus: Sur „Les Iles" de Jean Grenier. In: E, S. 1157.
21 Albert Camus: Rencontres avec André Gide. In: E, S. 1118 f.
22 TB I, S. 46.
23 Deutsch in: Albert Camus: Zwischen Ja und Nein, a. a. O.,
    französisch in: Paul Viallaneix; Le Premier Camus, a. a. O.
24 Zitiert nach: Lottman, S. 74.
25 A. C.-J. G.: Corr., S. 16.
26 TB I, S. 20.
27 Zitiert nach: Carl A. Viggiani: Notes pour le futur biographe
    d'Albert Camus, a. a. O., S. 211.
28 Marguerite Dobrenn, eine der beiden, hat sich später um die
    Herausgabe des Briefwechsels zwischen Camus und Grenier
    verdient gemacht.
29 A. C.-J. G.: Corr., S. 25.
30 TB I, S. 78.
31 TB I, S. 86.
32 TB I, S. 91.
33 In: E, S. 1224–1313; deutsche Übersetzung: Albert Camus:
    Christliche Metaphysik und Neoplatonismus, Diplôme
    d'Etudes Supérieures de Philosophie, 1936, aus dem Nachlaß

hrsg. und eingel. von Michael Lauble, Reinbek bei Hamburg 1978.

34 Vgl. Heinz-Robert Schlette: Albert Camus' philosophische Examensschrift „Christliche Metaphysik und Neuplatonismus", In: Ders. (Hrsg.), Wege der deutschen Camus-Rezeption, Darmstadt 1975, S. 329–340.

35 Albert Camus: Christliche Metaphysik und Neuplatonismus, a. a. O., S. 54.

36 Ebenda, S. 124.

37 Jean Grenier: Albert Camus, a. a. O., S. 37.

38 A. C.-J. G.: Corr., S. 23

39 Zitiert nach: Lottman, S. 144.

40 Diese Rede ist unter dem Titel *Die Eingeborenenkultur. Die neue Mittelmeerkultur* (La Culture indigène. La nouvelle culture méditerranéenne) nachzulesen in: E, S. 1321–1327; sie erschien erstmals in dem monatlichen Bulletin des Kulturhauses von Algier, „Jeune Méditerranée", Nr. 1 vom April 1937.

41 Vgl. Camus' Interview von 1958 in: TRN, S. 1712.

42 Zitiert nach: Jean Negroni: Albert Camus et le Théâtre de l'Equipe. In: Revue d'histoire du théâtre, 12 (1960), H. 4, S. 343.

43 Nachzulesen in: TRN, S. 1689 f.; auch in: Revue d'histoire du théâtre, 12 (1960), H. 4, S. 346 f.

44 Das wird durch postume Veröffentlichungen und neue Forschungen immer beeindruckender belegt. Nach Camus' Tod erschien als Heft 1 und 2 der „Cahiers Albert Camus", Publikationen zu Lebzeiten unveröffentlichter Texte, der Roman *La Mort heureuse* von 1937 (Paris 1971; deutsch: Der glückliche Tod, Reinbek bei Hamburg 1972) und *Ecrits de jeunesse* aus den Jahren 1932 bis 1934 (Paul Viallaneix; Le Premier Camus suivi de Ecrits de jeunesse, Paris 1973); eine Übersetzung und Auswahl aus diesen Jugendschriften enthält der Band *Albert Camus: Zwischen Ja und Nein,* Leipzig und Weimar 1986). Camus' Werdegang als Schriftsteller hat Jacqueline Lévi-Valensi in ihrer Habilitationsschrift *Genèse de l'œuvre romanesque d'Albert Camus* (Entstehung des Romanwerks von Albert Camus), Paris 1980, kundig und überzeugend dargestellt.

45 Veröffentlicht wurden bisher allerdings nur zwei Bände, die die Niederschriften von Mai 1935 bis März 1951 enthalten: *Albert Camus; Carnets, mai 1935–février 1942*, Paris 1962; *Albert Camus; Carnets, janvier 1942–mars 1951*, Paris 1964; sowie Reisetagebücher: *Albert Camus: Journaux de voyage*, Paris 1978. Deutsche Übersetzungen liegen vor: *Albert Camus: Tagebuch Mai 1935–Februar 1942*, Reinbek bei Hamburg 1963; *Albert Camus: Tagebuch Januar 1942–März 1951*, Reinbek bei Ham-

burg 1967; *Albert Camus: Tagebücher 1935–1951*, Reinbek bei Hamburg 1972; *Albert Camus: Reisetagebücher*, Reinbek bei Hamburg 1980.

46 Diese Fragmente sind im Anhang von Jacqueline Lévi-Valensi: Genèse de l'œuvre romanesque d'Albert Camus, a. a. O., S. 810–822 nachzulesen.

47 *La Mort heureuse* wurde postum, also wider Willen des Autors, veröffentlicht; s. Anmerkung 44.

48 Albert Camus: Der glückliche Tod, a. a. O., S. 12.

49 Ebenda, S. 136.

50 Albert Camus: Licht und Schatten. In: Ders.: Zwischen Ja und Nein, a. a. O., S. 60.

51 Albert Camus: Hochzeit des Lichts, In: Ebenda, S. 64f.

52 Ebenda, S. 66.

53 Ebenda, S. 95.

54 Ebenda, S. 84.

55 Albert Camus: Lettre à Jean de Maisonseul. In: E, S. 1219.

56 A. C.-J. G.: Corr., S. 34f.

57 A. C.-J. G.: Corr., S. 29.

58 TB I, S. 79.

59 Albert Camus: „La Nausée" de Jean Paul Sartre. In: E, S. 1417.

60 TB I, S. 101.

61 TB I, S. 79.

62 Brief von Jean-Pierre Faure vom 20. Juni 1970. Zitiert nach: Fragments d'un combat, a. a. O., S. 56.

63 Brief von Pascal Pia vom Dezember 1970. Zitiert nach: Fragments d'un combat, a. a. O., S. 58.

64 Camus' Prozeßberichte sind nachzulesen in: Fragments d'un combat, a. a. O., S. 351–595.

65 Ebenda, S. 510.

66 Abgedruckt in: Fragments d'un combat, a. a. O., S. 267–336; den größeren Teil dieser Artikel hat Camus in die *Algerischen Chroniken* (Chroniques algériennes) aufgenommen (E, S. 903–938).

67 Albert Camus: Misère de la Kabylie. In: E, S. 909.

68 E, S. 909.

69 E, S. 929.

70 Zitiert nach: Emmanuel Roblès: Jeunesse d'Albert Camus. In: Hommage à Albert Camus, Paris 1967, S. 26.

71 Le Soir républicain vom 27. 11. 1939; zitiert nach: Norman Stokle: Einleitung zu: Le Combat d'Albert Camus. Textes etablis, annotés et présentés par Norman Stokle, Québec 1970, S. 13f.

72 Albert Camus: Der Fremde. In: Ders.: Erzählungen, Berlin 1974, S. 76.

73 Vgl. TB II, S. 31: *„Der Fremde* baut sich aus drei Gestalten auf: zwei Männer (einer davon bin ich) und eine Frau."

74 Albert Camus; Préface à l'édition américaine. In: TRN, S. 1920.

75 TB II, S. 27.

76 Jean-Paul Sartre: Explication de l'Etranger. In: Ders.: Situations I, Paris 1947, S. 99–121; deutsch: Jean-Paul Sartre, Der *Fremde* von Camus. In: Ders.: Situationen. Reden, Aufsätze, Interviews zur Literatur, Leipzig und Weimar 1982, S. 70–90.

77 Jean-Paul Sartre: *Der Fremde* von Camus, a. a. O., S. 75.

78 Ebenda, S. 89.

79 Albert Camus: Préface à l'édition américaine, a. a. O., S. 1920.

80 Albert Camus: Der Fremde, a. a. O., S. 22.

81 Ebenda, S. 33.

82 Ebenda.

83 Ebenda, S. 46.

84 Frantz Fanon: Die Verdammten dieser Erde. Frankfurt am Main 1966, S. 229.

85 Albert Camus: Der Fremde, a. a. O., S. 56.

86 TB II, S. 27.

87 Jean-Paul Sartre: Der *Fremde* von Camus, a. a. O., S. 80.

88 Albert Camus: Der Fremde, a. a. O., S. 95.

89 Ebenda, S. 59.

90 Ebenda, S. 62.

91 Ebenda, S. 74.

92 Ebenda, S. 75.

93 Ebenda, S. 80.

94 Ebenda, S. 82.

95 Ebenda, S. 84.

96 Ebenda, S. 86.

97 Ebenda, S. 87.

98 Ebenda.

99 Ebenda, S. 90 und 89.

100 Ebenda, S. 91.

101 Ebenda, S. 93.

102 TB II, S. 29.

103 Albert Camus: Der Fremde, a. a. O., S. 106.

104 Ebenda, S. 106 f.

105 Ebenda, S. 108.

106 TB II, S. 30.

107 Albert Camus: Lettre à Pierre Bonnel. In: E, S. 1423.

108 Albert Camus: Interview à „Servir". In: E, S. 1427.

109 Vgl. die Aussage von Camus' Französisch- und Lateinlehrer Paul Mathieu: „Nietzsche war damals" [1932/33 – B. S.] „für ihn [Camus] das Gesetz und der Prophet; er zitierte ihn, wann

immer es paßte, und selbst wenn es nicht paßte ..." (zitiert nach: Roger Quilliot: L'Envers et l'endroit. Commentaires. In: E, S. 1172 f.)

110 Albert Camus: Pour Dostoievski. In: TRN, S. 1879.
111 Georges Gurvitch: Les Tendances actuelles de la philosophie allemande. E. Husserl, M. Scheler, E. Lask, N. Hartmann, M. Heidegger, Paris 1930.
112 Albert Camus: Der Mythos von Sisyphos, Reinbek bei Hamburg 1959, S. 25.
113 Ebenda, S. 8.
114 Ebenda, S. 11.
115 Ebenda.
116 Ebenda, S. 23.
117 Ebenda, S. 24.
118 Ebenda, S. 39.
119 Ebenda, S. 45.
120 Ebenda, S. 57.
121 Ebenda, S. 72.
122 Ebenda, S. 63.
123 Ebenda, S. 66.
124 Ebenda, S. 75.
125 Ebenda, S. 95.
126 Ebenda, S. 94.
127 Ebenda, S. 101.
128 Albert Camus: „La Nausée" de Jean-Paul Sartre. In: E, S. 1419.
129 TB II, S. 110.
130 Albert Camus: Extraits d'Interviews. In: E, S. 1424.
131 Ebenda, S. 1427.

In Frankreich, im Exil

1 TB I, S. 132.
2 TB I, S. 136.
3 TB I, S. 134.
4 TB I, S. 138 f.
5 A. C.-J. G.: Corr., S. 39.
6 TB I, S. 170.
7 Vgl. Albert Camus, ses amis du livre, Paris 1962.
8 TB I, S. 166.
9 TB II, S. 83.
10 A. C.-J. G.: Corr., S. 74.
11 TB II, S. 47.
12 A. C.-J. G., Corr., S. 86 f.

13 Suzanne Chantal: Le Cœur battant. Josette Clotis – André Malraux, Paris 1976, S. 258.

14 Michel Raymond: La Crise du roman, Paris 1966, S. 16.

15 Zitiert nach: Lottman, S. 263.

16 Brief der Propaganda-Abteilung an Gaston Gallimard vom 28. 11. 1940 (Archives nationales). Zitiert nach: Pierre Assouline: Gaston Gallimard, Paris 1984, S. 281.

17 Zitiert nach: Lottman, S. 270.

18 Pierre Descaves: Albert Camus et le roman. In: Table ronde, Nr. 146, Februar 1960, S. 49 f.

19 Jean-Paul Sartre: Der *Fremde* von Camus. In: Ders.: Situationen. Reden, Aufsätze, Interviews zur Literatur, Leipzig und Weimar 1982, S. 70 und 80.

20 A. C.-J. G., Corr., S. 88.

21 TB II, S. 29.

22 TB II, S. 28.

23 Henri Hell: Gide et Camus. In: Table ronde, Nr. 146, Februar 1960, S. 22.

24 Roland Barthes: L'Etranger, roman solaire. In: Les Critiques de notre temps et Camus, Paris 1970, S. 61.

25 Zitiert nach: Eric Sellin: Interview accordé par Edmond Charlot. In: Revue des lettres modernes, Nr. 238–244 (1970), S. 165.

26 Pierre Daix: Réflexions sur la méthode de Roger Martin du Gard … et autres essais, Paris 1959, S. 355.

27 André Wurmser: Préface à „La Peste". In: La Nouvelle Critique, Nr. 160, 1964, S. 93.

28 Vgl. E. J. Solowjew: Der Existentialismus. In: Sowjetwissenschaften, Reihe ges.-wiss. Beiträge, Berlin 1967, H. 11, S. 1158.

29 A. C.-J. G., Corr., S. 107.

30 A. C.-J. G., Corr., S. 99.

31 Simone de Beauvoir: In den besten Jahren, Reinbek bei Hamburg 1961, S. 480.

32 dt.: Kampf.

33 A. C.-J. G.: Corr., S. 88.

34 Albert Camus: Deux réponses à Emmanuel d'Astier de la Vigerie. In: E, S. 356.

35 TB II, S. 34.

36 TB II, S. 23 f.

37 TB II, S. 117 f.

38 Albert Camus: Deux réponses à Emmanuel d'Astier de la Vigerie. In: E, S. 356.

39 Zitiert nach: Claude Bellanger: Presse clandestine 1940–1944, Paris 1961, S. 164.

40 Albert Camus: Introduction aux „Poésies posthumes" de René Leynaud. In: E, S. 1474.

41 Aussage einer Mitarbeiterin von „Combat", Jacqueline Bernard; zitiert nach: Jacques Hardré: Camus dans la Résistance. In: French Review 37 (1964), S. 648.

42 Zitiert nach: Norman Stokle: Einleitung zu: Le Combat d'Albert Camus. Textes établis, annotés et présentés par Norman Stokle, Québec 1970, S. 20.

43 Zitiert nach: Pierre Assouline: Gaston Gallimard, a. a. O., S. 385.

44 Zitiert nach: Jacques Hardré: Camus dans la Résistance, a. a. O., S. 649.

45 Diese Artikel sind nachzulesen in: Le Combat d'Albert Camus, a. a. O., S. 47–57.

46 Albert Camus: Préface à „L'Allemagne vue par les écrivains de la résistance française" de Konrad Bieber. In: E, S. 1489f.

47 Albert Camus: Introduction aux „Poésies posthumes" de René Leynaud. In: E, S. 1477.

48 Albert Camus: Briefe an einen deutschen Freund. In: Ders.: Kleine Prosa, Reinbek bei Hamburg 1961, S. 95.

49 Ebenda.

50 Ebenda, S. 79.

51 TB II, S. 52.

52 Albert Camus: Briefe an einen deutschen Freund, a. a. O., S. 89.

53 Albert Camus: Préface à „L'Allemagne vue par les écrivains de la résistance française" de Konrad Bieber. In: E, S. 1488.

54 Albert Camus: Caligula. Texte établi d'après la dactylographie de février 1941 par A. James Arnold, Paris 1984 (= Cahiers Albert Camus 4).

55 Ebenda, S. 31.

56 Ebenda, S. 44.

57 Vgl. Albert Camus: Préface à „L'Allemagne vue par les écrivains de la résistance française" de Konrad Bieber. In: E, S. 1490.

58 Albert Camus: Der Mensch in der Revolte, Reinbek bei Hamburg 1969, S. 64.

59 Albert Camus, Dramen, Reinbek bei Hamburg 1959, S. 90.

60 A. C.-J. G.: Corr., S. 107.

61 Zitiert nach: Bühnenkritik, Jg. 1948, H. 1, S. 13.

62 Matthias Vereno: Von der Logik der Vernichtung. In: Der Standpunkt, Jg. 1947, H. 8/9, S. 35.

63 Herbert Ihering: Caligula oder der Selbstmord Europas. In: Theater der Zeit 2 (1947), H. 4, S. 16.

64 Simone de Beauvoir: In den besten Jahren, a. a. O., S. 501.

65 Albert Camus: Préface à l'édition américaine du théâtre. In: TRN, S. 1728.
66 TRN, S. 1729.
67 TRN, S. 1730.
68 A. C.-J. G.: Corr., S. 103.
69 Vgl. TB II, S. 53: Für die Veröffentlichung der Theaterstücke: Caligula: *Tragödie* – Der Verbannte (oder Budějovice): *Komödie.*
70 Le Figaro vom 15. Oktober 1944; zitiert nach: Lottman, S. 335.
71 Maria Casarès: Résidente privilégiée, Paris 1980.
72 TB II, S. 110.
73 Maria Casarès: Résidente privilégiée, a. a. O., S. 254.
74 Vgl. Larousse mensuel von 1948; zitiert nach: Jürgen Rehbein: Albert Camus, Vermittlung und Rezeption in Frankreich. Über Bedingungen literarischen Erfolgs, Heidelberg 1978, S. 47.
75 TB II, S. 62f.
76 TB II, S. 104.
77 Bertolt Brecht: An die Nachgeborenen. In: Hundert Gedichte, Berlin 1952, S. 303.
78 TB II, S. 65.
79 A. C.-J. G.: Corr., S. 59.
80 TB I, S. 152.
81 Albert Camus: Minotaurus. In: Literarische Essays, Reinbek bei Hamburg 1960, S. 132.
82 A. C.-J. G.: Corr., S. 80.
83 Albert Camus: Herman Melville. In: TRN, S. 1900.
84 TB II, S. 133.
85 TB II, S. 33.
86 Zitiert nach: Roger Quilliot: La Peste. Présentation. In: TRN, S. 1929.
87 TB II, S. 127.
88 TB II, S. 154.
89 TB II, S. 127f.
90 Albert Camus: Die Pest, Leipzig 1976, S. 7.
91 Ebenda, S. 56.
92 Ebenda, S. 96.
93 Ebenda, S. 108.
94 Ebenda, S. 109.
95 Ebenda, S. 74.
96 Ebenda, S. 184.
97 TB II, S. 103.
98 Albert Camus: Die Pest, a. a. O., S. 216.
99 Ilja Ehrenburg: Menschen, Jahre, Leben. Memoiren, Bd. 2, Berlin 1978, S. 324.
100 Albert Camus: Die Pest, a. a. O., S. 262.

101 TB II, S. 13f.

102 Albert Camus: Die Pest, a. a. O., S. 261f.

103 TB II, S. 83.

104 Vgl. A. Noyer-Weidner: Das Formproblem der „Pest" von Albert Camus. In: Germanisch-romanische Monatsschrift, N. F., Bd VIII (1958), H. 3.

105 TB II, S. 128f.

106 Jean Cayrol: Für eine lazarenische Literatur. In: Französische Essays der Gegenwart, hrsg. von A. Lance und M. Regnaut, Berlin 1985, S. 93f.

Gratwanderungen

 1 Simone de Beauvoir: In den besten Jahren, Reinbek bei Hamburg 1961, S. 509f.

 2 Albert Camus: De la résistance à la révolution (*Combat*-Artikel vom 21. August 1944). In: Le Combat d'Albert Camus. Textes établis, annotés et présentés par Norman Stokle, Québec 1970, S. 63.

 3 Zitiert nach: Ebenda, S. 64.

 4 Albert Camus: *Combat*-Artikel vom 28. Oktober 1944. In: E, S. 297f.; deutsch in: Ders.: Verteidigung der Freiheit. Politische Essays, Reinbek bei Hamburg 1968, S. 15ff.

 5 Albert Camus: Le Pessimisme et le courage (*Combat*-Artikel vom September 1945). In: E, S. 311ff.; deutsch in: Ders.: Verteidigung der Freiheit, a. a. O., S. 29ff.

 6 Albert Camus: *Combat*-Artikel vom 28. Oktober 1944. In: E, S. 298; deutsch in: Ders.: Verteidigung der Freiheit, a. a. O., S. 16.

 7 TB II, S. 141.

 8 Vgl. Albert Camus: „Sur une philosophie de l'expression" de Brice Parain. In: E, S. 1671ff.

 9 Vgl. Albert Camus: Simone Weil. L'Enracinement, und ders., Projet de préface. In: E, S. 1700ff.

10 TB II, S. 122.

11 Albert Camus: Vers le dialogue (*Combat*-Artikel vom November 1946). In: E, S. 350.

12 Albert Camus, Démocratie et modestie (*Combat*-Artikel vom Februar 1947). In: E, S. 319.

13 Albert Camus: A nos lecteurs. In: E, S. 1561.

14 Ebenda.

15 Zitiert nach: Lottman, S. 432.

16 Albert Camus: *Combat*-Artikel vom 31. Oktober 1944. In: Le Combat d'Albert Camus, a. a. O., S. 189.

17 A. C.-J. G.: Corr., S. 146.

18 Maria van Rysselberghe: Les Cahiers de la petite dame. Notes pour l'histoire authentique d'André Gide. 1937–1945 (= Cahiers André Gide 6), Paris 1975, S. 350.

19 Zitiert nach: Charles-Robert Ageron: Histoire de l'Algérie contemporaine (1830–1969), Paris 1969, S. 92.

20 Zitiert nach: Les Idées politiques et sociales de la Résistance. Documents clandestins 1940–1944. Textes choisis et introductions par H. Michel et B. Mirkine-Guetzévitch, Paris 1954, S. 339.

21 Frantz Fanon: Die Verdammten dieser Erde, Frankfurt (Main) 1966, S. 55.

22 Albert Camus: Des Bateaux et de la justice (*Combat*-Artikel vom Mai 1945). In: E, S. 949.

23 Albert Camus: Crise en Algérie (*Combat*-Artikel vom Mai 1945). In: E, S. 943.

24 Vgl. E, S. 959: „Alles, was wir für die Wahrheit, die französische und die menschliche, tun können …" (*Conclusion* der Artikel-Serie *Crise en Algérie*).

25 Jean-Paul Sartre: Der Kolonialismus ist ein System. In: Ders.: Kolonialismus und Neokolonialismus, Reinbek bei Hamburg 1968, S. 6.

26 Albert Camus: La Famine en Algérie (*Combat*-Artikel vom Mai 1945). In: E, S. 946.

27 Albert Memmi: Portrait du colonisé précédé du Portrait du colonisateur et d'un préface de Jean-Paul Sartre, Paris 1966; deutsch: Albert Memmi: Der Kolonisator und der Kolonisierte. Zwei Porträts. Mit einem Vorwort von Jean-Paul Sartre, Frankfurt (Main) 1980.

28 Albert Memmi: Camus ou le colonisateur de bonne volonté. In: Nef 14 (1957), Nr. 12, S. 95.

29 Albert Memmi: Der Kolonisator und der Kolonisierte, a. a. O., S. 36.

30 Ebenda, S. 52f.

31 Albert Memmi: Camus ou le colonisateur de bonne volonté, a. a. O., S. 96.

32 Albert Camus: La Contagion (*Combat*-Artikel vom 10. Mai 1947). In: E, S. 321.

33 Ebenda, S. 322.

34 Ebenda, S. 323.

35 Albert Camus: Images de l'Allemagne occupée (*Combat*-Artikel vom 30. Juni 1945). In: Le Combat d'Albert Camus, a. a. O., S. 135f.

36 Ebenda, S. 139.

37 Vgl. Jean Grenier: Albert Camus. Souvenirs, Paris 1968, S. 100:

„Die beiden größten französischen Schriftsteller waren für ihn Pascal und Chateaubriand …", und TB II, S. 120f.

38 A. C.-J. G.: Corr., S. 116.

39 TB II, S. 138.

40 Albert Camus: Reisetagebücher, hrsg. und mit einer Einleitung von Roger Quilliot, Reinbek bei Hamburg 1980, S. 22f.

41 TB II, S. 52.

42 Zitiert nach: Lottman, S. 393.

43 Vgl. ebenda, S. 392.

44 Justin O'Brien: De mémoire de francophile américain. In: Hommage à Albert Camus, Paris 1967, S. 166.

45 Die englische Übersetzung unter dem Titel *The human crisis* ist abgedruckt in: Revue des lettres modernes, Nr. 315–322 (= Albert Camus, 5), Paris 1972, S. 157–176.

46 Albert Camus: Pluies de New York. In: E, S. 1830.

47 Interview mit Claude Lévi-Strauss in: Magazine littéraire, Nr. 223, Oktober 1985, S. 23.

48 Albert Camus: Pluies de New York. In: E, S. 1831.

49 Die deutsche Übersetzung ihrer Camus-Monographie mit dem Titel *Albert Camus, Gestalt und Werk* ist 1960 im Rowohlt-Verlag erschienen.

50 Albert Camus: Reisetagebücher, a. a. O., S. 24.

51 Ebenda, S. 34.

52 Ebenda, S. 33.

53 Albert Camus: Pluies de New York. In: E, S. 1831.

54 Zitiert nach: Lottman, S. 403.

55 Albert Camus: Reisetagebücher, a. a. O., S. 42.

56 TB II, S. 134.

57 Zitiert nach: Lottman, S. 409.

58 TB II, S. 104.

59 TB II, S. 114.

60 Zitiert nach: Roger Quilliot: Bemerkungen zu *L'Incroyant et les chrétiens*. In: E, S. 1596.

61 L'Incroyant et les chrétiens; abgedruckt in Auszügen in: E, S. 371–375; deutsch in: Albert Camus: Fragen der Zeit, Reinbek bei Hamburg 1960, S. 72–78.

62 Ebenda, S. 74.

63 Ebenda, S. 73f.

64 Ebenda, S. 77 und 78.

65 TB II, S. 177.

66 Vgl. Album Camus. Iconographie choisie et commentée par Roger Grenier, Paris 1982, S. 36.

67 TB II, S. 161.

68 TB II, S. 162f.

69 TB II, S. 217f.

70 Vgl. María Casarès: Résidente privilégiée, Paris 1980, S. 389.
71 Vgl. dazu im Kapitel „Das Pariser Bühnendebüt" die Darlegungen zu den Veränderungen an dem Drama *Caligula*.
72 TB II, S. 232.
73 Albert Camus: Reisetagebücher, a. a. O., S. 47.
74 Ebenda, S. 52.
75 Ebenda, S. 59.
76 Ebenda, S. 76.
77 Ebenda, S. 66.
78 Ebenda, S. 62.
79 Ebenda, S. 90f.
80 Ebenda, S. 111.
81 Ebenda, S. 93 und 95.
82 Ebenda, S. 109.
83 Ebenda, S. 120.
84 A. C.-J. G.: Corr., S. 164.
85 Albert Camus: Deux réponses à Emmanuel d'Astier de la Vigerie. In: E, S. 355.
86 TB II, S. 175.
87 Boris Sawinkow: Erinnerungen eines Terroristen, Berlin 1929, S. 32.
88 Ebenda, S. 28f.
89 Ebenda, S. 51.
90 Albert Camus: Dramen, Reinbek bei Hamburg 1959, S. 234.
91 Zitiert nach: Lottman, S. 486.
92 TB II, S. 243.
93 Zitiert nach: Roger Quilliot: L'Homme révolté. Commentaires. In: E, S. 1627.
94 E, S. 1682–1697.
95 TB II, S. 167f.
96 TB II, S. 152.
97 Vgl. Albert Camus: Défense de l'Homme révolté. In: E, S. 1702, bes. S. 1713: „Ich würde mich hüten zu sagen, daß die Schlüsse aus dieser Erfahrung, deren persönlichen Charakter ich noch einmal unterstreichen möchte, allgemeine Bedeutung haben. ‚Der Mensch in der Revolte' bringt weder eine regelrechte Moral noch ein Lehrgebäude in Vorschlag."
98 Albert Camus: Der Mensch in der Revolte, Reinbek bei Hamburg 1969, S. 7.
99 Ebenda, S. 8.
100 Ebenda, S. 84.
101 Ebenda, S. 83.
102 Ebenda, S. 85.
103 Gabriel Marcel: Die Menschenwürde und ihr existentieller Grund, Frankfurt (Main) 1965, S. 11.

104 Albert Camus: Der Mensch in der Revolte, a. a. O., S. 202.

105 Ebenda, S. 203.

106 Vgl. ebenda, S. 204: „Dies Gesetz … das können wir verdeutli-
chen, wenn wir es im Reinzustand in der künstlerischen
Schöpfung finden."

107 Ebenda, S. 223.

108 Ebenda, S. 225.

109 Ebenda, S. 242.

110 Ebenda, S. 243.

111 Ebenda, S. 248.

112 Albert Camus: Lettres sur la révolte. In: E, S. 729–774; ders.:
Défense de „L'Homme révolté". In: E, S. 1702–1716.

113 Zitiert nach: Roger Quilliot: L'Homme révolté. Commentaires.
In: E, S. 1628.

114 TB II, S. 292.

115 Zitiert nach: Carl Viggiani: Fall and Exile: Camus 1956–1959.
In: Raymond Gay-Crosier (Hrsg.): Albert Camus 1980. Second
International Conference, Gainesville 1980, S. 269.

116 Francis Jeanson: Albert Camus ou l'Ame révoltée. In: Temps
modernes 7 (1952), Nr. 79, S. 2070–2090.

117 Albert Camus: Révolte et servitude (d. i. der Verteidigungsbrief an Temps modernes). In: E, S. 754–774; auch als Lettre au
directeur des „Temps modernes" in: Temps modernes 8 (1952),
Nr. 82, S. 317–333.

118 E, S. 758.

119 E, S. 770.

120 E, S. 773.

121 Jean-Paul Sartre: Réponse à Albert Camus. In: Temps modernes 8 (1952), Nr. 82, S. 334–353; auch in: Ders., Situations IV,
Paris 1964, S. 90–125; deutsch: Jean-Paul Sartre: Antwort an
Albert Camus. In: Ders.: Porträts und Perspektiven, Reinbek
bei Hamburg 1968, S. 73–101.

122 Jean-Paul Sartre: Antwort an Albert Camus, a. a. O., S. 75.

123 Ebenda, S. 81.

124 Vgl. ebenda, S. 75: „… Sie sind ein Bourgeois wie Jeanson und
ich", S. 81: „Denn Sie sind ein Bourgeois, Camus, genau wie
ich, was könnten Sie auch anders sein?", und S. 96: „… ich, der
ich wie Sie ein Privilegierter bin …"

125 Vgl. ebenda, S. 87f.: „Ich wage nicht, Sie auf Das Sein und das
Nichts zu verweisen, die Lektüre dieses Buches erschiene Ihnen unnötig schwer: gedankliche Schwierigkeiten sind Ihnen
ein Greuel, und Sie erklären voreilig, es gebe überhaupt nichts
zu verstehen, um von vornherein dem Vorwurf zu entgehen,
nicht verstanden zu haben."

126 Zitiert nach: Martina Nähle: Albert Camus' „position intermé-

diaire" oder Die konstruktive Verweigerung. In: Romanische Forschungen 93 (1981), H. 3/4, S. 404.

127 Vgl. Jean-Paul Sartre: Antwort an Albert Camus, a. a. O., S. 78: „Wie soll man diese Methode bezeichnen? Als Einschüchterung? Als Erpressung? Auf jeden Fall zielt sie auf Terror ab ...", und S. 100: „Sie wurden zum Terroristen und Gewalttätigen ..."

128 Ebenda, S. 92.

129 Ebenda, S. 98.

130 Ebenda, S. 93.

131 Ebenda, S. 95.

132 Ebenda.

133 Ebenda, S. 101.

134 TB II, S. 143.

135 Jean-Paul Sartre. Film réalisé par Alexandre Astruc et Michel Contat. Scénario, Paris 1977, S. 60f.

Leben lernen

1 Zitiert nach: Roger Quilliot: L'Homme révolté. Commentaires. In: E, S. 1629.

2 TB II, S. 103f.

3 A. C.-J. G.: Corr., S. 143.

4 Marie Cardinal: Au pays de mes racines, Paris 1980, S. 8.

5 Albert Camus: Heimkehr nach Tipasa. In: A. Lance, M. Regnaut (Hrsg.), Französische Essays der Gegenwart, Berlin 1985, S. 6.

6 Als Publikation in der DDR: s. Anmerkung 5.

7 Vgl. TB II, S. 265: „Titel Sonnenessays: Der Sommer. Süden. Das Fest."

8 Deutsch unter dem Titel: Albert Camus: Heimkehr nach Tipasa, Zürich 1957.

9 Albert Camus: Heimkehr nach Tipasa. In: A. Lance, M. Regnaut (Hrsg.), Französische Essays der Gegenwart, Berlin 1985, S. 9f.

10 Ebenda, S. 10.

11 Ebenda.

12 Ebenda, S. 11.

13 Albert Camus: Interviews. In: TRN, S. 1711.

14 Albert Camus: Pourquoi je fais du théâtre. In: TRN, S. 1719.

15 Ebenda, S. 1722f.

16 Ebenda, S. 1724.

17 Albert Camus: Avant-propos. La dévotion à la croix. In: TRN, S. 525.

18 Vgl. Raymond Gay-Crosier: Les Envers d'un échec. Etude sur le théâtre d'Albert Camus, Paris 1967.

19 Zitiert nach: Roger Quilliot: Albert Camus et le théâtre. In: TRN, S. 1692.

20 Jean Vilar: Albert Camus Régisseur. In: Hommage à Albert Camus 1913–1960, Paris 1967, S. 112.

21 Zitiert nach: René Farabet: Albert Camus à l'avant-scène. In: Revue d'histoire du théâtre 12 (1960), H. 4, S. 354.

22 Albert Camus: Dino Buzzati. In: TRN, S. 599.

23 Zitiert nach: Lottman, S. 555.

24 Albert Camus: Conférence prononcée à Athènes sur l'avenir dc la tragédie. In: TRN, S. 1699–1709.

25 Ebenda, S. 1700.

26 Albert Camus: Extraits d'interviews. In: TRN, S. 1870.

27 Albert Camus: Pour Dostoievski. In: TRN, S. 1880.

28 Diese Liste s. in: TRN, S. 1694.

29 Albert Camus: Petit guide pour des villes sans passé. In: E, S. 848.

30 Zitiert nach: Lottman, S. 476.

31 Brief Camus' in: Le Monde, 19./20. Juli 1953, S. 4.

32 Albert Camus: Terrorisme et amnistie. In: E, S. 1864.

33 Albert Camus: Léttre à un militant algérien. In: E, S. 963; in deutscher Übersetzung ist dieser Brief enthalten in dem Sammelband: Albert Camus: Verteidigung der Freiheit. Politische Essays, Reinbek bei Hamburg 1968, S. 80–83.

34 Albert Camus: Premier novembre. In: E, S. 981.

35 Albert Camus: Trêve pour les civils. In: E, S. 983.

36 Albert Camus: Terrorisme et répression. In: E, S. 1865.

37 Jean Grenier: Albert Camus, Souvenirs, Paris 1968, S. 168.

38 Albert Camus: Terrorisme et répression. In: E, S. 1866.

39 Zitiert nach: Roger Quilliot: Chroniques algériennes. Commentaires. In: E, S. 1840.

40 Albert Camus: Terrorisme et répression. In: E, S. 1867.

41 Ebenda, S. 1869.

42 Albert Camus: L'Absente. In: E, S. 970.

43 Zitiert nach: Mohamed Lebjaoui: Vérités sur la révolution algérienne, Paris 1970, S. 44.

44 Der Text von Camus' Rede ist unter dem Titel *Appel pour une trêve civile en Algérie* abgedruckt in: E, S. 989–999; deutsch unter dem Titel *Aufruf für einen Burgfrieden in Algerien* in den Sammelbänden: Albert Camus: Fragen der Zeit, Reinbek bei Hamburg 1960, S. 205–219, und ders.: Verteidigung der Freiheit, a. a. O., S. 84–94.

45 Albert Camus: Aufruf für einen Burgfrieden in Algerien. In: Ders.: Fragen der Zeit, a. a. O., S. 207.

46 Ebenda, S. 209.

47 Ebenda, S. 217.

48 Zitiert nach: Yves Courrière: La Guerre d'Algérie, Bd. 2, Paris 1969, S. 263.

49 Zitiert nach: Roger Quilliot: Chroniques algériennes. Commentaires. In: E, S. 1843.

50 Ebenda.

51 Zitiert nach: Mohamed Lebjaoui: Vérités sur la révolution algérienne, a. a. O., S. 49.

52 Zitiert nach: Lottman, S. 633.

53 Vgl. Le Monde, 14. Dezember 1957, S. 6: Albert Camus a exposé aux étudiants suédois son attitude devant le problème algérien. Auch: Les déclarations de Stockholm. In: E, S. 1881 f.

54 Brief Camus' an den Direktor der Zeitung Le Monde. In: E, S. 1883.

55 E, S. 891–1098; einen Teil der „Algerischen Chroniken" in deutscher Übersetzung enthält der Sammelband: Albert Camus: Verteidigung der Freiheit, a. a. O.

56 A. C.-J. G.: Corr., S. 222.

57 Manuskript eines Briefes an die Zeitschrift Encounter. In: E, S. 1881.

58 Raymond Aron: La tragédie algérienne, Paris 1957; ders.: L'Algérie et la république, Paris 1958.

59 Henri Alleg: Die Folter. Mit einem Geleitwort von Jean-Paul Sartre und Eugen Kogon, Wien, München, Basel 1958, S. 25.

60 Ebenda.

61 Ebenda, S. 60.

62 Ebenda, S. 7.

63 In deutscher Übersetzung zusammengestellt in: Jean-Paul Sartre: Kolonialismus und Neokolonialismus. Sieben Essays, Reinbek bei Hamburg 1968.

64 Le Dossier des 121, Paris 1961.

65 Mohamed Lebjaoui: Vérités sur la révolution algérienne, a. a. O., S. 48.

66 Albert Camus: Heimkehr nach Tipasa, a. a. O., S. 7.

67 TB II, S. 280.

68 Albert Camus: Prière d'insérer. L'Exil et le royaume. In: TRN, S. 2031.

69 Albert Camus: Die Ehebrecherin. In: Ders.: Erzählungen, Berlin 1974, S. 242.

70 Ebenda, S. 248 f.

71 Ebenda, S. 390.

72 TB II, S. 49.

73 Albert Camus: Der Gast. In: Ders.: Erzählungen, a. a. O., S. 292.

74 Ebenda, S. 297.

75 Ebenda, S. 303.

76 Ebenda, S. 309.

77 Ebenda.

78 Albert Camus: Jonas oder Der Künstler bei der Arbeit. In: Ders.: Erzählungen, a. a. O., S. 310.

79 Albert Camus: Lettre à P. B. In: TRN, S. 2053.

80 Zitiert nach: Roger Quilliot: Jonas. Présentation. In: TRN, S. 2045.

81 Albert Camus: Lettre à P. B. In: TRN, S. 2054.

82 A. C.-J. G.: Corr., S. 151.

83 TB II, S. 126.

84 A. C.-J. G.: Corr., S. 201.

85 Nach Aussage Carl A. Viggianis, der Einblick in Camus' unveröffentlichte Tagebücher nehmen konnte; s. Carl A. Viggiani: Fall and Exile: Camus 1956–1958. In: R. Gay-Crosier (Hrsg.); Albert Camus 1980, Gainesville 1980, S. 272.

86 Albert Camus: Der Fall. In: Ders.: Erzählungen, a. a. O., S. 123.

87 Simone de Beauvoir: Der Lauf der Dinge, Reinbek bei Hamburg 1966, S. 377.

88 Albert Camus: Extraits d'interviews. In: TRN, S. 1872.

89 Albert Camus: Der Fall, a. a. O., S. 130.

90 Michail Bachtin: Literatur und Karneval. Zur Romantheorie und Lachkultur, München 1969, S. 94 und 89 f.

91 So lautet Hans Magnus Enzensbergers Übersetzung des französischen Titels *La Chute*.

92 Hans Magnus Enzensberger: Kritik noch vor dem Preis. In: Frankfurter Hefte 12 (1957), H. 11, S. 809.

93 Zitiert nach: Roger Quilliot: Discours de Suède. Commentaires. In: E, S. 1892.

94 Vgl. ebenda Camus' Aussage in *Franc-Tireur*: „Ich finde mich ein bißchen jung. Ich persönlich hätte für Malraux gestimmt."

95 Zitiert nach: Roger Quilliot: Discours de Suède. Commentaires. In: E, S. 1893.

96 *Arts*, 1957, Nr. 641, S. 1.

97 *Le journal d'Alger* vom 18. Oktober 1957, zitiert nach: Album Camus. Iconographie choisie et commentée par Roger Grenier, Paris 1982, S. 266.

98 Zitiert nach: Roger Quilliot: Discours de Suède. Commentaires. In: E, S. 1894.

99 Jean-Paul Sartre prix Nobel de littérature. In: *Le Monde* vom 24. Oktober 1964, S. 13; deutsch: Jean-Paul Sartre: Meine Gründe. In: Zeit, 1964, Nr. 44, S. 17 f.

100 Zitiert nach: Lottman, S. 611.
101 Albert Camus: Réflexions sur la guillotine, Paris 1958; auch in:
E, S. 1019–1064; deutsch unter dem Titel *Die Guillotine. Betrachtungen zur Todesstrafe*. In: Albert Camus: Fragen der Zeit,
Reinbek bei Hamburg 1960, S. 114–181.
102 Albert Camus: Discours du 10 décembre 1957. In: E,
S. 1069–1075; deutsch unter dem Titel *Rede anläßlich der Entgegennahme des Nobelpreises am 10. Dezember 1957 in Stockholm*. In:
Albert Camus: Kleine Prosa, Reinbek bei Hamburg 1961,
S. 5–11, und in: Albert Camus: Fragen der Zeit, a. a. O.,
S. 261–267.
103 Albert Camus: Rede anläßlich der Entgegennahme des Nobelpreises am 10. Dezember 1957 in Stockholm. In: Ders.: Kleine
Prosa, a. a. O., S. 9.
104 A. C.-J. G.: Corr., S. 216.
105 Albert Camus: Conférence du 14 décembre 1957. In: E,
S. 1077–1096, deutsch unter dem Titel *Der Künstler und seine
Zeit* in: Albert Camus: Kleine Prosa, a. a. O., S. 13–31, und in:
Albert Camus: Fragen der Zeit, a. a. O., S. 268–294.
106 Albert Camus: Der Künstler und seine Zeit. In: Ders.: Kleine
Prosa, a. a. O., S. 21.
107 Ebenda, S. 26.
108 Ebenda, S. 28.
109 Ebenda, S. 30.
110 Interview Camus' vom 24. bis 30. 10. 1957, publiziert unter
dem Titel *Le Pari de notre génération* in: E, S. 1898–1904;
deutsch: Die Wette unserer Generation. In: Albert Camus,
Fragen der Zeit, a. a. O., S. 250–261.
111 Albert Camus: Die Wette unserer Generation, a. a. O.,
S. 258.
112 TB II, S. 155.
113 A. C.-J. G.: Corr., S. 225.
114 Ebenda, S. 213.
115 Zitiert nach: Roger Quilliot: Discours de Suède. Commentaires. In: E, S. 1895.
116 Zitiert nach: Roger Quilliot: L'Homme révolté. Commentaires.
In: E, S. 1610.
117 TB II, S. 230.
118 TB II, S. 255.
119 Zitiert nach: Giacomo Antonini: Albert Camus et l'Italie. In:
Hommage à Albert Camus 1913–1960, a. a. O., S. 172.
120 Zitiert nach: Lottman, S. 669.
121 Albert Camus: Vorwort zu „Licht und Schatten". In: Ders.:
zwischen Ja und Nein. Frühe Schriften, Leipzig und Weimar
1986, S. 8.

122 Ebenda, S. 17.
123 Ebenda, S. 16f.
124 TB II, S. 278.
125 Deutsch: François Meyer: Ein Gespräch mit Albert Camus. In: Heinz Robert Schlette: Albert Camus: Welt und Revolte, Freiburg, München 1980, S. 131–139.
126 Ebenda, S. 135.
127 Zitiert nach: Lottman, S. 670.
128 TB II, S. 291.
129 Jean-Paul Sartre, Albert Camus. In: Ders.: Situationen. Reden, Aufsätze, Interviews zur Literatur, Leipzig und Weimar 1982, S. 229f.

Literaturhinweise

Bibliographien

Bollinger, Renate: Albert Camus. Eine Bibliographie der Literatur über ihn und sein Werk, Köln 1957.

Roeming, Robert F.: Camus. Bibliography, 7th Ed., Nashotah, Wisconsin 1987.

Fitch, Brian T., und Peter C. Hoy: Essai de bibliographie des études en langue française consacrées à Albert Camus (1937–1972), Paris 1973.

Di Pilla, Francesco: Albert Camus e la critica. Bibliografia internazionale (1937–1971), Lecce 1973.

Gay-Crosier, Raymond: Camus, Darmstadt 1976.

Werke im Original

Œuvres complètes, vol. 1–9, Monaco, Paris 1978–1985.

Théâtre Récits Nouvelles. Préface par Jean Grenier. Textes établis et annotés par Roger Quilliot, Paris 1962.

Essais. Introduction par Roger Quilliot. Textes établis et annotés par R. Quilliot et L. Faucon, Paris 1965.

Carnets mai 1935–février 1942, Paris 1962.

Carnets janvier 1942–mars 1951, Paris 1964.

Journaux de voyage. Texte établi, présenté et annoté par Roger Quilliot, Paris 1978.

La Mort heureuse. Introduction et notes de Jean Sarocchi, Paris 1971 (= Cahiers Albert Camus 1).

Viallaneix, Paul: Le premier Camus suivi de Ecrits de jeunesse d'Albert Camus, Paris 1973 (= Cahiers Albert Camus 2).

Fragments d'un combat 1938–1940. Alger Républicain, Le Soir Républicain. Edition établie, présentée et annotée par Jacqueline Lévi-Valensi et André Abbou, Paris 1978 (= Cahiers Albert Camus 3/1, 3/2).

Caligula. Texte établi d'après la dactylographie de février 1941 par A. James Arnold, Paris 1984 (= Cahiers Albert Camus 4).

Le Combat d'Albert Camus. Textes établis, annotés et présentés par Norman Stokle, Québec 1970.

Albert Camus, Jean Grenier, Correspondance 1932–1960. Avertissement et notes par Marguerite Dobrenn, Paris 1981.

Deutsche Übersetzungen

(geordnet nach Erscheinungsjahr; von allen Sammelbänden und Einzelübersetzungen ist nur das Erscheinungsjahr der ersten Ausgabe in der Bundesrepublik oder in der DDR vermerkt)

Teilsammlungen

Dramen, Reinbek bei Hamburg 1959 (Ü: Guido G. Meister).

Literarische Essays (Licht und Schatten, Hochzeit des Lichts, Heimkehr nach Tipasa), Reinbek bei Hamburg 1959 (Ü: Guido G. Meister, Peter Gan, Monique Lang).

Fragen der Zeit, Reinbek bei Hamburg 1960 (Ü: Guido G. Meister).

Kleine Prosa (Nobelpreisrede, Der Künstler und seine Zeit, Licht und Schatten, Briefe an einen deutschen Freund, 4 Erzählungen aus „Das Exil und das Reich"), Reinbek bei Hamburg 1961 (Ü: Guido G. Meister).

Gesammelte Erzählungen (Der Fall, Das Exil und das Reich), Reinbek bei Hamburg 1966 (Ü: Guido G. Meister).

Verteidigung der Freiheit. Politische Essays, Reinbek bei Hamburg 1968 (Ü: Guido G. Meister).

Ziel eines Lebens. Essays, Frankfurt (Main) 1974 (Ü: Guido G. Meister).

Erzählungen (Der Fremde, Der Fall, Das Exil und das Reich). Mit einem Nachwort von Kurt Schnelle, Berlin 1974 (Ü: Georg Goyert und Hans Georg Brenner).

Prosa (Der Fremde, Die Pest, Der Fall, Das Exil und das Reich). Mit einem Nachwort von Kurt Schnelle, Berlin 1977 (Ü: Georg Goyert, Hans Georg Brenner, Guido G. Meister).

Unter dem Zeichen der Freiheit. Camus-Lesebuch. Hrsg. von Horst Wernicke, Reinbek bei Hamburg 1985.

Zwischen Ja und Nein. Frühe Schriften (Licht und Schatten, Hochzeit des Lichts, Jugendschriften). Hrsg. und mit einem Nachwort von Brigitte Sändig, Leipzig und Weimar 1986 (Ü: Guido G. Meister, Peter Gan, Fernand Nohr).

Einzelausgaben

Der Fremde. Erzählung, Boppard, Bad Salzig 1948 (Ü: Georg Goyert).

Die Pest. Roman, Innsbruck 1948, Berlin 1965 (Ü: Guido G. Meister).

Der Mythos von Sisyphos. Ein Versuch über das Absurde, Bad Salzig, Düsseldorf 1950 (Ü: Hans Georg Brenner, Wolfdietrich Rasch).

Hochzeit des Lichts. Impressionen am Rande der Wüste, Zürich 1950 (Ü: Peter Gan).

Der Mensch in der Revolte. Essays, Reinbek bei Hamburg 1953 (Ü: Justus Streller).

Heimkehr nach Tipasa, Zürich 1957 (Ü: Monique Lang).

Der Fall. Roman, Reinbek bei Hamburg 1957 (Ü: Guido G. Meister).

Das Exil und das Reich. Erzählungen, Reinbek bei Hamburg 1958 (Ü: Guido G. Meister).

Tagebuch Mai 1935 – Februar 1942, Reinbek bei Hamburg 1963 (Ü: Guido G. Meister).

Tagebuch Januar 1942 – März 1951, Reinbek bei Hamburg 1967 (Ü: Guido G. Meister).

Der glückliche Tod. Roman. Nachwort und Anmerkungen von Jean Sarocchi, Reinbek bei Hamburg 1972 (Ü: Eva Rechel-Mertens).

Christliche Metaphysik und Neoplatonismus. Diplôme d'Etudes Supérieures de Philosophie, 1936, aus dem Nachlaß hrsg. und eingel. von Michael Lauble, Reinbek bei Hamburg 1978 (Ü: Michael Lauble).

Reisetagebücher. Hrsg. und mit einer Einleitung von Roger Quilliot, Reinbek bei Hamburg 1980 (Ü: Guido G. Meister).

Sekundärliteratur (Auswahl)

Sammelwerke

Camus (Collection „Génies et réalités"), Paris 1964.

Hommage à Albert Camus. 1913–1960, Paris 1967.

Les critiques de notre temps et Camus. Présentation par J. Lévi-Valensi, Paris 1970, 1976[2].

Albert Camus 1970. Colloque organisé sous les auspices du Département des Langues et Littératures romanes de l'université de Floride les 29 et 30 janvier 1970. Actes présentés par R. Gay-Crosier, Québec 1970.

Wege der deutschen Camus-Rezeption. Hrsg. von H.-R. Schlette, Darmstadt 1975.

Der unbekannte Camus. Zur Aktualität seines Denkens. Hrsg. von M. Lauble, Düsseldorf 1979.

Albert Camus 1980. Second International Conference February 21–23, 1980, The University of Florida. Edited by R. Gay-Crosier, Gainesville 1980.

Albert Camus, œuvre fermée, œuvre ouverte? Actes du Colloque du Centre Culturel International de Cérisy-la-Salle, juin 1982, sous la direction de R. Gay-Crosier et J. Lévi-Valensi, Paris 1985 (= Cahiers Albert Camus 5).

Camus et la politique. Actes du Colloque de Nanterre 5–7 juin 1985, hrsg. von J. Guérin, Paris 1986.

Werke einzelner Autoren

Albert Camus. Iconographie choisie et commentée par R. Grenier, Paris 1982.

Balz, Heinrich: Aragon, Malraux, Camus. Korrektur am literarischen Engagement, Stuttgart, Berlin 1970.

Bartfeld, Fernande: Albert Camus ou le mythe et le mime, Paris 1982.

Brée, Germaine: Albert Camus, Gestalt und Werk, Hamburg 1960.

Brisville, Jean-Claude: Camus, Paris 1959, 1970[2].

Champigny, Robert: Sur un héros paien, Paris 1959.

Clayton, Alan J.: Etapes d'un itinéraire spirituel. Albert Camus de 1937 à 1944, Paris 1971.

Coombs, Ilona: Camus, homme de théâtre, Paris 1968.

Cruickshank, John: Albert Camus and the literature of revolt, London 1959, New York 1960.

Fitch, Brian T.: Le Sentiment d'étrangeté chez Malraux, Sartre, Camus et Simone de Beauvoir, Paris 1964.

Gay-Crosier, Raymond: Les envers d'un échec. Etude sur le theâtre d'Albert Camus, Paris 1967.

Grenier, Jean: Albert Camus. Souvenirs, Paris 1968.

Lauble, Michael: Sinnverlangen und Welterfahrung. Albert Camus' Philosophie der Endlichkeit, Düsseldorf 1984.

Lebesque, Morvan: Camus in Selbstzeugnissen und Bilddokumenten, Reinbek bei Hamburg 1960, 1967[2].

Lottman, Herbert R.: Camus – Eine Biographie, Hamburg 1986.

Lottman, Herbert R.: La rive gauche, Paris 1981.

Neudeck, Rupert: Die politische Ethik bei Jean-Paul Sartre und Albert Camus, Bonn 1975.

O'Brien, Conor Cruise: Albert Camus, München 1971.

Pieper, Annemarie: Albert Camus, München 1984.

Pollmann, Leo: Sartre und Camus. Literatur und Existenz, Stuttgart 1967.

Quilliot, Roger: La mer et les prisons. Essai sur Albert Camus, Paris 1956, revidierte Ausgabe 1970.

Rehbein, Jürgen: Albert Camus, Vermittlung und Rezeption in Frankreich. Über Bedingungen literarischen Erfolgs, Heidelberg 1978.

Schlette, Heinz-Robert: Albert Camus: Welt und Revolte, Freiburg, München 1980.

Thieberger, Richard: Albert Camus. Eine Einführung in sein dichterisches Werk, Frankfurt (Main) 1960.

Welikowski, Samari: Die Grenzen des unglücklichen Bewußtseins. Dramen, Prosa, philosophische Essayistik und Ästhetik von Albert Camus (russ.), Moskau 1973.

Wernicke, Horst: Albert Camus. Aufklärer, Skeptiker, Sozialist. Essay über einen Entwurf vom brüderlichen Menschen, Hildesheim, Zürich, New York 1984.

Zeltner-Neukomm, Gerda: Das Wagnis des französischen Gegenwartsromans. Die neue Welterfahrung in der Literatur, Reinbek bei Hamburg 1960.

Zeitschriften

Revue des lettres modernes:

n°s 64–66: Configuration critique d'Albert Camus I: Camus devant la critique anglo-saxonne, Paris 1961.

n°s 90–93: Configuration critique d'Albert Camus II: Camus devant la critique de langue allemande, Paris 1963.

n[os] 170–174: Albert Camus 1: Autour de „L'Etranger“, Paris 1968.

n°s 212–216: Albert Camus 2: Langue et langage, Paris 1969.

n°s 238–244: Albert Camus 3: Sur „La Chute“, Paris 1970.

n°s 264–270: Albert Camus 4: Sources et influences, Paris 1971.

n°s 315–322: Albert Camus 5: Journalisme et politique. L'entrée dans l'histoire (1938–1940), Paris 1972.

n°s 360–365: Albert Camus 6: Camus nouvelliste: „L'Exil et le Royaume“, Paris 1973.

n°s 419–424: Albert Camus 7: Le Théâtre, Paris 1975.

n°s 479–483: Albert Camus 8: Camus romancier: „La Peste“, Paris 1976.

n°s 565–569: Albert Camus 9: La pensée de Camus, Paris 1979.

n°s 632–636: Albert Camus 10: Nouvelles approches, Paris 1982.

n°s 648–651: Albert Camus 11: Albert Camus et la religion, Paris 1982.

n°s 715–719: Albert Camus 12: La Révolte en question, Paris 1985.

Nouvelle Revue Française, „Hommage à Albert Camus, 1913–1960", n° 87, März 1960, 1967[2] (als Buch).

Preuves, n° 110, April 1960.

Yale French Studies, n° 25, Frühjahr 1960.

La Table ronde, n° 146, Februar 1960.

Le Figaro littéraire, 26. Oktober 1957; 9. Januar 1960.

Témoins, n° 23, Mai 1960.

Personenregister

Quellen- und Rechtsnachweis der Abbildungen

Die Fotos von Camus wurden entnommen:

Camus, Collection Génies et Réalités; Librairie Hachette, Paris 1964 (daraus auch die Fotos S. 96, 179, 282).

Morvan Lebesque, Camus par lui-même, Editions du Seuil, Paris 1963.

Album Camus. Iconographie choisie et commentée par Roger Grenier, Bibliothèque de la Pléiade, Album 21, Paris 1982.

Albert Camus 1913–1960, Edisud, Aix en Provence 1981.

Wir sind folgenden Rechtsinhabern zu Dank verpflichtet:
Mme Cathérine Camus: S. 9, 10, 11, 18, 20, 23, 26, 36, 38, 43, 63, 113, 126, 133, 149, 157, 168, 176, 182, 225, 233, 248, 259, 260, 267, 275; Hachette-Réalités: 15, 116, 152, 163, 230, 279; Mme Gisèle Freund: 31, 33; E. Roblès: 8, 284; Magnum (vertreten durch Transglobe Agency, Hamburg): Frontispiz 203, 220, 243; Paris-Match: 264, 280; Agence Bernand: 189, 215, 218; Life-Magazine: 263; S.C.A.: 110, 112; René Saint-Paul: 154, 155; Marc Flamant: 66, 237; Miquel: 50, 283; Librairie Armand Colin, Paris: 111, 115; (aus: Claude Bellanger, Presse clandestine 1940–1943, Paris 1961); Bibliothèque Nationale: 119; Europress: 236; Grosso: 177; Rapho: 169; Lipnitzki: 184, 191; Kurutché: 211; Courrier d'Angers: 217; Dalmas: 277; Zentralbild/AFP: 146; ADN-ZB: 95; Archiv Sändig: 137; Chiaselotti: 12; Roche: 30; H. Bertault: 25; Mme Charlot: 28; M. Dobrenn: 40, 41; A.F.P.: 47; Agnely: 64, 272; Bénichou: 98; J. J. Arcis: 100; Oettly: 130; J. Bernard: 147; B. Rouget/Rapho: 128; Ester: 281; L. Benisti: 283; Dr. Lehmann: 227, 274; Francis Ponge: 120.

Trotz einiger Bemühungen ist es uns nicht durchweg gelungen, die Rechtsinhaber ausfindig zu machen. Möchten Ansprüche geltend gemacht werden, bitten wir, sich an den Verlag zu wenden.

Zur Verfasserin

Brigitte Sändig, geb. 1944 in Dresden; Studium der Romanistik und Germanistik in Leipzig; einjähriger Aufenthalt in Algerien; 1973 Promotion, seitdem wissenschaftliche Mitarbeiterin am Zentralinstitut für Literaturgeschichte der AdW; Nachworte zu Gide, Malraux, Montherlant, Nizan; Veröffentlichungen zur französischen Literatur der Gegenwart und des 19. Jahrhunderts, zur frankophonen Literatur Nordafrikas und zum Verhältnis von Literatur und Kolonialismus; mehrere Studien zum Schaffen Camus' und der Rezeption seines Werkes, Herausgabe seiner frühen Schriften.

Inhalt